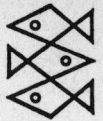

Über dieses Buch   Eine kritische Auseinandersetzung mit dem Phänomen des literarischen Kitsches erfolgte bislang fast ausschließlich vom hohen Podest der Kunst herab. Er wurde verdammt und lächerlich gemacht, so als sei Kitsch bloß »schlechte Kunst«. Diese Betrachtungsweise übersieht Entscheidendes: Sie negiert, daß der Mensch nicht nur Geistwesen ist, sondern auch Gefühls- und Leibwesen. Der Genuß von Kitsch, der den Menschen angeblich versklavt, hat letztlich eine ähnliche Funktion wie die Konsumation von Zigaretten und Alkohol. Wie diese ist der Kitsch fester Bestandteil der modernen Gebrauchskultur, als »Ersatz« für Kunst ihre konsumierbare Nachahmung.
Der Autor tritt mit Entschiedenheit für tolerante, realistische Beurteilung der Kitschliteratur ein und plädiert für die Beseitigung der Vorurteile, mit denen dem Kitsch begegnet wird. U. a. wird untersucht, was literarischer Kitsch zu tun hat mit dem Sicherheitsbedürfnis des Menschen, mit seinem Gefühlshaushalt, seinem Verlangen nach Kontakt und Berührung, mit Frauenemanzipation und Männlichkeitswahn, mit Sentimentalität und Klatsch. Solche Bemühung um Bewußtmachung politischer, soziologischer oder psychologischer Sachverhalte, mit denen das »Kitschproblem« untrennbar verbunden ist, stellt etwas Neues dar. Durch seine positive Einstellung unterscheidet sich dieses Buch radikal von allem, was bislang zum Thema Kitsch vorgelegt wurde.

Der Autor   Otto F. Best, Dr. phil., Jahrgang 1929, studierte Romanistik, Philosophie und Germanistik. Langjährige Tätigkeit als Verlagslektor, seit 1968 Pofessor für Deutsche und Vergleichende Literaturwissenschaft an der University of Maryland, USA. Im Fischer Taschenbuch Verlag erschien sein »Handbuch literarischer Fachbegriffe« (Band 6478).

Otto F. Best

Der weinende Leser

Kitsch als Tröstung,
Droge und teuflische Verführung

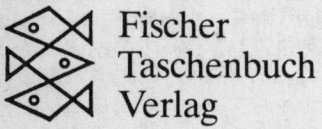

Fischer
Taschenbuch
Verlag

Lektorat: Ingeborg Mues

Originalausgabe
Veröffentlicht im Fischer Taschenbuch Verlag GmbH,
Frankfurt am Main, April 1985
© 1985 Fischer Taschenbuch Verlag GmbH, Frankfurt am Main
Umschlagentwurf: Jan Buchholz/Reni Hinsch
Gesamtherstellung: Clausen & Bosse, Leck
Printed in Germany
1280-ISBN-3-596-26496-0

Inhalt

Vorbemerkung

Der Kitsch ist nicht etwa ›schlechte Kunst‹, er bildet ein eigenes, und zwar geschlossenes System, das wie ein Fremdkörper im Gesamtsystem der Kunst sitzt oder ... neben ihm sich befindet: es läßt sich – und das ist keine bloße Metapher – mit dem System des Antichrist in seinem Verhältnis zu dem des Christ vergleichen.

Hermann Broch

Nicht selten beruft sich kulturpessimistische Warnung auf Kritik an der Massenkommunikation. Vor allem dem Fernsehen gelten die Vorwürfe. Als wesentlicher Repräsentant der affirmativen Massenkultur lasse es »die große Menge« geistig verkümmern; es befördere die Flucht- und Abwehrhaltung des »Eskapismus«, leite der Neigung Vorschub, den realen Forderungen des Lebens in Tag- und Wunschträume zu entfliehen, kurz, es führe zu »Apathie« und »Passivität«.

Solche Vorwürfe sind nicht neu. Nur daß sie vor zweihundert Jahren nicht gegen die Massenmedien Funk, Film und Fernsehen erhoben werden konnten. Die Auseinandersetzungen drehten sich damals um das Buch, genauer: jene Art der Literatur, die heute als »Trivialliteratur« bezeichnet wird. Als eines der wirkungskräftigsten Mittel menschlicher Emanzipation öffnet das Buch dem Leser die Möglichkeit, sich zeitweise aus dem sozialen Kommunikationszusammenhang zurückzuziehen. Seine Art, Kommunikationsbedürfnisse zu befriedigen, ist doppelgesichtig. Nicht nur zum Denken und Lernen lädt das Buch ein – auch zum Fühlen, zum Sich-Fühlen. Da es zur beliebigen Wiederholung des Leseaktes zur Verfügung steht, läßt sich seine Wunsch- und Traumwelt jederzeit leibnah als (Pseudo-)Gegenwart erleben. Dies ist der Grund, weshalb seine Kritiker den Vorwurf erheben, der ständige Genuß, den das Buch anbiete, mache den Leser unzufrieden, untauglich für seinen Alltag. Literatur als Verführerin zum Eskapismus, als

Narkotikum und Rauschgift? Alkohol und Zigaretten vergleichbar?

Zwar werden Trivialität, Emotionalität und Personalismus inzwischen mehr und mehr akzeptiert als prägende Attribute der modernen »Gebrauchskultur«, die der Bedürfnisbefriedigung einer Mehrheit dient und sich nicht länger den ästhetischen Geschmackskategorien einer Minderheit unterwirft, doch bereitet es offenbar nach wie vor Schwierigkeiten, die Werke der Trivial- sprich: Kitschliteratur in die verständnisvoll tolerante Beurteilung einzubeziehen. Die Begriffe »Buch« und »Bedürfnis« sind in den Augen vieler Zeitgenossen unversöhnbar, die Bereitschaft, Gebrauchsfunktion hinter zitathafter Pseudoauthentizität zu verbergen, erscheint ihnen als Lüge. Ob hier nicht Zusammenhänge unerkannt blieben, Verzerrungen für das Bild genommen und komplexe politische, soziologische und psychologische Sachverhalte auf gängige Stereotypen reduziert wurden? Es ist an der Zeit, die Vorurteile und Ideologeme von heute bis zu ihrer Entstehung im Gestern zurückzuverfolgen, um dem urteilsbereiten Leser ihre historische Bedingtheit bewußt zu machen. Diesem Ziel dient dieses Buch.

I Eine »verderbliche Art von Buchhandel«

Seit 1881 ist das Wort »Kitsch« belegt; allgemein gebräuchlich wurde es erst zwischen 1910 und 1920. Noch immer ist jedoch ein seltsames Mißverhältnis zu konstatieren zwischen dem kulturhistorischen Wirkungsradius der Erscheinung Kitsch, der Rolle, die sie in der modernen Massengesellschaft spielt, und den offensichtlich höchst bescheidenen Informationen zur semantischen Grundlage des Begriffs. Es sollte indessen nicht vergessen werden, daß das Wort »Kitsch« keineswegs nur zur Klassifizierung ästhetischer Werte dient. Bücher – gerade von ihnen wird im folgenden die Rede sein – sind und waren zugleich materielle Werte, Objekte von Kauf- und Verkaufsinteresse. Sie werden nicht nur gelesen, kritisiert und »verbraucht« von Menschen, sie müssen von ihnen auch hergestellt und vertrieben, d. h. an den lesekundigen Konsumenten gebracht werden. Ein höchst profaner Vorgang, auf den die Veränderung der literarischen Marktverhältnisse von nicht geringem Einfluß gewesen sein dürfte.

Erste Berichte darüber, daß das »Volk« lese, sollen im letzten Viertel des 18. Jahrhunderts aufgetaucht sein. So heißt es in einem Kommentar zum »deutschen Meßkatalogus« (1780), noch vor 60 Jahren hätten bloß Gelehrte Bücher gekauft, jetzt fände sich der »lesende Teil« unter allen Ständen: »in Städten und auf dem Lande«, sogar die Musketiere in großen Städten ließen sich »aus der Leihbibliothek Bücher auf die Hauptwache holen.«

Was ist daran so ungewöhnlich, mag manch einer fragen, dem Lesen zur lieben Gewohnheit wurde. Tatsache ist, daß bei dem Volk, der »großen Masse« der Bevölkerung im Unterschied zu den mittleren und oberen Schichten, das Lesevermögen bis dahin nur minimal entwickelt war.

Ist die Zunahme der Zahl der Lesenden ein Erfolg, den die Popularaufklärung für sich verbuchen konnte? Ja und nein. Denn das Volk liest zwar, aber nicht das, was ihm seine Erzieher verordnen. Zu deren Kummer wendet es sich der »Massenliteratur« zu, jener Art von Literatur also, die das vielbeklagte Ergebnis von Entindividualisierung und Entsubjektivierung im Bereich der Literatur ist. Hatte man sich früher entrüstet über die »Trägheit« der Masse, das Ausmaß von Analphabetentum, so wurde man jetzt nicht müde, die »Lesesucht« zu geißeln. Der Angriff richtete sich vor allem gegen jene, die das Volk zum »falschen Lesen« verführten. Es sind dies die mächtigen Lesestofflieferanten des 18. und der ersten Hälfte des 19. Jahrhunderts: die Kolporteure. Die »Mehrzahl der Kolporteure«, heißt es, seien »habgierige und gewissenlose Menschen«; sie trieben »mit der im Volke vorhandenen Lesesucht den ärgsten Mißbrauch«; sie drängten ihm schlechte und immer schlechtere Schriften auf; »sie wendeten sich, um einen desto größeren Gewinn zu erzielen, an alle niedrigen Neigungen des Menschen und verstärkten dieselben dadurch in für das Volkswohl wahrhaft bedrohlichem Maße.« Der Kolporteur als Störenfried und Quertreiber im Erziehungsprogramm, das den Menschen aus der, wie Kant es so lapidar wie simplifizierend nennt, »selbstverschuldeten Unmündigkeit« herausführen soll.

Was die Kolporteure – der Begriff ist vom frz. *col*: »Hals« und *porter*: »tragen« abgeleitet –, die »zigeunernden«, »vagabundierenden« Buchhändler feilboten, galt den etablierten, »seßhaften«, den »echten« Buchhändlern als »Teufelszeug«. Daß es nichts taugen konnte, lag für sie auf der Hand. Denn schon die Tatsache, daß es von »Wandernden«, »Fahrenden« aus Bauchladen oder Kiepe und nicht vom Regal mit seinem »geordneten« Warenbestand angeboten wird, ist nach traditioneller Vorstellung wertmindernd. Ja, mehr noch, die Handelsform verweist auf den Teufel, den unsteten, sich wandelnden. Dennoch waren die Kolporteure die einzigen, die ein Interesse daran hatten, die (neuen) Lesermassen abseits von den großstädtischen Zentren mit Stoff zu versorgen. Johann Gottfried von Pahl, württembergischer Prälat und Superintendent, äußert sich in seinen Lebenserinnerungen wie folgt über die neue, in seinen Augen »verderbliche Art von Buchhandel« und die von ihren Vertretern auf Jahrmärkten feilgebotene oder in Dörfern umhergetragene Ware:

»Diese Ware bestand in kleinen Büchlein oder einzelnen Blättern, die zwar auf Löschpapier und mit stumpfen Lettern gedruckt, aber mit Holzschnitten und rothen Titeln geschmückt waren, und um den sehr geringen Preis von ein paar Kreuzern verkauft wurden. Aber diese Producte, statt dem Unterrichte und der Bildung des Volkes förderlich zu sein, waren im Gegentheile die Niederlagen und die Werkzeuge des rohen Aberglaubens, der Dummheit und des Betrugs, in dem sie ihren Lesern schauerliche Mord- und Hinrichtungsgeschichten, Erzählungen von Gespenstererscheinungen, gräßlichen Naturbegebenheiten, Wundern und Himmelszeichen, sichtbaren göttlichen Strafgerichten, von Hexen- und Unholdwerk, Prophezeiungen von großen Landplagen und Unglücksfällen, oder gar von dem nahe bevorstehenden Ende der Welt, Anpreisungen von unfehlbaren Arzneimitteln und von mannigfaltigen Kunststücken, um auf mühelose Weise viel Geld zu erwerben, Formeln, um Geister zu beschwören und die in der Erde liegenden Schätze zu eröffnen, Gebete und Lieder voll gotteslästerlichen Unsinns, – und dieß alles in einer rohen, gemeinen Sprache, selbst mit Vernachlässigung der ersten Regeln der Orthographie zum Besten gaben.«

In einem Gutachten für das Königliche Württembergische Polizeipräsidium, das gleichfalls aus der ersten Hälfte des 19. Jahrhunderts stammt, wird der Sorge Ausdruck gegeben, daß von diesem »Bücher-Trödel mancher Schade über dem Volke … zu besorgen sei«. Denn unter »Trödel« ist eine geringwertige Sache zu verstehen, »Tand« d. h. »geringe Ware«, wie sie auch der »Höker« als »Hucke« auf dem Rücken trägt, um sie zu »verhökern«.

Mit der schrankähnlichen Kolportagekiste, der an eine Weinbütte erinnernden Kiepe oder dem Bauchladen zogen die Kolporteure durch das Land. Ca. 3500 von diesen Buchhausierern soll es Mitte des 19. Jahrhunderts in Frankreich gegeben haben. Eine bedeutende Rolle als Produktions- und Umschlagsort von Kolportage spielten das Elsaß und die angrenzenden Länder. Wie Rudolf Schenda *(Volk ohne Buch)* mitteilt, durchliefen im Jahre 1858 nicht weniger als 83 Kolporteure allein das Unterelsaß mit der Hauptstadt Straßburg. Im Laufe des Jahres 1865 hätten in diesem Department 70 Kolporteure einen Kolportagepaß erhalten, bzw. wenn sie bereits einen hatten, diesen verlängert bekommen. Viele Kolporteure aus dem bayerischen Pirmasens hätten im Elsaß gearbeitet, wo angesichts der besseren Produktionsbedingungen massenhaft literarische Schmuggelware hergestellt und nach Baden, Württemberg und Bayern, vor allem, auf den Weg gebracht wurde.

Müßte nach dem bislang Gesagten nicht hier mit seinen Überlegungen beginnen, wer die Ursprünge des Wortes »Kitsch« zu ergründen sucht?

Zunächst: der Sprachforscher Friedrich Kluge setzt »Kitsch« und »Schund« gleich und gibt an, die Bezeichnung »namentlich von Bildern« sei um 1870 von Münchner Kunstkreisen ausgegangen; Ferdinand Avenarius, der Herausgeber des *Kunstwarts*, leite das Wort ab von engl. *sketch*: »Skizze«. Einer der ersten Belege für seine Verwendung besage: »Die kleinen Genrebilder werden mit fabrikmäßiger Oberflächlichkeit hergestellt, werden gekitscht.« Die farbige Konklusion des berühmten Germanisten: »So ist wohl ... von *kitschen* ›den Straßenschlamm mit der Kotkrücke zusammenscharren‹ auszugehen. Der geglättete Schlamm, das Gekitschte oder der Kitsch, lieh die Schelte des schlechten Bildes im soßigbraunen Farbton der Ateliertunke.«

Mit Recht bezweifelt Trübners Wörterbuch die Glaubwürdigkeit von Avenarius' Bericht: Der Umweg über engl. *sketch* sei nicht nötig. Trübner verweist auf das mundartliche Wort »kitschen«, das im Mecklenburgischen sich schnell fortbewegen bedeute und schon im Begriff des »Entlangstreichens« hervortrete, den besonders das Rheinische kenne. Auch die Zusammensetzung »verkitschen« bezieht Trübner auf die von ihm angeführte Bedeutung. Mithin wäre der Begriff aus dem Bereich des »schmutzigen« Alltags auf jenen der bildenden Kunst und schließlich der Literatur übertragen worden. Vertreter des Naturalismus hätten als »gekitscht« ein Drama bezeichnet, das mit einem verlogenen Happy-End aufwartete. In der Malerei bezeichne das Substantiv »Kitsch« »Eine süßliche Richtung ... entgegengesetzt dem gesunden (!) Realismus.«

»Verlogenes Happy-End«, »kranke Romantik« – Spuren, die man hätte verfolgen können. Offenbar hielt man dies nicht der Mühe wert, wie die beharrliche Wiederholung des längst fragwürdig Gewordenen noch in Werken wie *Historisches Wörterbuch der Philosophie* oder *Kulturpolitisches Wörterbuch – Bundesrepublik Deutschland/DDR im Vergleich* beispielsweise beweist.

Ehe wir im einzelnen auf die erwähnten Spuren eingehen, ist noch eine weitere Ableitung zu erwähnen: Elsa Mahlers Vorschlag, von russisch *kischiza* »sich für mehr ausgeben« auszugehen. Sie überzeugt so wenig wie die anderen aufgeführten Ableitungen. Allesamt wirken sie gezwungen, erscheinen eher als Notbehelf; es fehlt ihnen an innerer Schlüssigkeit. Daß ein

Wort mit dem Sinngehalt »Straßenschlamm zusammenscharren«, eine Tätigkeit, die völlig außerhalb des Erfahrungsbereichs von Kunstrichtern und -konsumenten gelegen haben dürfte, ohne weitere nachweisbare Zwischenglieder zu einer Schlüsselfunktion gelangte, wie sie ihm heute zukommt, ist schwer vorstellbar. Viel eher ist der Ursprung des Wortes im sprachlichen Untergrund zu suchen, in der Mundart oder im Berufsjargon, wo die als neu empfundene Bezeichnung sozusagen als lebendiger Vorrat gegeben gewesen sein müßte. Daß sie tatsächlich vorhanden ist, sogar nach wie vor im Gebrauch, wenn auch offenbar in Vergessenheit geraten, mag überraschen.

Die literarische Dezentralisation und ein unzulängliches Verkehrssystem, Folge von Deutschlands Zerrissenheit, seiner Aufteilung in viele einzelne mehr oder weniger große Länder mit unterschiedlichen Regierungsformen, Sitten und Religionen, blieb nicht ohne Einfluß auf den Handel mit Druckerzeugnissen; dies umsomehr als nach Erfindung des Buchdrucks der Warencharakter des Buches auf ungeahnte Weise hervorgetreten war. Die größere Verbreitungsmöglichkeit der Ware Buch ließ das Gewerbe der »Buchkrämer« aufblühen. »Um den Buchhändler, den Buchdrucker, den Buchbinder, die das reguläre ansässige Buchgewerbe ausmachen, gruppierte sich der besonders für die breite niedere Masse in Stadt und Land bedeutsame Kleinhandel der Hausierer«, schreibt kurz nach der Jahrhundertwende der Buchhandelshistoriker J. Goldfriedrich. Knapp zweihundert Jahre früher hatte bereits der Literaturtheoretiker und -reformer Joh. Chr. Gottsched in der Einleitung zu seiner Verdeutschung des *Reineke Fuchs* konstatiert: Der »gemeinste Pöbel« habe die früheren Übersetzungen »liebgewonnen«, da sie »von feinen Leuten hochgeschätzt wurden«. *Reineke Fuchs* sei »dadurch ein Buch der gemeinen Buchkrämer geworden, die auf Messen herumziehen. Es gehe deshalb darum, das Werk den Händen des Pöbels« wieder zu entreißen. Die »Buchkrämer« oder »Buchträger« als Lieferanten des Pöbels. Geringschätzig wurden sie auch als »Schartekenträger« (1620), »Briefträger, Landfahrer und Zeitungssinger« apostrophiert.

Es war zu erwarten gewesen, daß sich mit der Konsolidierung des Buchgewerbes, der zunehmenden Ausprägung eines elitistischen buchhändlerischen Selbstverständnisses die Klagen gegen den »über ganze Länder verbreiteten Wander- und Reisebuchhandel« verstärken würden. So beschwerten sich im Jahre 1715 die Frankfurter Buchhändler gegen den Jenaer »Buchführer« Andreas Bötticher, weil er Bücher nicht nur außerhalb der Messen verkaufte, sondern auch »anderwärts versandte und besonders sich unterstand«, wie es in der Eingabe heißt: »etliche Kerls zu halten, welche die ganze Gegend umher durchziehen und durchstreichen und seine Bücher aller Orten daherum feilzutragen und zu bieten ...«. »Handel und Wandel« werde von diesen »Gänglern« und »Landstreichern« »totaliter« ruiniert; »kein ehrlicher Mann« könne »neben ihnen bestehen«. »Die Preise einiger Bücher wissen, sie verkaufen und verträdeln können«, wird den »nicht fachmännisch erzogenen und gebildeten Elementen« in einer Schrift aus den dreißiger Jahren des 18. Jahrhunderts entgegengehalten, »mache noch lange nicht den rechten Buchhändler.« Man nennt diese »Dilettanten« des Buchhandels »Scharlatane«, »liederliche Kaufdiener«, »herrn- und ehrlose Lakaien«, die mit »sinnreicher List und Bosheit« arbeiten, ihre Bücher verschleudern. Die Arbeit dieser »nichtswürdigen Stümper, ehrvergeßnen Störer, niederträchtigen Trödler und Hausierer, verwegenen Projektmacher« sei nichts als »schändliches Laster«.

Philipp Erasmus Reich, Leiter der Weimannschen Buchhandlung in Leipzig, rief 1764 in einer Eingabe zum »Vorgehen auf gegen die ›schleichenden Buchhändler und Pfuscher‹, d. h. Buchhändler, die unter den im regelmäßigen Buchhandel anerkannten Geschäften unbekannt und auf der Messe nicht greifbar« seien.

Zu den erklärten Zielen der volkspädagogisch orientierten Aufklärer gehörte die Förderung der Lese- und Schreibfähigkeit. Das neue Lesepublikum, das so entstand, war freilich nicht nur an nützlichem, bildungsgerichtetem Lesen interessiert. Es suchte die Unterhaltung. So ist es kein Zufall, daß gerade in den neunziger Jahren des aufklärerischen Jahrhunderts die Forderung nach Zensur eben von jenen erhoben wurde, die sich als Vorkämpfer der Mündigkeit betrachteten. Zensur sollte die populären Lesestoffe bannen, den Leser unter Kuratel stellen und die sichtbar gewordenen Antinomien der Aufklärung aufheben. »Unser Zeitalter verträgt tüchtige und gründliche Schriften nicht, es achtet sie nicht. Nur Übersetzungen aus dem Englischen und Französischen, nur Romane, nur witzige Tändeleien, das sind seine Schoßhündchen, das sind seine Puppen«, schrieb J. J. Reiske 1783. Unter jenen, die verantwortlich gemacht werden, ist der »Volksschriftsteller« J. F. Gellert. Man wirft ihm vor, »das schädliche Lesen der Franzosen und Engländer (der Romane nämlich und andrer dergleichen Schriften«) zuerst in Deutschland »aufgebracht« zu haben. Im selben Jahr 1783 zieht der Verleger K. Ch. Reiche die Bilanz: »Streitschriften interessieren nur wenige, auf jeden Fall ist nicht viel damit zu verdienen; Predigten, Erbauungsbücher, Exegetika ›gehen nicht weiter, als der Name des Verfassers reicht‹; Pädagogika ›sind jetzt abgedroschen‹, höchstens Jugendschriften von Campe und Weiße finden Absatz; Werke eines reiferen Nachdenkens gehören nicht zur Modelektüre, keinesfalls ist dabei auf schnellen Absatz zu rechnen.« Mit dem deutschen Publikum sei nicht im entferntesten anzufangen, was mit dem englischen, schrieb Goeckingk empört an Bürger (1780): »ein Hundsfott der für den Pöbel nur ein Lied macht«. Der Verleger Göschen schreibt an Schiller: Das Publikum nehme Teil an allem, was für die *Neugierde* sei. Neugier aber gilt nach christlicher Tradition als Zeichen von Sinnlichkeit.

Die Nachfrage nach Romanen und »lüsterner Lektüre« wuchs in dieser Zeit; die Absatzzahlen von Almanachen und Taschenbüchern stiegen. Im französischen Troyes begann die Massenproduktion von populären Taschenbüchern: die *Bibliothèque Bleue*. Sie fand Ende des 18. Jahrhunderts Nachahmung in Deutschland. Reutlinger Drucker führten sie ein, Kolporteure oder Wanderbuchhändler verbreiteten sie. Im In- und Ausland brachten sie die Reutlinger Lesestoff-Produktion an den Mann. Der Bedarf war gewaltig, zumal es in fast allen Dörfern und in nicht wenigen Städten noch keine Buchhandlungen gab. Die ehemals Freie Reichsstadt Reutlingen galt schließlich als der wichtigste Produzent populärer, wohlfeiler Lesestoffe in Süddeutschland.

Vor den Toren Reutlingens liegt Eningen, »das größte Dorf Württembergs«, wie Karl Julius Weber schreibt, »das 4600 Seelen zählt, meist herumziehende Krämer, genannt Spitzenkrämer. Diese Leute handeln auch mit Reutlinger Volksbüchern, die wohl mitunter der Aufmerksamkeit hochlöblicher Polizei zu empfehlen wären!« In einem Bericht an das Stuttgarter Innenministerium (1812) heißt es zu den Eninger Bücherhausierern: »daß diese Leute, wie aus beiliegendem Protokoll erhellet, mit den Starkschen, Schmokeschen, Hübnerschen, Habermannschen Gebetbüchern, dem Brastbersehen Predigtbuche, der Seelen-Apotheke, dem Paradiesgärtlein, der Kreuzschule,

Kupfer- und Holzstichen auch Landkarten handeln, die sie von den Buchdruckern zu Reutlingen beziehen und teils im Reiche, teils im Elsaß, teils im Nassauschen verkaufen. Sie haben hierzu zwar kein Privilegium, handeln aber damit schon seit unfürdenklichen Zeiten. Gewöhnlich ist das der Anfang ihres Handels und nährt sie kümmerlich, und mehr als 150 müßten Bettler werden, wenn ihnen dieser Handel niedergelegt würde.« Elf Jahre später führt Gustav Schwab in seinem Albführer aus (1823): Zwei Drittel der Bürger Eningens nähren »sich vom Landhandel mit allen Kaufmannsartikeln. ... Mann, Weib, Tochter und Sohn ziehen damit hinaus. ... Sie teilen sich in drei Hauptklassen. Die erste bezieht ihre Waren vom Ausland und verkauft sie wieder auf Messen an Krämer, auch an Mitbürger en gros. Die zweite Klasse beschränkt sich auf inländische Märkte und auf den Detailhandel; eine dritte ist bloß dem Hausieren mit unbedeutenden Artikeln ergeben; namentlich handelt sie mit Volksbüchern und bedarf eben darum und wegen ihrer physischen und moralischen Verdorbenheit einer ganz besonderen Aufsicht. Etwa 200 Familien nähren sich von diesem unrühmlichen mit Bettel und Betrug verbundenen Hausierhandel.« Einingen war keine Ausnahme.

»Hätten wir nur zwei Feinde vom Leib!« schrieb J. F. Cotta am 27. Oktober 1801 an Schiller, »– die schlechten Buchhändler und die Nachdrucker.« Ersteren, die zudem noch für die berüchtigten Reutlinger Nachdrucker als Verteiler dienten, waren die Kolporteure zuzurechnen.

Mit dem Erstarken der staatlichen Zensurgewalt in der zweiten Hälfte des 18. Jahrhunderts war es zu einschneidenden Verordnungen gekommen. Gegen »freigeisterische« wie »schlüpfrige« Werke wurden Verbote erlassen. Selbst Kataloge erschienen auf der Liste der verbotenen Bücher, »damit«, wie C. F. Nicolai sagt (1777), »die schlechten Leute nicht die schlechten und die klugen Leute nicht die klugen aus demselben lernen, und sich die Bücherschwärzer die schmutzigen Schriften nicht für den zehnfältigen Preis kommen lassen«. Eine Eingabe führte Beschwerde darüber, daß »die Verordnung den regulären stehenden Buchhandel ungleich schwerer« treffe »als den Wander- und Schleichhandel«. Sie erschwere und verzögere den Bücherbezug, unterbinde den »offenen Speditionshandel«. »Schleichhändler oder Privatleute« würden allerdings durch die Verfügung »nicht gestört«. Zudem wurden, wie der Buchhandelshistoriker Goldfriedrich ausführt, »die wirklich unsittlichen und irreligiösen Bücher nicht durch den Buchhandel vertrieben – dafür sorgt die Zensur – sondern schleichen auf heimlichen Wegen in und durch die Länder, ›und ihre Wirkung wird desto größer, je strenger die Maßregeln sind, welche man anwendet, um ihnen den Eingang zu wehren‹«.

Die schleichenden Bücherkrämer trugen ihre Last auf dem Rücken. Im Bayerischen Edikt vom 9. Februar 1781 heißt es denn auch: »6. Kraxenträger dürfen nur geduldet werden, wenn sie sich darüber legitimieren können, daß sie die Bücher von einem inländischen Buchhändler erhalten haben. 7. Die Censur hat ihr Hauptaugenmerk auf den Büchervertrieb auswärtiger Handlungen nach Bayern zu richten. Der ganze inländische Betrieb hiesiger Buchhandlungen macht nicht ein Drittel von dem aus, was ohne ihr Zutun und Wissen ins Land kommt. Sie könnten, wenn es nicht ohnehin notorisch wäre, zahlreiche für Bayern schädliche und beleidigende Broschüren nennen, die fast von Jedermann gelesen werden, ungeachtet niemals ein einziges Exemplar davon in unsere Handlungen gekommen ist.« Das Wort ›Kraxe‹, von dem im Edikt die Rede ist, bedeutet »Gestell zum Tragen auf dem Rücken« und entspricht dem Beförderungsmittel des Kolporteurs.

Das »Hausieren, Herumtragen und Kolportieren« wird nach der österreichischen Zensurgesetzgebung »mit Konfiskation sämtlicher beim Übertreter vorgefundenen Exemplare, Haft, dazu, wenn sich sehr sittenverderbliche Bücher dabei befinden, mit schwerer angemessener Strafe und, bei Ausländern, auch mit Landesverweisung bestraft.« Gerade in Süddeutschland, das seit Ausgang des 17. Jahrhunderts vom norddeutschen Buchhandel überflügelt worden war, hört man immer wieder von den Kraxenträgern, die sich »wie die Aale« durch die Reusen der Zoll- und Zensurenschicht zu schlängeln wüßten. Der »größte Büchertransport« werde durch die Kraxenträger besorgt, »die sich gewöhnlich heimlich über die Grenze schleichen, das Land kreuz und quer durchziehen, allerlei Schriften für teures Geld absetzen ›und den geraden, gutmütigen leichtgläubigen Mann auf dem Lande auslachen‹«. So mancher kleine »Wanderhändler« habe sich vom »Gängler« oder »Trägler« zum wohlhabenden Buchhändler emporgearbeitet.

Vom Trägler zum Buchhändler, von der niederen, billigen zur höheren, anspruchsvolleren Literatur. Ein sozialökonomischer Aufstieg, dem eine warenästhetische Verbesserung entspricht. Um so berechtigter erscheint die Klage über die »Verflachung«

der Welt von Buch und Buchhändler, Folge von »Schleicherei« und Unwesen der »Unzünftigen«, der »Dilettanten« des Buchhandels. Wilhelm Fleischer ruft die »Besseren« auf, »die Ehre ihres Standes zu erhalten. Der Auswuchs jeder Art werde bemerkt und weggeschnitten, und nur der rechtschaffene und solide Mann erhalte Achtung und Credit«. Es sei an der Zeit (1799), die »Eiter-Beulen an der Gelehrsamkeit und die Krebsschäden an dem Buchhandel« abzulösen und »alles Mitleid über die Schmerzen des Kranken bei Seite« zu setzen. Er wolle nicht etwa den Buchhandel »in Fesseln gelegt wissen«, wehrt Fleischer ab, »nein, er muß frei wie jeder andere Handel sein, wenn er gedeihen soll. Allein seine Freiheit arte nicht in Willkür aus«. So man Fleischer folgen will, ist als »Krebsschaden« am deutschen Buchhandel die »unzünftige Konkurrenz« zu betrachten: die Hausierer, Trödler, Kraxenträger und – »Bücherjuden«.

Der mit der Kraxe, dem »Traggestell«, das Land durchziehende, »Schofel« verkaufende Bücherkrämer als Konkurrenz für den Buchhändler. Seßhaft, bodenständig, »ordentlich« und »bürgerlich« die einen, Wanderer, »fahrend« bzw. ahasverisch schweifend die anderen. Die Pariser Kolporteure des 17. Jahrhunderts mußten auf der Schulter ein Wappen tragen, eine Kennzeichnung, die von fern an den berüchtigten »Judenfleck« erinnerte. Eine »kranke« Form von Buchhandel, die eine »kranke« Art von Literatur an einen, wie sich zeigen wird, als »krank« angesehenen Leser bringt.

Die Möglichkeit der Lektüre eines Buches ist an dessen Erreichbarkeit geknüpft. Deren Grad wiederum hängt ab von dem Ausmaß der Hindernisse, durch welche die Behörden, aus was für Gründen auch immer ihre Verbreitung hemmen: zum Schutz von Herrschaftsprivilegien, zur Wahrung von geistigen und weltlichen Repräsentationsansprüchen oder einfach aus Konkurrenzneid, der dem Buch als Ware wie als Ideenträger gilt. Es wird klassifiziert und durch seine Klassifizierung diffamiert. Der inzwischen eingebürgerte Begriff der »Kolportage« macht dies augenfällig. »Kitsch« ist ein Synonym zu »Kolportage«. Die Verben »kolportieren«, »verhökern« und »(ver-)kitschen« meinen das gleiche.

In diesem Sinn heißt es in der Lessings *Hamburgische Dramaturgie* beschließenden »Nachricht an die Herren Buchhändler«, der Autor werde sich »bemühen, auf die unzählige Menge der Schleichhändler genau acht zu geben, damit nicht jeder in der Buchhandlung zu höken und zu stören anfange«.

In Mathias Lexers *Mittelhochdeutschem Handwörterbuch* findet sich das Verb *ketschen* in der Bedeutung von »schleppen«, »schleifen«. Es stammt aus dem Alemannischen. Das *Deutsche Wörterbuch* nennt *ketschen* »schleppen«, »mit Mühe ziehen«, »ein dem alemannischen Gebiet angehöriges Wort«. Daneben findet sich bei Grimm *ketscher* »Schlepper«, »Träger«.

Außer »Kitsch«, »kitschen« und »Kitscher« führt das *Schwäbische Wörterbuch* auch das Verb »verkitschen« auf. Die Bedeutung dieses Verbs ist, wie eine Umfrage in Württemberg gezeigt hat, durchaus noch lebendig und reicht von »verprassen«, »verschwenden« (»hauptsächlich von Weibspersonen«) zu »im Kleinen verhandeln«, »auf listige Art verkaufen«. Beides wäre zusammenzufassen als »auf listige Weise Kleinhandel betreiben«. Das Substantiv »Kitsch« bezeichnet unter anderem »Abfall«, das heißt einen kleinen Teil im Verhältnis zu einem Ganzen, »Strandgut«. »Kitschen« bedeutet dem *Schwäbischen Wörterbuch* zufolge »im Kleinen verhandeln«, »verkaufen«, »kaufen«, »tragen (auf dem Kopf oder in Rückenkörben)«. Außerdem wird »Kitscher« als »Käufer« angeführt und ein Verb »ketschen« mit der Bedeutung »schleppen« neben dem Substantiv »Ketsche«. Auch »ketschen« steht für »schwerfällig tragen«, »ziehen«, umhertragen«, »Kitsch‹ auf dem Kopf, Rücken tragen«. In den elsässischen Mundarten bedeutet »Ketsch« »Bürde«, »Menge«, »Ketschete« »schwere Traglast«. »Verketschen«, »verkitschen«, zu »ketschen«, heißt »tragen«, »mühsam auf dem Rücken schleppen«, »wegschleppen«, »heimlich beiseite schaffen«, »unter der Hand verkaufen«, »losschlagen (nicht vom Kaufmann)«. Unter »Ketsch« wäre mithin, so man den im Verb »ketschen« überlieferten Sinngehalt »unter der Hand losschlagen« rücküberträgt, eine Ware zu verstehen, die »nicht vom Kaufmann« feilgeboten wird.

»Verkitschen« wie »Kitsch« und »Kitscher« werden im *Schwäbischen Wörterbuch* zur »Verbrechersprache« in Beziehung gesetzt. Tatsächlich läßt sich im Rotwelschen das Verb »katschen« nachweisen. S. A. Wolf führt es auf alemannisch »ketschen«: »schleppen«, »tragen«, zurück. Auch im Rotwelschen bedeutet »ketschen« »tragen«, »ziehen«; »Kätscher« steht für »Träger«, »Trage« und »Tragband«; eine »Gasche« ist ein »Traggestell für Ware«, »Rückenbündel«. Damit fassen schwäbisches »Kitsch« wie elsässisch und rotwelsch »Ketsch« den Bedeutungshof, der auch dem Wort »Kolportage« zugrundeliegt: Ware, die (mit dem Traggestell, im Rückenkorb, auf dem Kopf) getragen, im kleinen verhandelt, unter der Hand verkauft oder auf listige Weise (das heißt über Umwege oder »hintenherum«) losgeschlagen wird. Da die Bedeutungen von »kaufen« wie »verkaufen« nachgewiesen sind, ist an Trödelhandel zu denken.

Kitsch als Buch-Ware für eine untere Volksschicht, »literarischer« Unwert, triviale, »profane« Un- und Gegenkunst, der Befriedigung von Bedürfnissen dienend. Irrig ist es, wenn Wolfram von den Steinen (1952) meint, das Wort sei »zu einer Stunde« gekommen, und es sei »nur merkwürdig, daß es sozusagen aus dem Nichts kam, nicht aus Umwertung eines längst vorhandenen Worts. Noch zur Zeit des alten Goethe hätte das Wort Kitsch keinen Sinn gehabt, ja man hätte es frevelhaft empfunden«. Abgesehen davon, daß Goethe und Schiller das vorhandene Wort »Dilettantismus« gebrauchten, dürfte »Kitsch« zunächst als Bezeichnung einer für eine bestimmte Art von Literatur verwendeten Transport- bzw. Handelsform eher wertneutral gebraucht und schließlich auf die mit ihr vertriebene Ware übertragen worden sein. Veränderungen der literarischen Marktverhältnisse, Denunziation des Warencharakters des Buches und gleichzeitige Idealisierung des Kunstanspruchs mögen dazu geführt haben, daß der Begriff »Kitsch« auf ähnliche Weise vielschichtig emotional aufgeladen wurde wie der Begriff »Kolportage«. Die Einengung und Ausrichtung des Kitschbegriffs auf eine bestimmte Art von Literatur bzw. Kunst muß also im Zusammenhang mit der Verbreitung einer »Massenliteratur« im letzten Viertel des 18. Jahrhunderts gesehen werden.

II Von der Schwierigkeit, Kitsch zu definieren.

»Heul nicht! sag ich. Und red mir keinen Kitsch«, weist die Kupplerin Celestina in Max Frischs Schauspiel *Don Juan oder die Liebe zur Geometrie* das Mädchen Miranda zurecht. Sie dulde keinen »Kitsch« in ihrem Etablissement, worin der Mann sich von »seinen falschen Gefühlen«, von Seele und Innerlichkeit zu Hause erhole. Der »weise« Richter Don Octavio habe öffentlich gesagt, als die Behörden Celestinas Haus schließen wollten: »Laßt mir die brave Hurenmutter in Ruh! ... Solange wir eine Belletristik haben, die so viele falsche Gefühle in die Welt setzt, kommen wir nicht umhin.« Und im zweiten Intermezzo rät Celestina, nicht über Romane zu reden. Mit diesen gehe es wie mit der Unterwäsche: »Plötzlich hat man die Kluft«, »plötzlich seufzt so ein Geck: ›Wir sind zwei Welten!‹« Über Geschmack lasse sich nun einmal nicht streiten. Das Bordell als Sperrzone der Kitschfeindlichkeit? Eine Welt, so realitätszugewandt, daß das Gespräch über einen Roman zu einer Frage des Geschmacks und damit des Standes(-unterschieds) wird? Wollte der Schweizer Autor, indem er Celestina den Kitsch aus dem Haus der »Enthemmung« verbannen läßt, hier auf ein wesentliches Merkmal des Phänomens Kitsch hinweisen: die Ersatzqualität, Bemühung um Verwischung der Gebrauchsfunktion?
Kunst wie Kitsch sind Produkte bewußter Tätigkeit, die darauf abzielt, ästhetische Eindrücke hervorzurufen. Doch wird der Begriff »Kitsch« nie im Sinne positiver Definition gebraucht: Deren Vieldeutigkeit gewinnt Einheit in der Negativität. So haben nach Meinung des polnischen Wissenschaftlers Pawel Beylin alle Bedeutungen, die dem Begriff »Kitsch« beigelegt werden, eine zentrale Bestimmung: »künstlerischer Nichtauthentismus« (Beylin, S. 397).* Denn das authentische Werk, das

---

* Die in Klammern gesetzten Namen und Seitenzahlen verweisen auf die »Allgemeine Bibliographie« S. 196 ff. des Bandes.

Kunstwerk, ist unwiederholbar, der Kitsch hingegen ist in der Regel wiederholbar. Dabei entnimmt der Kitsch nach Beylin der authentischen Kunst vor allem die Elemente, die im ästhetischen Bewußtsein der Epoche formelhaft erstarrt, zu bloßen Versatzstücken geworden sind. Insofern ist Kitsch die zweckhafte Realisierung von Stereotypen des künstlerischen Denkens, »aufgeschöntes« Abbild von etwas, das einmal »echt« war (Beylin, S. 401). Man spricht von »Verlogenheit«, von Pseudoauthentizität. Was jedoch nicht übersehen werden darf: Dieses »Absinken« der Literatur ist zugleich Ausdruck von Popularisierung, Demokratisierung.

In seinen Betrachtungen zum »Problem des Kitsches« vertritt Hermann Broch den Standpunkt: »Kitsch könnte weder entstehen noch bestehen, wenn es nicht den Kitsch-Menschen gäbe, der den Kitsch liebt« (Broch, S. 295). Diese Behauptung wird dem Problem kaum gerecht. Nicht weil der Kitsch-Mensch den Kitsch liebt, gibt es diesen, sondern weil der politisch-gesellschaftlich gehemmte Mensch sein Leben im Kitsch tagtraumhaft zu realisieren glaubt. Als Kitsch wird ihm die Kunst zum »ästhetischen Palliativ«. Akzeptiert man diese als Hypothese verstandene Definition, so erhebt sich sofort die Frage: In wessen Namen soll der Kampf gegen den Kitsch geführt werden? Im Namen der Erziehung der Nation? Des Menschengeschlechts? Eines »neuen« Menschen?

Wer Kitsch erzeuge, schreibt Hermann Broch, »ist nicht einer, der minderwertige Kunst erzeugt, er ist kein Nichts- oder Wenigkönner, er ist durchaus nicht nach den Maßstäben des Ästhetischen zu werten, sondern er ist ein ethisch Verworfener, er ist der Verbrecher, der das radikal Böse will. Und weil es das radikal Böse ist, das sich hier manifestiert, das Böse an sich, das als absolut negativer Pol mit jedem Wertsystem in Verbindung steht, deshalb wird der Kitsch nicht nur von der Kunst, sondern von jedem Wertsystem aus, das nicht Imitationssystem ist, böse sein« (Broch, S. 348). Kitsch und der Genuß, den er gewährt, sind für Broch jenem »gigantischen Kitsch« zu vergleichen, den der »Dilettant« Nero mit dem Feuerwerk der brennenden Christenleiber in seinen Gärten arrangierte: Kitsch als »System des Antichrist«. Über Kitschproduzent und Kitschkonsument wäre demnach gnadenlos der Stab zu brechen. Das Böse im Handeln beider entspringe, wertontologisch definiert, aus dem Egoismus. Die alte Denunziation. Da Kunst, »wird sie im weitesten Sinn genommen, immer Abbild des jeweiligen Menschen« ist, so falle der Vorwurf, der dem persönliche Affektbefriedigung suchenden Kitschproduzenten und -konsumenten zu machen sei, auf den Menschen zurück, »der solch Lügen- und Verschönerungsspiegel braucht, um sich darin zu erkennen und mit gewissermaßen ehrlichem Vergnügen sich zu seinen Lügen zu bekennen« (Broch, S. 295).

Dieses elitistische Theorem, das nicht einmal die »Angsterleichterung« gelten läßt, ist nicht zu trennen von Brochs philosophischen Auffassungen. Langjährige theoretische Beschäftigung mit dem Problem des »Wertzerfalls« brachte den Autor zu der Überzeugung, daß alle Krisen oder katastrophalen Ereignisse der neuesten Zeit auf die Demontage einer religiösen Wertordnung zurückzuführen seien. Weil eine »positivistische antiplatonische Welt« gezwungen gewesen sei, den Wolffschen Grundsatz: »Schön ist, was gefällt« nicht nur »als bequemste und gewissermaßen theoretische Formulierung« zu wählen, sondern darüber hinaus ihn auch »auszuleben«, deswegen scheine es vor allem dem Kitsch vorbehalten zu sein, die alte Aufgabe der Kunst zu übernehmen und »den sinnfälligen Ausdruck der Zeit« mitzuverkörpern (Broch, S. 315). Warum nicht? Brochs Verdikt erwies sich indessen als außerordentlich zählebig. Noch 1983 empfehlen die Verfasser des Bandes *Bürgerrecht Kultur*, Hermann Glaser und Karl Heinz Stahl, »bei der Bekämpfung von ›Kitsch‹ an Hermann Broch sich [zu] orientieren.«

Der Moraltheologe Richard Egenter bemüht den Teufel, den »Vater der Lüge«, der im Kitsch ein »bequemeres und wirksameres« Mittel besitze, um die Massen »dem Heil zu entfremden« (Egenter, S. 8). Es gelte ihn deshalb »auszurotten«. Ist dies nicht die Sprache der Inquisition? Sie erinnert an Chr. F. Timmes Bemerkung über die »Empfindsamen«, die neben »Schwärmer« und »Ketzer« zu stellen seien. »Solange der Herr noch nicht in Macht und Herrlichkeit erschienen ist«, schreibt Egenter, »solange noch nicht eine neue Erde und ein neuer Himmel ... diesen Aion abgelöst haben, wird auch der Kitsch nicht auszurotten sein« (Egenter, S. 181). Es hätte wenig Sinn, mit solchen dogmatisch-ethischen Deutungen des Kitschbegriffs zu rechten. Sieht die eine Version im Kitsch einen Eindringling in »den autonomen Bestand« der Kunst, so sieht die andere in ihm einen Saboteur des christlichen Erlösungswerks. Beide Versionen führen letztlich Klage darüber, daß hier »das Unendliche zum Endlichen verringert und herabgewürdigt ...

das Endliche ins Unendliche pathetisiert« werde (Broch, S. 399). Orthodoxie gegen Heterodoxie.

Auf technische Mängel führt Karlheinz Deschner das Phänomen des Kitsches zurück. Kitsch sei eine künstlerische Schwäche, »eine ästhetische Entgleisung, ein dekoratives Versagen« (Deschner, S. 24). Er lasse sich überhaupt nur auf einer gewissen Bildungsstufe erkennen. Wer kein Organ für Kunst habe, dem fehle auch der Blick für den Kitsch. Erkenntnis des Kitsches setze Vergleichsmöglichkeiten und damit auch Kritikvermögen voraus. Solche Berufung auf die Evidenz des Vergleichs verknüpft die Geschmackskompetenz mit Bildungsprämissen und macht sie damit zu einer elitären Angelegenheit. Deschners Kitschbegriff orientiert sich, wie Gert Ueding darlegt, an einem Kunstbegriff, der »formale Vollendung« mit Kunst identifiziert und formalen Mangel folglich mit Kitsch. Eine Antwort auf die Frage nach Entstehung und Funktion des Kitsches bleibt auch Deschners Betrachtung dem Leser schuldig. Anders Walther Killy.

Walther Killys wegbereitender Essay *Deutscher Kitsch* bringt neue Einsichten. Indem Killy den Kitsch als Mittel einer sozialen »Selbstbestätigung« sieht, billigt er ihm eine gesellschaftliche Funktion zu. »Kleinbürgerliche Halbbildung« und »permanente Verwechselungen« zwischen Illusion und Wirklichkeit, Wahrheit und Schein, die man doch »nicht so einfachhin« mit der Lüge identifizieren könne, seien Gründe für seine Entstehung. Desungeachtet sieht Gerd Ueding in Killys Versuch letztlich doch wieder eine »Affirmation der hohen Kunst (Ueding, S. 32f.), ein Fazit, zu dem auch W. R. Langenbucher gelangt, wenn er schreibt: »Direkt oder indirekt rekurrieren alle Bewertungen, alle Verdikte gegen die Trivialliteratur auf einer Definition der anderen, der ›hohen‹ Literatur, auf eine bestimmte Idee von ›Dichtung‹« (Langenbucher, S. 239).

Die Bedingung der Möglichkeit von Kitsch ist auch für Ludwig Giesz in seinen Betrachtungen *Phänomenologie des Kitsches* der »Kitsch-Mensch«. Dieser »wählt« sich frei, er vergißt sich, läßt sich gehen, »während doch der eigentliche Stand des Menschen der des ›Wächters‹ sein sollte« (Giesz, S.57). Aus »menschlichem Leben und Erleben« sucht Giesz die Eigenschaften des Kitsches zu begreifen. Über diese existentiell philosophische Fragestellung geht der Autor jedoch kaum hinaus. Die Möglichkeit, daß Kitsch das Produkt bestimmter historischer und gesellschaftlicher Konstellationen sein könnte, wird nicht erwogen. Wie Broch und Egenter reduziert Giesz das Kitschproblem auf pseudo-anthropologische Konstruktion. Sie nimmt zum Ausgangspunkt den »schlechten Geschmack« des »armseligen Individuums«, den »Kitsch-Mensch«, der die »Gefahr« nicht bestand und tauben Ohres der Mahnung des Apostels Paulus begegnet: »Wer zu stehen glaubt, sehe zu, daß er nicht falle.« Der »Kitsch-Mensch« als der Gefallene, Sündige. Das Verdikt könnte von Schiller stammen.

Solange es dem Menschen freisteht, könnten wir widersprechen, ein Buch zur Hand nehmen und, wo und wann er will, darin zu lesen, ist der Akt des Lesens eine Entscheidung, getroffen zugunsten eines Druckerzeugnisses. Die Möglichkeit einer solchen Wahl entzieht den Lesebereiten zugleich dem Zugriff normgebender Erziehung. Neue Geschmackskategorien entstehen, die von der geschichtlich-gesellschaftlichen Situation des »mündigen« Menschen nicht ablösbar sind. In der kapitalistischen, marktorientierten Gesellschaft richtet Produktion sich nach einem Bedürfnis, das auf neue Leserschichten und deren Geschmack respondiert. An Produktionsziffern läßt sich fast immer auch die Nachfrage ablesen, wobei der Faktor mittelbarer oder unmittelbarer Konditionierung des Publikums, die Modellierung und Manipulierung seiner Bedürfnisse nicht außer acht gelassen werden darf.

Im 18. Jahrhundert, das die große Tendenzwende bestätigte, war die Konditionierung eine mittelbare: Beschaffenheit der äußeren Wirklichkeit stimulierte Verlangen nach und Aufnahmebereitschaft für die »Tröstung durch die Produkte der Phantasie und des fiktionalen Märchens«, wie Walther Killy es nennt (Killy, S. 31). Der nur halb befreite Bürger wurde zum Literaturkonsumenten. Im Genuß der Leben vortäuschenden Reize, der Illusion, glaubt er, die ersehnte Befreiung greifen zu können. »Befreiung zum Kitsch« als Teil eines umfassenden Prozesses. Partizipieren an der Welt durch Partizipieren an der Welt der Romanpersonen, an deren fiktiver »Wirklichkeit«.

Als Mittel zur Stabilisierung der Welt durch Stabilisierung der eigenen »Vision« ist Kitsch Produkt von Geschichte und Gesellschaft. In der Übersichtlichkeit einer definitionsgerechten Welt gewinnt der seiner sozialen Unsicherheit und Ohnmacht bewußt gewordene Bürger eine neue (Pseudo-) Sicherheit. In diesem Sinn weist Kitsch nach Beylin (S. 664) den »Habitus einer Problemlösung« auf. Allerdings ist die Lösung, die er bietet, Schein: in der Wiederholung sich stabilisierend, im Vollzug lebend. Nur im Vollzug. Wie Sigmund Freud schreibt, der Glückliche phantasiere nie, nur der Unbefriedigte. Unbefriedigte Wünsche seien die Triebkräfte der Phantasien, und jede einzelne Phantasie sei eine Wunscherfüllung, eine Korrektur der unbefriedigten Wirklichkeit. Ähnliches hatte in einer zu ihrer Zeit kühnen Diagnose schon John Locke gesagt. Wir werden darauf zurückkommen.

Der Kitsch produziert und konserviert bürgerliche Ersatzform: als schönere und bessere Welt, in der bürgerliche Tugend adliges Laster bloßstellt. »Welch ein Reiz liegt in der traulichen Gesellschaftigkeit eines gebildeten Hauses!« schreibt Karl Gutzkow in seinen Erinnerungen *Aus der Knabenzeit*. »Die Ordnung und die Pflege verbreiten überall Wärme und Behaglichkeit, die neben den äußeren Sinnen auch das Gemüt ergreift.« Der würdige, gefaßte Umgang der Menschen untereinander, das sinnvolle Nebeneinander von Kunst- und Gebrauchsgegenstand, »die Ordnung des Gebens und Nehmens, das Bedürfnis der geistigen Mitteilung ... im Zusammenklang aller dieser Akkorde liegt eine Harmonie, ein sittliches Etwas, das jeden Menschen ergreift, bildet und veredelt«. Gutzkow beschwört ein Ideal, Wunsch- und Gegenbild, in dem pietistisches »Ergreifen«, künstlerisches »Bilden« und die Elite-Attribute »Feinheit und Tiefe« zusammenfließen. Nicht nur an häuslicher Behaglichkeit wird diese Harmonie erfahren und gefeiert, auch an der Natur. Die Umwelt des Menschen wird »familiarisiert«, »verhäuslicht« und damit als »Sicherheit« gewährende, domestizierte Welt überschaubar, bewohnbar und »gemütlich« gemacht.

Bemühung um Verhäuslichung und Verniedlichung als Mittel zur Herstellung von Überschaubarkeit und Affirmation ist Kennzeichen des Kitsches. Bereits das Wort »Behagen« schließt das Moment der Umgrenzung mit ein. Stellt man es zu »Hag«, »hagen«, so gewinnt es die Bedeutung »Wohlsein« in einem »umzäunten Ort«. Das umschließende Buschwerk (»Dorngebüsch«) bietet Schutz vor der »feindlichen Umwelt«, ermöglicht das »Moment des Privaten, Intimen, Isolierten«. Übersichtlichkeit und Begrenzung schaffen »Geborgenheit«.

Man solle sich durch den »Exotismus des Kitsches« nicht täuschen lassen, warnt Ludwig Giesz. Die Fremde werde entweder »idyllisch in die Hausmacherstimmung« eingemeindet (Sü-

den, Insel, Berge) oder durch »sentimentale Sehnsuchts-
fäden«, die ein einsames Herz spinne, mit heimatlichem
Herd, Försterhaus, Braut, Dorfkirchlein usw. eng verknüpft,
so daß die Stimmung gewiß nicht allzu weit ausschwinge.
»Das Ferne, Fremde, Weite ist ein besonders willkommenes
Milieu, ohne Meer keine Insel, und ohne Wüste keine Oase.
Dies ist die emotionale Logik des menschlichen Herzens, das
sich das Exotische um keinen Preis entgegen lassen kann, –
und sei es nur ein italienisches Wort« (Giesz, S. 45). Ob sich
Giesz darüber im klaren war, daß er in der Verbindung von
Meer und Insel, Wüste und Oase höchst zutreffende Bilder
für die Rolle des Kitsches in der bürgerlichen Gesellschaft
fand?
Genuß nach Maß, seine Herstellung als »Kochrezept«? Ludwig Giesz hat das dritte Kapitel seiner *Phänomenologie des
Kitsches* »Genuß und Genüßlichkeit« überschrieben (S. 26ff.).
Sich auf Moritz Geiger berufend, setzt Giesz »Freude« ab gegen »Genuß«. Freude weist, seinen Ausführungen zufolge,
über sich hinaus, während Genuß beim Objekt verbleibt und
damit etwas Bergendes hat: »Genuß ist, solange er dauert,
sich selbst genug. Es führt keine Brücke zum übrigen Leben.«
Der sentimentale Mensch geht auf im Genuß des eigenen Gefühls. Es isoliert ihn und den lediglich als Reflektor dienenden
Genußgegenstand, bringt die Zeit zum Stillstand, schließt den
Raum. Behagen breitet sich aus, als (passives) Zustandsge-
fühl.
Interesseloses Wohlgefallen, Distanz, Spiel auf der einen, ver-
zehrendes Wohlgefallen, »Schmecken«, Genießen, Interesse,
Distanzlosigkeit, Bedürfnis auf der anderen Seite. Zum Genuß des Genusses tritt der Selbstgenuß, in dem der rein, d. h.
nicht ästhetisch und nicht spielend, Genießende sich als Genießenden genießt. Genießen, daß man genießt: reflektierter
Genuß. Giesz spricht von »Genüßlichkeit«. Die ursprüngliche
Bedeutung »den Vorteil wovon haben«, die dann im Hinblick
»auf das Zusichnehmen von Speise und Trank« modifiziert
wurde und die die »Vorstellung einer Lustempfindung« einschließt, findet sich nun potenziert und subjektiviert. In der
Genüßlichkeit gehen reiner Genuß und ästhetischer Genuß ineinander über.
Kitschgenuß als »anderthalbmaliger« Genuß, als Einfühlung
plus Reflexion der Einfühlung, wobei die Reflexion nicht dem
Objekt, sondern dem Subjekt gilt. Letzteres ist der beschei-

dene Gewinn – als Sich-Fühlen. Das entschwundene Objekt wird scheinbar im Subjekt zurückgewonnen.

Charakteristisch für den Kitsch ist nach Ludwig Giesz (S. 21) das »Penetrante, Schmelzende, Rührende«. Es trete an die Stelle der »distanzierenden ›Herbheit‹, ›Kühle‹, ›Hoheit‹«, der »schweren Zugänglichkeit von Kunstwerken«. Kategorien, die sich bis ins 18. Jahrhundert zurückverfolgen lassen. Die von Giesz hervorgehobene Wirkungsqualität des *Leibnahen* deutet auf die philosophisch-psychologische Richtung des Sensualismus, deren Hauptvertreter im Altertum Epikur und in der Neuzeit Locke waren. Offenbar ohne diesen Zusammenhang zu erkennen, spricht Giesz in seinen Betrachtungen zum »Genuß« von »leibnahen Verben«, die auf »einzuverleibende Fülle des Genußobjekts« verweisen: »trinken, schmecken (sogar noch im religiösen frui deo Augustins, vgl.: ›schmecket und sehet, wie freundlich der Herr ist!‹ Psalm 34,9 und 1. Petrus 2,3), sich baden, mit allen Poren genießen, schlürfen, schmausen, auf der Zunge zergehn lassen u. v. a.« Gewiß, diese Verben entsprechen den leibnahen Sinnen, die durch ihre geringere Distanz zum Wahrnehmungsobjekt weniger frei sind als die »leibfernen Sinne wie Auge und Ohr« (Giesz, S. 33), doch zugleich stehen sie für eine bestimmte Form der Wirklichkeitsbegegnung und -erkenntnis. Sind die »Fernsinne« auf Kontemplation und Transparentmachung gerichtet, so die Nahsinne auf Berührung, Durchbrechung der Subjekt-Objekt-Spaltung. Sie sind Ausdrucksträger von Körperlichkeit, Sinnlichkeit und gelten deshalb als »*niedere* Sinne«. Nach einer immanent-anthropologischen Methode verfahrend, war Giesz sich offenbar der Tatsache nicht bewußt, daß die Trias *Durchdringen, Schmelzen, Rühren* wesentliche Wirkungsintentionen von Empirismus, Mystik und Pietismus bezeichnen. Daß Schiller den Begriff des »Schmelzens« in seine Ästhetik einführte, ist bekannt; zugleich kann als evident gelten, daß die moderne Kitschtheorie von ästhetischen Wertvorstellungen ausgeht, die überkommen sind. Erlauben wir uns hier eine entsprechende Abschweifung.

Durchdringen

»Penetrant« bedeutet »durchdringend«. Das Verb zielt auf das Bild der Vereinigung. Höhepunkt des mystischen und pietistischen Gotteserlebens, dessen Erfüllung, ist das Gefühl des

Durchdrungenwerdens von Gott. Ein Vorgang, der sich durchaus mit dem Leseprozeß, der Verinnerlichung einer Symbolwelt, vergleichen läßt. Die verbalen Zusammensetzungen mit dem Präfix »durch-« bringen das aktivisch-intentionale Moment zum Ausdruck. Sobald der Vereinigungsprozeß einsetze, beginne auch die Vorliebe für unser Präfix, informiert August Langen. Über einhundertfünfzig Zusammensetzungen zählt der Wissenschaftler auf und bringt Beispiele für die Vereinigung der Seele mit Gott als »schmecken«, »essen«, »trinken« und »genießen«.

Schmelzen

Pietistischer Vorstellung entsprang das Bild von Gott als »Herzensschmelzer«. Die Metapher wird im Pietismus abgeleitet vom Schmelzen des Goldes und des Wachses. Gott schmilzt »Tröstung ins Herz«. Bei Schiller heißt es dann: »besonders schmelzte das letzte Lied das Herz zu der tiefsten Rührung« oder »wenn dieses Trauerspiel schmelzen soll«. An Beispielen für »schmelzen« im Sinne von »rühren« mangelt es nicht: »schmelzende Erfindung« (Wieland, Kant), »schmelzende Affekte« (Schiller), »schmelzende Zärtlichkeit« (Lessing). Aktivierung der Nahsinne, der Körperlichkeit, »Fusion der Welt mit mir«, führt zu einem Zustand, den Giesz als »klebrig« bezeichnet.

Kleben

Klebrigkeit drücke solches »Adhärieren eines fremden und uns doch gleichwohl möglichen kitschigen Zustandes« gut aus: die »genüßliche Ich/Welt- (oder Subjekt/Objekt-) Vermanschung«. Der Assoziationshof des Klebrigen schließt das Unreine, Sündige ein: Hans Castorp in Thomas Manns *Zauberberg* hört aus dem Nachbarzimmer »Geräusche«, die »ihn irgendwie klebrig zu verunreinigen schienen«. Vom Dichter sagt der Expressionist Ernst Blaß, er wisse »um das Flache des Lebens, das Klebrige, das Alltägliche«, »die Mießheit«. Auch für den Gebrauch von »kleben«, »ankleben«, »Anklebung« finden sich Vorstufen im Pietismus. Der Begriff wird in negativem wie positivem Sinne gebraucht und bezeichnet Vereinigung (mit Gott), das Einlassen von »Bildern« in den »innersten Platz«. Dem geht ein »älterer Brauch« voraus, der sich im Pietismus gesteigert findet.

Es überrascht nicht wenig, wenn Giesz schreibt: Noch am Verhalten zum Kitschigen lasse sich diese »Bejahung der Klebrigkeit« des Kitsches aufzeigen: »die fast laszive Lässigkeit, die ›Getrübtheit des Bewußtseins‹ (Sartre), am verschleierten, umflorten Blick ablesbar, die süßliche Nachgiebigkeit des zustimmenden Lächelns«. Die Klebrigkeit ist nach Giesz »mehr als eine Metapher, wie ich ja schon den klebrigen Händedruck durchaus nicht bloß als eine widerliche Anhänglichkeit mitmenschlicher Fleischstücke empfinde, sondern als Enthüllung eines klebrigen Ganzen, eines Vis-à-vis, das mich nötigt, die Welt nicht allein mit seinen Augen, sondern mit seiner Haut, seinen schweißigen Poren zu erleben« (Giesz, S. 41). Ästhetizistische Irritation, elitistische Beklemmung beim Gedanken an die menschliche Animalität, zu deren Überwindung seit zweitausend Jahren unermüdlich aufgerufen wird? Statt der Verschmelzung von Seele und Gott jene von Genießendem und Genußobjekt oder von Leser und Romanwelt als emotionales Partizipieren.

Rühren

»Gott«, der »Heilige Geist« rühren das »Herz«, die »Seele«. Rührung und Öffnung ist Voraussetzung für das Eingeständnis von Schuld und Besserung zur Tugend. Nach der Säkularisierung des Wortes, das zum Liebling der Empfindsamkeit wurde, übernimmt »Rühren« die Funktion »zum Mitleid öffnen«. Nicht Gott rührt, sondern der Anblick seiner Schöpfung. Ein Äquivalent für »rühren« und »bewegen« ist »reizen«, »treiben«. Gott reizt und treibt das Herz: Bewegung zur Erbauung, das heißt der Festigung im »Glaubensbund«, der Frömmigkeit etc. Die Grundbedeutung von »ergreifen«, »fassen« bezieht sich im Pietismus gleichfalls auf Gott: »Gleichwie nun diese teure Seele ... von Gott dem Herrn dergestalt häufig ergriffen ... worden.« In der weltlichen Bedeutung »ergreift« nicht mehr unmittelbar Gott die Seele, sondern der von ihm erfüllte Mensch. Doch zugleich findet sich bereits im Pietismus die Vorstellung, daß Freude, Schmerz usw. den Menschen »ergreifen«. Öffnen, bewegen, rühren heißt zugleich »erweichen«, schmelzen: »das versteinte Herz in Buße« oder in Mitleid. Aus dem Mitleid des Menschen mit dem Leiden Christi wird das Mitleiden des Menschen mit dem Menschen. Nach Wegfall des transzendenten Bezugs verliert das Wort seine aktivische Potenz.

Mitleid als Einfühlung muß genügen. Dem deutschen Bürgertum konnte dieses säkularisierte, passivierte Mitleid zum schönsten, weil am wenigsten der Realität gegenüber verpflichtenden Kitt am Tugendgebäude werden.

Erfüllte Erwartung wird im Kitsch zur Norm des Produkts: Es befriedigt ein Bedürfnis. Daraus erklärt sich, daß Kitsch im Grunde viel »ästhetischer« zu sein hat als authentische Kunst, natürlicher und lebendiger als Natur und Leben. Kitsch will das Nur-Schöne und sucht *totale* Wirkung. Um dieses Ziel zu erreichen, muß ein dekoratives, von Stimmungen, Synästhesien getragenes Suggestionsfeld hergestellt werden, das durch Reizwirkung die genußgerichteten Gefühle lenkt. Giesz weist auf die Zusammenhänge zwischen Stimmung und Synästhesie hin. Tatsächlich disponieren nämlich nicht nur Stimmungen zu synästhetischen Erlebnissen, auch umgekehrt erzeugen Synästhesien spezifische Stimmungen. Wobei diese Stimmungen dann ihrerseits wieder Synästhesien begünstigen. Die Wirkung ist Selbstvergessenheit. »Unfrei«, wie Giesz meint, kann den in der Isolation »der privaten Affektwelt« Genießenden der Kitsch jedoch nur machen, wenn er zuvor »frei« war. Nicht Kitsch schafft die Unfreiheit, sondern Unfreiheit den Kitsch. Als Quasi-Erlösung.

Nach dem bisher Gesagten nimmt es kaum wunder, daß das Waffenarsenal der Kitschgegner so gut wie alle Vorwürfe birgt, die im Laufe der letzten vier- bis fünfhundert Jahre gegenüber jeglicher Art von »Ketzertum« gebraucht wurden. Deren Fundierung in religiöser Tradition ist evident. Wo die Affekte, nach der Aufwertung der Gefühle, positiv bewertet wurden, sollten sie im Rahmen der menschlichen Vermögen proportionierlich ausgebildet werden. Als Teil gegebener menschlicher Grundfakultäten. Der positiven Einschätzung nach anthropologischen Gesichtspunkten steht die negative nach psychologischen gegenüber. Beherrschtsein von Gefühlen wird gedeutet als Zustand der Disproportionalität, der Verletzbarkeit, Erregtheit – Krankheit, Hitze, die auf Fieber, Sinnlichkeit, Phantasterei, Schwärmerei verweist: Laszivität. Wo diese Einschätzung überwiegt, erscheint die Empfindsamkeit kaum als die moralischsittliche Kraft, als die sie zunächst gedeutet wurde. Die optimistischen Vertreter der bürgerlich-rationalistischen Aufklärung, für die die Welt objektiv geordnet ist, bestimmt von festen, überkommenen moralischen Werten, sahen in ihr nur den egoistischen Trieb, der in ihren Augen zu Isolierung, Narzißmus, Passivität und Wirklichkeitsverkennung führen muß.

Der Philosoph O. F. Bollnow spricht vom »Schwärmerischen«, der »Nähe zum Rausch«, vom Genuß des »Fortfallens der Spannung«; er stellt der »Passivität«, der Widerstandslosigkeit des Kitsches die »Welt der Tat« und der klaren Entscheidungen gegenüber (Bollnow, S. 147 f.). Für Bollnow ist Kitsch eine »verhängnisvolle Verkehrung«, eine »der schlimmsten Entartungsformen des menschlichen Lebens«, »flach und substanzlos«, »innerlich hohl«. Seine »Idealität« und »Schönheit« gewähre dem Menschen in kurzschlüssiger Weise eine Scheinbefriedigung seines Erlebnisdrangs, lasse das selbständige und verantwortliche Handeln in einem »Zustand passiven Selbstgenusses« versinken. Es gelte »Abstand«, »Spannung« zur Welt herzustellen, statt »pathetisch« in ihr aufzugehen. Doch konzediert der Philosoph dem Kitsch überraschenderweise eine »nicht zu verkennende erzieherische Leistung« in einer bestimmten Stufe der jugendlichen Entwicklung. Durch die »Versüßung«, die er bietet, könne dem Menschen ein »erster Zugang« zur geistigen Welt erleichtert werden.

Verständnisvoller und wenig elitistisch in seiner Kritik am Phänomen des Kitsches zeigt sich Gert Ueding. *Glanzvolles Elend* überschreibt er seinen »Beitrag zur ästhetischen und sozialen Analyse der Trivialliteratur«, der den »Gesamtbereich der unterdrückten Literatur in Kolportage und Kitsch« teilt. Ueding beruft sich in der vorbildlichen Arbeit auf Ernst Bloch. Der Philosoph habe diese Einteilung durchaus polemisch gegen den herrschenden Literaturbetrieb gerichtet. Kitsch und Kolportage sind demzufolge nicht das gleiche. Genausowenig wie Kitsch und Schund. Ist Kitsch ein Grenzphänomen des Ästhetischen, so überschreitet Schund als Ballung grober Reize diese Grenze; bietet Kitsch synthetischen Traum, mit dem Fluchtraum schöner, harmonisierender Bildwirkung, so malt die Kolportage »Seinwollen wie das fehlende Leben«, wie »buntes Glück« (Ueding, S. 65 f.).

Der Vorwurf, Kitsch modele die Welt »lügnerisch und gleißnerisch nach einem – falschen – Bild«, mißachtet nach Ueding jenes »legitime Bedürfnis« nach einer Realität nicht wie sie ist, sondern wie sie sein sollte, und die der Kitsch aus alten Versatzstücken und überlieferten Requisiten zusammensetze. Nicht »Schlechtigkeit« spreche aus der kitschigen Verschönerung, sondern das »Unvermögen, aus der Realität selber Schönheit zu begründen«. Kitsch als Ersatz für und zugleich Vorgriff auf eine Zukunft, deren Parusie substituiert wird. Damit ist Kitsch, wie Walter Benjamin sagt, »die Seite, die das Ding dem Traume zukehrt«. Kitsch statt Revolution. In diesem ganz umfassenden Sinn geht Kitsch auf menschliches Versagen zurück, auf die Unfähigkeit, die Differenz zwischen (menschlicher) Theorie und Praxis, Phantasie und Wirklichkeit aus der Welt zu schaffen. Er wird zu einem Symptom für einen menschlicher Existenz inhärenten Mangel, ein Mal, sichtbar und zu akzeptieren in dem Maße, wie Freizügigkeit dem Menschen gestattet, sich seiner Körperlichkeit zu erfreuen.

Vielleicht handle es sich beim Kitsch, gibt auch Walther Killy zu bedenken, »um notwendige Illusionen, insofern der Mensch nicht ohne die Bilder der Welt zu leben vermag, welche die Phantasie sich erschafft« (Killy, S. 33). Diese Überlegung läuft auf Anerkennung einer therapeutischen Funktion hinaus, billigt dem Kitsch eine Funktion im Dienste menschlicher Selbsterhaltung zu. Als etwas, das äußerlich der Kunst zwar ähnlich scheint, aber in Wirklichkeit schon immer etwas ganz anderes war: nicht »ästhetische Weltgestaltung«, sondern »Erfüllung sozialer Bedürfnisse«. Diese Definition Wolfgang Langenbuchers (S. 240) trägt den veränderten Verhältnissen Rechnung und gewährt dem Kitschbegriff die längst fällige Humanisierung. Wenn es heißt, Kitsch lebe von »permanenten Verwechslungen«, so ist dem hinzuzufügen, daß diese sich freilich nur aus der Gegenperspektive, jener der sich wissend Dünkenden, als solche darstellen. Vielleicht wäre es deshalb angebracht, von »Ersetzung« zu sprechen, Substitution von etwas, das zwar versprochen, aber nie besessen wurde.

Was ist nun dieses Versprochene? Um es genauer bezeichnen zu können, müssen wir im folgenden weiter ausholen und nach den politisch-gesellschaftlichen Voraussetzungen fragen, die zur Entstehung von Kitsch führten: als die der Massenkultur adäquate Form von »Schönheit«.

III Rückzug in den »möblierten Raum« und die »gestundete Zeit«

»Wem wird einst die Muse der Geschichte die Feder in die Hand drücken, um ein farbenreiches, treues Kulturgemälde des 18. Jahrhunderts zu schreiben? – Wenige Epochen vereinten so viele und so entgegengesetzte Elemente in sich. Wenige sind so bedeutend ihrem Inhalt und Zwecke nach gewesen.« Karl Gutzkows Charakterisierung trifft das Wesentliche. Noch im 18. Jahrhundert war es für Goldmacher ein leichtes, in einem der zahlreichen deutschen Staaten einen Brotgeber zu finden und Unsummen in Experimenten zu verpulvern. Mit seinem angeblich funktionierenden Perpetuum mobile gelang es E. E. Offinger 1712, selbst Gelehrtenkreise zu täuschen. 1775 freilich lehnte die Pariser Akademie es ab, weitere Vorschläge für ein Perpetuum mobile überhaupt nur zu prüfen. Die Zeiten hatten sich geändert; ein neuer Geist schien zu wehen.

Zwar dürfte sich die Zahl der kleinen, selbständigen Herrschaftsgebiete, die 1699 das Kollektivgebilde Deutschland ausmachten – 100 Reichsfürsten und 1500 »Länder« –, in diesem Zeitraum nur wenig verändert haben. Doch hatte auch dieses an gekrönten wie an gebeugten Häuptern reiche Land der (geographischen) Mitte inzwischen gewisse nachweisliche Fortschritte zu verzeichnen, die ihm »europäische« Züge aufprägten. Europa kannte bereits die Anfänge des Versicherungswesens (seit 1701); es gab eine Schulpflicht (1717 in Preußen), Kaffeegärten (1751); Kartoffeln waren als Nahrungsmittel bekannt, wenn auch noch nicht so geschätzt wie in späteren Zeiten; man wußte, daß sich durch Blitzableiter Hab und Gut sichern ließ (1769), experimentierte mit Gasbeleuchtung für Innenräume in England und Deutschland. Letzteres geschah im gleichen Jahr 1787, da Herzog Karl Eugen von Württemberg das aus seinen Untertanen bestehende Kap-Regiment an die Holländisch-Ostindische Kompanie vermietete. Der Württemberger war nicht der einzige Potentat, der mit »Soldatenhandel« seine Geschäfte machte. Zwischen 1776 und 1795 verkaufte allein Lessings Dienstherr, der Erbprinz Karl Wilhelm Ferdinand von Braunschweig, 9200 Mann an ausländische Mächte. Der Landgraf von Hessen-Kassel verdiente mindestens fünf Millionen Pfund Sterling an den Soldaten, die er den Engländern zur Bekämpfung der Aufständischen in Nordamerika überließ. Kapital, das solcherart ins Land kam, wurde nicht zum geringsten Teil in monumentalen Bauten und Stiftungen angelegt, keineswegs aber zum Wohl des Bürgers. Die Idee vom Glück der großen Zahl war allerdings nicht wenigen in Deutschland bekannt. Die Lage, in der sie sich befanden, machte sie ihnen zur Demütigung.

Längst wußte man von der Existenz der Osterinseln und ihren riesigen Steinfiguren (seit 1722), hatte man (1734) die große Nordische Expedition unternommen, an der sich russische, deutsche und französische Forscher beteiligten, und konnte man in England (1740) die ersten Koks-Hochöfen bestaunen. Die Liste mit den Indizien menschlichen Fortschritts ließe sich beliebig erweitern. Sie würde handgreiflich bestätigen, daß Deutschland in vielem hinterherhinkte, eine »verspätete Nation« war. 1719, als in Berlin erstmals exakte Wetterbeobachtungen stattfanden, erwiesen sich Versuche, König Friedrich Wilhelm I. von Preußen zur Aufhebung der Leibeigenschaft zu bewegen, als fruchtlos. Man appellierte an einen König, der 1713 die Zeitungen verboten hatte und Souverän eines Landes war, das »geringen« Leuten untersagte, »vornehme« Kleider zu tragen. Wenn auf Form gehalten wurde, dann höchstens mit dem Ziel der Abgrenzung. Bis zum 20. Jahrhundert sollte es dauern, ehe der Adel seiner Sonderrechte verlustig ging und das Beamtenideal des strengen Gehorsams dem Staat gegenüber eingeschränkt wurde.

Tonangebend im landesfürstlichen Obrigkeitsstaat war der Adel; dessen Vorrechte wurden nur von wenigen bestritten, und er war kaum von einer Erhebung bedroht. Für eine Revolution, meint der betreffende Mitverfasser des *Ploetz* (S. 769), fehlten in Deutschland sowohl der »soziale Boden« als der politische Anlaß, sowohl die »äußere Möglichkeit« als die »inneren Voraussetzungen«. Zu diesen inneren Voraussetzungen gehört nach Alfred Weber (S. 405) der »gesunde« Zustand, in dem sich hier »die alten sozialstrukturellen Formen« befanden. Da die »alte Ordnung« noch nicht wesentlich gestört gewesen sei, habe im Volk eine »wirklich gesunde optimistische Atmosphäre« geherrscht, die sich »abgrundtief« von dem unterschied, was in

Frankreich der Rousseausche Gesellschaftspessimismus antraf und gegen die Gesellschaft in Bewegung brachte. Nur in Deutschland sei der natürliche Optimismus in seinen großen Strömen nicht ins Politisch-Revolutionäre, sondern ins Seelisch-Geistige gestiegen: »die gegebene soziale Umwelt fast durchgängig bejahend.« Die deutsche Spielart des »Fortschritts« liegt für Alfred Weber im »Seelisch-Geistigen«, im Idealismus. Glück verwirklicht sich nicht im Praktischen, Politisch-Revolutionären, sondern auf eine Weise, der Francis Hutchesons berühmte Formulierung vom größten Glück der größten Zahl einen spezifischen weltabgezogenen Sinn verleiht. Es ist ein »abstraktes« Glück. Aber das wirkliche Glück ist nun einmal »konkret« wie die Wahrheit.

»Der Absolutismus war Tat und Lebensform der Herrschenden. Die Antwort der Beherrschten war die Aufklärung« (Valentin, S. 37). Auf diese griffige Formel bringt Veit Valentin in seiner *Weltgeschichte* den großen Aufbruch im 18. Jahrhundert. Doch nicht nur auf Befreiung der Vernunft zielte die Aufklärungsbewegung. Sie bezog sich auch, was angesichts pietistischer Vorentfaltung und empiristisch-sensualistischen Einflusses leicht vergessen wird, auf die Entpflichtung des Gefühls. In jedem der Länder, wo sie in Erscheinung trat, zeigte die Aufklärung ein anderes Gesicht. Wie diejenigen, die für die Formulierung und Realisierung ihrer Ideen eintraten, den unterschiedlichen historischen Gegebenheiten in den einzelnen europäischen Ländern entsprechend, jeweils andere waren.

Ihren Ausgang nahm die politische Aufklärung von England. Bereits Ende des 16. Jahrhunderts hatte dort der Prozeß der Emanzipation des Bürgertums eingesetzt. Mit der »glorreichen Revolution« und der Thronbesteigung Wilhelms von Oranien im Jahre 1689 fand er, im höchsten Grade begünstigt durch die Verbürgerlichung des Adels, seinen Abschluß. Weil es in England zu einer Zeit der Erfüllung werden konnte, wurde das 18. Jahrhundert ein »englisches Jahrhundert« genannt. Einen wesentlichen Beitrag zum Selbstverständnis der tragenden Schicht lieferten die Moralischen Wochenschriften, die 1709 *(The Tatler)* zu erscheinen begannen. Aus puritanischem Geist heraus kritisierten sie die Hofsitten, warben für Hebung der Moral durch Erziehung. Vor allem französisch-galantem Wesen galt ihr Angriff. Es mangelte ihnen nicht an Publikum. Im Kaffeehaus, einer neuen Einrichtung, die das Übergewicht der Stadt befestigt, begann sich zwischen aristokratischer Gesellschaft und bürgerlichen Intellektuellen eine »Parität der Gebildeten« (J. Habermas) herzustellen. Über dreitausend Kaffeehäuser gab es bereits im ersten Jahrzehnt des 18. Jahrhunderts in London. England machte als erstes Land die neue soziale Revolution durch; als einziges europäisches Land wurde es ohne schwere politische Krisen und Bürgerkrieg mit ihr fertig. Die Idee des größtmöglichen Glücks der menschlichen Gemeinschaft, das nun als das Prinzip einer neuartigen Moral erschien, ist englischen Ursprungs. 1725 wurde es in Glasgow formuliert.

Das »klassische« Land der Aufklärung ist Frankreich. Dort wurde die neue Bewegung dynamisiert durch den Kampf des dritten Stands gegen die feudalabsolutistische Monarchie. Die zwanzig Jahre während Zeit des Friedens unter dem Regiment des Kardinals Fleury hatte den wirtschaftlich produktiven dritten Stand gestärkt; in zunehmendem Maße trat er ins Rampenlicht. Eine neue Zeit begann. Das Bürgertum gewann nach und nach alle Schlüsselstellungen in der Wirtschaft und sicherte sich materielle Überlegenheit. In den Salons begegneten sich der Adel und das ihm sich assimilierende Großbürgertum der Banken und Bürokratie und der »Intelligenz« sozusagen auf gleichem Fuß.

Anschluß an die englische und französische Aufklärung erreichte die deutsche erst in der zweiten Hälfte des 18. Jahrhunderts. Von den beiden Handelsmetropolen Leipzig und Hamburg sich ausbreitend, fanden die neuen Ideen aber keine weltlich-öffentliche Macht, die in ihrem Namen den Ansprüchen der Fürstendynastien entgegengewirkt hätte. Unmißverständlich zeigte sich hier, daß der Slogan von der Macht des Geistes nichts als eine Redensart ist. Schwach ist der Geist, zerbrechlich. Ideen pflegen sich nur zu verwirklichen, wenn materielle Interessen sich ihnen verbinden oder sich ihrer bedienen. Sie bedürfen zu ihrer Umsetzung der Konkretisierung durch Güterwerte. Zugleich verkommen sie daran. Es sei nur an die Reformation erinnert, an die handfeste Rolle, die Fürsteninteressen in ihr spielten. In Deutschland übten die Ideen der Aufklärung so gut wie keinen bestimmenden Einfluß aus auf die gesellschaftliche und politische Entwicklung. Die gelehrten Tischgesellschaften waren wenig wirksam und vertraten die Kaffeehäuser seit Jahren. Von der politischen Praxis streng abgeschlossen, abgelenkt auf das politische Spiegelfechten am »Stammtisch«, fand die Intelligenz ihr Publikum in Privatleuten, die produktiv tätig waren, Leuten aus der städtischen Ehrbarkeit der fürstlichen Residenz, unter denen die akademisch gebildeten Bürgerlichen das Übergewicht hatten.

Wachsendes soziales Selbstbewußtsein führte auch in Deutschland zu einer neuen Auffassung vom Wert der menschlichen Persönlichkeit. Kritik wurde laut gegen die autoritäre Vormundschaft des Absolutismus in allen seinen politischen, philosophischen und literarischen Erscheinungsformen. Spürbar war diese Vormundschaft aufs Handgreiflichste in der preußischen Militärdespotie, die nur Gehorsam, eiserne Zucht oder Bedrohung und Einschüchterung kannte. Ihr Staat ruhte auf dem ehernen Sockel der von Vertretern des Adels befehligten Militärformationen. In diesem Heeresstaat mußte der Bürger parieren. Er hatte zu arbeiten, seine Pflicht zu tun. Im Begriff der »Pflicht« findet die Nötigung humanitäre Maskierung. Die Knute wird zum Marschallstab im Tornister erklärt. Für den Philosophen J. G. Fichte beispielsweise dient als »Material der Pflichterfüllung« die ganze Welt; das Glaubensbekenntnis des Pflichtbewußten: »fröhlich und unbefangen vollbringen, was jedesmal die Pflicht gebeut, ohne Zweifeln und Klügeln über die Folgen«. Noch im 20. Jahrhundert setzt Thomas Mann Aufklärung und Auflösung, Zivilisation und Zersetzung in eins und stellt ihnen die kantische Aufforderung zur Pflichterfüllung, die Anti-Glückshaltung des Begründers der Transzendentalphilosophie entgegen. Hier Pflicht, dort Glück, hier Obrigkeitsstaat, dort Demokratie.

Immerhin durfte der deutsche Bürger zu Hause tun und lassen, was er wollte. Auch selber sich als Despot etablieren. Seine Moral hatte eben eine doppelte zu sein. »Wer sich brav duckte ... der paßte nicht schlecht als Untertan in das friderizianische Gemeinwesen. Unabhängigkeit oder gar Bürgerstolz wirkt hier fremdartig und blieb unwillkommen« (Veit Valentin). Der Aufstieg des bildungs- und besitzfreudigen Mittelstandes sieht deshalb anders aus als in England oder Frankreich. Den in materieller oder geistiger Hinsicht Erfolgreichen standen dort viele Türen nach oben offen, auch zu politischer Einflußnahme. Anders in Deutschland. Statt der Beteiligung an der Macht wurde ihnen, wenn überhaupt etwas, häufig Nobilitierung angeboten. Diese Geste scheinbarer Erhöhung und Anerkennung konnte im 18. Jahrhundert zum probaten Mittel werden, Talente zu neutralisieren, kritischen Zeitgenossen den Mund zu stopfen. Unter dem Druck der Obrigkeit hatte sich kritische Stellungnahme zu sublimieren; ihre Verfeinerung erreichte schließlich einen Grad, wo nur Fachleute die Absicht noch wahrzunehmen vermochten, der gewöhnliche Zeitgenosse jedoch nur Konformismus zu bemerken glaubte. Vorausgesetzt, daß er auf den »inneren Gefilden«, dem »Reich der Bildung«, dem er sich in zunehmendem Maße zuwandte, überhaupt noch aufzuschrekken und für die »hohe Kunst« interessierbar war.

Sittlichkeit stehe höher als das Recht, lehrte Christian Thomasius, der große deutsche Aufklärungsphilosoph. In seiner *Hofphilosophie* entwickelt er hingegen, wie Franz Mehring nicht unparteiisch darlegt, »sehr unphilosophische Grundsätze über das äußere Fortkommen im Leben und die Protektion der Vornehmen«. Gegen die »braunschweigischen Hofprediger, die einer Prinzessin hartnäckig abrieten, zum Zwecke einer österreichischen Heirat katholisch zu werden«, erkannte er »wegen solcher Auflehnung wider den Landesherrn als Bischof‹ auf Kerker und Landesverweisung«. Ähnliche »duckmäuserische Ansichten« wie Thomasius in seiner *Hofphilosophie* hat Christian Wolff in seiner Moralphilosophie vertreten. Und Danzel klagt nach Durchsicht von Gottscheds nachgelassenem Briefwechsel: »Der ärgste Servilismus wird als etwas betrachtet, was sich ganz von selbst versteht.« In 22 Folianten mit 4700 Briefen fanden sich nämlich »kaum eine oder zwei Äußerungen politischer Art«.

Der Spielraum der deutschen Aufklärung war nicht nur von außen her beschränkt, auch von innen: auf das rein Ideologische, auf Literatur und Literaturtheorie, allenfalls auf Philosophie und Theologie. Einer der führenden Vertreter der deutschen Aufklärung, Moses Mendelssohn, hatte 1783 zu der Frage Stellung genommen, »ob es erlaubt sei, die Lehrer und Priester auf gewisse Glaubenslehren zu beeidigen«. Außerstande, eine allgemeingültige Antwort zu geben, erwähnte Mendelssohn drei Möglichkeiten: Der Betreffende »verschließt die Wahrheit in seinem Herzen, und fährt fort, wider sein besseres Wissen, die Unwahrheit zu lehren; oder er legt sein Amt nieder, ohne die Ursachen anzugeben, warum dies geschehe; oder endlich gibt er der Wahrheit ein letztes Zeugnis, und läßt es auf den Staat ankommen ... was er sonst für seine unüberwindliche Wahrheitsliebe leiden soll. – Mich dünkt, keiner von diesen Wegen sei unter allen Umständen schlechterdings zu verwerfen.« Mendelssohn empfiehlt mithin, in Fällen, wo »die wesentliche Bestimmung des Menschen mit der wesentlichen des Bürgers nicht harmonieren« könne, »eine Unwahrheit einzumischen«. Denn wer sich rühme, »nie in solchen Dingen anders gesprochen als gedacht zu haben, hat ... nie gedacht«. Kant, im Denken gewiß nicht weniger repräsentativ für seine Zeit als Mendelssohn, schlug vor, einen Unterschied zu machen zwischen »Privatgebrauch« und »öffentlichem Gebrauch« der Vernunft. Er rät dem Bürger bewußt zum Doppelleben, zur doppelten Moral, falls er als Mensch nicht harmonieren kann mit der Gesellschaft, in der er zu leben habe.

Neu ist solche Trennung von Innen und Außen, Wesen und Erscheinung keineswegs. Dank dem Rückzug in die Innerlichkeit, der Folge von Enttäuschung, überwinterte nach den gescheiterten Aufständen der religiöse Libertinismus wie der französische Humanismus während der Bürgerkriege am Ende des 16. Jahrhunderts. Emigration von Vernunft und Moral in die Privatsphäre und Anpassung im äußeren Konformismus gehören zusammen. Man bescheidet sich mit dem Innenraum und überläßt es dem absolutistischen Staat, ihn zu beschützen. Gelang es in anderen Ländern dem mündigen Bürger der Aufklärung, Träger der autonomen Moral, diese Trennung von Privatheit und Öffentlichkeit zu überwinden, seine moralischen Prinzipien im Staat anerkannt zu sehen, so erwies sich das deutsche Bürgertum als zu schwach dazu. Angesichts der Übermacht der historischen Gewalten versuchte es, sich mit den Regierungsgewaltigen gut zu stellen. Die geistige Elite blieb getrennt vom Volk; innere Unabhängigkeit wurde erkauft durch äußeren Konformismus.

Mit zunehmender Extremisierung, der Polarisierung des Lebens unter dem Aspekt von Öffentlichkeit und Privatbereich kam es schließlich zur Einschrumpfung der privaten Sphäre auf die inneren Bezirke einer »weitgehend funktionsentlasteten und autoritätsgeschwächten Kleinfamilie« (J. Habermas). Der Rückzug auf das rein Persönliche erzwingt aber zugleich das Ausweichen in eine Ersatzwelt. Die Intimität ist ihr aufgehoben und ersetzt durch die Pseudo-Intimität des »möblierten Raums« und der »gestundeten Zeit«. Deutschland wurde zum »Land der Dichter und Denker«: Männer der Zunge, der die Hände fehlen. Schreiben war Entladung, Fluchtreaktion jener durch Geist und Talent ausgezeichneten Bürgersöhne, die in ihrer Mehrheit vom höfisch-aristokratischen Leben ausgeschlossen blieben.

Über das Hofleben und seine Vertreter schreibt E. de Mauvillon in seinen *Französischen und deutschen Briefen* (1740): Auffallend sei am deutschen Adeligen »jene hochmütige und stolze Haltung, die bis zu barscher Launenhaftigkeit geht. Gebläht von sechzehn Ahnen, die sie stets nachzuweisen bereit sind, verachten sie alles, was es ihnen nicht gleichtun kann.« Es sei selten, daß sie Mesalliancen eingingen, aber nicht weniger selten sei es, »sie einfach und freundlich mit Bürgerlichen verkehren zu sehen. Und wenn sie schon die eheliche Verbindung mit ihnen verschmähen, so machen sie sich doch erst recht nichts daraus, ihre Gesellschaft zu suchen, welche Verdienste sie auch immer haben mögen.«

Deutlicher sagte es Goethes Werther. Wenn er sich der Demütigungen erinnert, die ihm als Subalternen beim Grafen von C. widerfuhren, knirscht er mit den Zähnen. Zum Essen eingeladen, geriet er in eine bei diesem stattfindende Abendgesellschaft. Da er versäumt, sich zur rechten Zeit zu entfernen, wird er hinausgewiesen. Seine Neider sagen, da sehe man, »wo es mit den Übermütigen hinausginge, die sich ihres bißchen Kopfes überhöben und glaubten, sich darum über alle Verhältnisse hinaussetzen zu dürfen.« Seine Reaktion: »Da möchte man sich ein Messer ins Herz bohren.« Werther spricht keineswegs davon, mit dem Messer auf den Grafen und die »Gesellschaft« loszugehen: Selbstmord und Ressentiment liegen ihm näher. Außerdem hatte Goethe, sein Schöpfer, eine recht konservative Auffassung von Freiheit: »Der Bürger ist so frei wie der Adelige, sobald er sich in den Grenzen hält, die ihm von Gott durch seinen Stand, worin er geboren, angewiesen.«

Die besonders krasse gegenseitige Abschließung von Adel und Bürgertum führte dazu, daß das, was später als »Nationalcharakter« der Deutschen in Erscheinung trat, von mittelständisch-bürgerlichen Denk- und Verhaltensweisen geprägt ist. Sieht man etwa in England »im Verhalten der Arbeiter noch das von Landedelleuten und das von Kaufleuten innerhalb eines großen Fernhandelsnetzes durchscheinen«, so »in Frankreich zugleich das der Höflinge und eines durch Revolution zur Macht gekommenen Bürgertums« (Norbert Elias). Ganz anders in Deutschland.

Friedrich II. von Preußen sprach und schrieb zwar deutsch, aber an seinem Hofe bediente man sich des Französischen. Die deutsche Oberschicht im 18. Jahrhundert blickte nach Frankreich. »Ich mache Ihnen streitig, ein besserer Franzose zu sein, als derzeit ich«, schrieb 1741 der Preußenkönig an einen leitenden Minister in Frankreich. Seiner »Französelei« wegen mußte sich der Erbprinz Karl Wilhelm Ferdinand von Braunschweig an der eigenen Tafel sagen lassen: »Seltsam, gnädiger Herr, Sie sind der einzige Fremde unter uns.« In Friedrichs Bibliothek fanden sich, in hellroten Saffian gebunden, die Werke von Corneille, Racine, Boileau, Voltaire, Montesquieu, Bossuet – Werke deutscher Autoren suchte man vergeblich. Auch der Philosoph Wolff war nicht vertreten. Immerhin hatte Friedrich ihn nach seiner Thronbesteigung aus dem von Friedrich Wilhelm verhängten Exil nach Hause zurückgeholt. Diese Einseitigkeit sollte niemanden überraschen. In Friedrichs französisch geschriebener Abhandlung *Über die deutsche Literatur* wird das Deutsche als »halbbarbarische Sprache« bezeichnet; über die großen deutschen Autoren, die (Literatur-) Geschichte machten, wie Klopstock, Herder, Wieland, Goethe oder Schiller, findet sich kein Wort. Shakespeares Stücke waren für ihn »lächerliche Farcen«. Friedrichs Traktat erschien 1780. Wie hätte sich solche Unkenntnis für Lessing erwärmen können? Es soll jedoch festgehalten werden, daß der König Gellerts Fabeln lobte und den solcherart Ausgezeichneten zu einer Audienz bat. Gellert hat den Dialog mit Friedrich später in einem Brief an Rabener beschrieben. Der Bericht ist ein trauriges Dokument. Ausgeschlossen, daß dieser Herrscher oder die um ihn und seinesgleichen gescharte Aristokratie ein Gespür haben konnte für die literarische Bewegung, die im 18. Jahrhundert in Deutschland wirksam wurde. Sie stand für ein anderes Geschmacksideal.

Bis 1789 habe es in Deutschland, schreibt Norbert Elias, »mit ganz vereinzelten Ausnahmen« keine Idee einer konkreten, politischen Aktion gegeben, nichts, was an eine politische Parteibildung oder an ein politisches Parteiprogramm erinnern könnte. Man finde überall in der mittelständischen Jugend »vage Träume« von einem neuen, geeinten Deutschland, einem »›natürlichen Leben‹, ›natürlich‹ gegenüber der ›Unnatur‹ des höfisch gesellschaftlichen Lebens, und immer wieder die gewaltige Lust an dem eigenen Gefühlsüberschwang« (Elias). Das Selbstbewußtsein dieser Jugend vermochte sich nicht aus tätigem Eingreifen in den Gang von Politik und Gesellschaft zu nähren, es gründete sich auf »das rein Geistige«. Dieses lag in der Ebene des Buches, in Wissenschaft, Religion, Kunst, Philosophie, und in der inneren Bereicherung, »die ›Bildung‹ des Einzelnen, vorwiegend durch das Medium des Buches, in der

Persönlichkeit«. Goethes Wilhelm Meister sieht in der »personellen Ausbildung« die einzige Möglichkeit, das zu erreichen, was dem »Edelmann« durch Geburt gegeben ist.

Wohl ohne sich dessen bewußt zu sein, machte der Popularphilosoph Christian Garve aus der Not eine Tugend. In seinen Betrachtungen über *Gesellschaft und Einsamkeit* heißt es: »Alles demnach, was Stille, Muße und Beharrlichkeit der Beschäftigung zur Kultur des Geistes beitragen kann: das hat der Philosoph bei seiner einsamen Lampe vor den Reichen und Großen, wenn sie in ihren erleuchteten Prunkzimmern versammelt sind, und selbst vor den Herrschern der Erde, wenn sie an der Spitze ihrer Heere stehen, oder in ihren Ratsversammlungen die Schicksale der Völker abwägen, zum voraus.« Dennoch seien, so Wolf Lepenies, auch Garve die Nachteile dieser Zurückgezogenheit nicht entgangen. Denn wie Garve selbst schreibt, habe der Philosoph »eine andere Klippe zu fürchten, welche für die wahre Belehrung, und noch mehr für die Veredelung des Geistes ebenso gefährlich als die Zerstreuung und die gereizte Sinnlichkeit ist; – ich meine die Erschlaffung, die Trägheit, und eine gewisse Niedergeschlagenheit desselben.« Ist es nur ein Zufall? Die Begriffe »Sinnlichkeit«, »Erschlaffung«, »Trägheit« gehören zu den Schlagwörtern, die man nicht müde wurde, gegen Dilettantismus und Kitsch ins Feld zu führen.

Noch etwas: Wenn wir, wie weiter oben nach Gutzkow zitiert, davon ausgehen, daß nur wenige Epochen so viele und so entgegengesetzte Elemente in sich vereinten wie das 18. Jahrhundert, so müßte dieser Zeitraum die günstigsten Voraussetzungen zur Entstehung von Kitsch geboten haben. Sowohl was Produktion als auch Konsumption anbelangt. Denn Kitsch entsteht und verbreitet sich am wirksamsten in kulturell ungleichartigen Situationen: Deren Nebeneinander verstärkt Identitätsstreben und Bestätigungsverlangen. Wo Identität Wunschbild bleibt und Bestätigung das Erstrebte, lädt Kitsch ein zu deren Pseudorealisierung.

IV ... gebt mir, was ich begehre, oder ich sterbe

Unter jenen, die mit Wilhelm von Oranien 1688 nach England segelten, war John Locke, der Philosoph der neuen Zeit. Wahrnehmung ist für diesen Empiriker die »Grundtatsache der Seele«, der Mensch das eigentliche Studium des Philosophen. Ausgehend von der gegebenen, nicht einer zu schaffenden Wirklichkeit, sucht er nach Wegen, menschliches Leben vernünftig und glücklich zu machen. Dabei entdeckt Locke in der Seele des Menschen die Unlust und deutet sie als Ursprung von Wollen und Handeln. In Lockes Essay *Über den menschlichen Verstand* heißt es: »Jeder, der über sich selbst nachdenkt, wird bald herausfinden, daß die Begierde nicht das gefühlt, was der Weise von der Hoffnung sagt, die nicht sehr verschieden von der Begierde ist, daß sie nämlich, wenn sie nicht befriedigt wird, das Herz krank macht (Sprüche Salomonis, XIII,12), und zwar in einem dem Maß der Begierde entsprechenden Grade, welche die Unlustgefühle manchmal so sehr steigert, daß sie uns mit Rahel ausrufen lassen: gebt mir Kinder, gebt mir, was ich begehre, oder ich sterbe.«

Untätigkeit, Beschäftigungslosigkeit sind eine Last. Sie führen zu Unlust und Unbehagen, wecken den Wunsch zu entfliehen. Denn der stärkste Trieb des Menschen ist nach Locke jener, sich in Bewegung zu halten. »Schüler« Lockes sind der englische Graf von Shaftesbury wie der französische Abbé Dubos. Die Übereinstimmungen im Denken beider liegen freilich eher im negativen als im positiven Teil ihrer neuen Thesen zur Ästhetik. Beide wenden sich gegen allemal feststehende Regeln, sind für »Unmittelbarkeit«, Dynamik in der Erkenntnis des Schönen. Schafft Shaftesbury eine »Ästhetik der Intuition«, so Dubos eine »Ästhetik des Pathetischen«; geht der eine aus von Aktivität und vom Standpunkt des *gestaltenden* Künstlers, so der andere von jenem des *empfangenden* Zuschauers. Der Dynamik des reinen Bildens und Formens steht jene des Leidens und der Leidenschaften gegenüber. Für das Geschmacksproblem bedeutet das: Shaftesbury sucht das »Reich der Formen für den Menschen« aufzuschließen, im »interesselosen Wohlgefallen«, Dubos ihm durch »Sensation«, Reiz lustvolle Bewegung zu verschaffen. Denn der Geist hat für Dubos ebenso Bedürfnisse wie der Körper. Was das Entscheidende ist: Shaftesburys Ästhetik ist elitistisch am »Sender« orientiert, am Künstler, aus dem die Natur spreche. Dubos hingegen gründet seine Ästhetik auf den seinem Bewegungstrieb folgenden »Empfänger«.

Zwei Standpunkte, zwei Prinzipien: ein aristokratisches und ein demokratisches. Die Ansichten des englischen Grafen waren von weitreichendem Einfluß auf Winckelmann, Herder, Goethe und Schiller. Es versteht sich, daß unter jenen, die sich auf den materialistisch-sensualistisch orientierten französischen Abbé beriefen, deutsche Popularphilosophen waren.

Der Umgang mit dem Begründer der empiristischen Erkenntnisphilosophie brachte Dubos zu der Überzeugung, Gefühl und Einbildungskraft seien die eigentlichen Grundkräfte des Ästhetischen. Mit der Theorie, die er dann formulierte, wird, wie Werner Krauss schreibt, »der Staatsstreich des Sensualismus auch im Bereich der Ästhetik vollzogen«. In seinen *Kritischen Betrachtungen über die Dichtung und die Malerei* erhebt Dubos die Forderung, das künstlerische Urteil aus den Fesseln der Verstandesbegriffe zu befreien. Das Werk wurde zum »Katechismus« der sensualistischen Ästhetik, denn längst hatte das Mißverhältnis zwischen literarischer Wirklichkeit und der rationalistischen Kunstkritik die Bereitschaft für einen Umschwung geschaffen. Allerdings: aus der Perspektive der Großen diesseits des Rheins ist Sensualismus eine Richtung, die dem Kindheitsstadium des Menschen angemessen ist (J.P. Eckermann).

War dem Publikum vom humanistischen Bildungsmonopol jegliche Urteilskompetenz bestritten worden, so bahnte sich bereits Ende des 17. Jahrhunderts auf der Grundlage des sogenannten Streites zwischen Alten und Neueren eine Wende an: Die Allgemeinheit gewann Richterfunktion, in welcher sie durch das Vordringen der sensualistisch-empiristischen Philosophie – in Deutschland später »zum System erhobene Leichtfertigkeit« apostrophiert und bekämpft – bestätigt wurde. Wenn jedes Urteil auf schlichter Wahrnehmung beruht, kann sich der mit Empfindung begabte Durchschnittsmensch dazu berufen fühlen, verbindlich über Wert und Unwert einer Sache zu entscheiden. Für die Beurteilung des Kunstwerks bedeutet das: Nicht die literarische Kritik ist Gesetzgeber, sondern – das Publikum. Es erreicht damit (theoretisch) eine Machtstellung, die seiner vielfach postulierten Mündigkeit entspricht. Der Autor muß ihm entgegenkommen. Wird das Publikum ernstgenommen, wiegt auch dessen Urteil. Von ihm hängt der Erfolg ab. Damit sind alle Privilegien der Bildung, der spezialistischen Berufung und Berufseinübung beseitigt. Die Kunst und die Literatur appellieren an ein Gefallen, an das Empfindungsvermögen, durch das die Annahme von mehr oder weniger homogenen Reaktionen gerechtfertigt wurde. Mit andern Worten: auch die Gestaltung und Beurteilung eines Buches »muß dem sinnlichen Ursprung aller künstlerischen Erlebnisse Rechnung tragen« (Krauss, S. 211). Wie jeder über ihm Stehende vermag sich auch der »Pöbel« am sinnlichen Genuß zu erfreuen, den der Wohlklang der Dichtung vermittelt.

Paul Hazard nennt Dubos' folgenreichen Vorstoß einen »Protest der Farben und der Töne, einen Protest von Wasser, Luft und Erde, von allem, was wir sehen, hören, anrühren, von allem, was Teil unseres Sinnenlebens bildet, von allem, was es in uns an Gefühlsmäßigem, Animalischem, ja beinah Materiellem gibt, ein Protest gegen die reine Vernunft, die sie allzusehr vergessen und verachtet hatte« (*Die Krise des europäischen Geistes*, S. 472). Ergänzen wir: Dubos erinnert sich, daß »Geschmack« von »Schmecken« kommt. Für ihn ist Gaumenreiz vergleichbar dem Reiz, den Anschauung von Kunst bewirkt: Man schmeckt ein Ragout, und selbst wenn man das Kochrezept nicht kennt, ist man imstande zu sagen, ob es gut ist. Organ dieses »sechsten Sinns« – ein Ausdruck, dessen sich auch Hutcheson bedient – ist das »Herz«. So kann Empfindung zur ersten Instanz bei der ästhetischen Urteilsbildung werden; denn Geschmack haben, zumindest der Anlage nach, alle Menschen. Er kann und muß kultiviert werden.

Der Abbé Dubos war also, was man heute »Avantgardist« nennen würde. Doch außer ihm traten noch andere bedeutende Schriftsteller der Zeit ein für Aufwertung des Nichtrationalen, die Anerkennung des subjektiven Charakters künstlerischer Schöpfung. Auf »einen einzigen Grundsatz« suchte Charles Batteux die schönen Künste zurückzuführen (1746). Goethe nannte den Franzosen einen »Apostel des halbwahren Evangeliums der Nachahmung der Natur, das allen so willkommen ist, die bloß ihren Sinnen vertrauen und dessen, was dahinter liegt, sich nicht bewußt sind«. Mit dem Autor traf das gestrenge Wort aus Weimar den Vermittler von Batteux' Theorien nach Deutschland: J. A. Schlegel. Der durch seine Gegnerschaft zu Lessing zu trauriger Berühmtheit gelangte. Chr. A. Klotz tut Schlegels Kommentare zu dem von ihm übersetzten Batteux als »Geschwätz« ab. Die Deutschen brauchten Tieferes als »populäre und seichte« Philosophie.

Eine Gegenüberstellung derer, die Schlegels Verdienst würdigten, der »Popularphilosoph« Chr. Garve beispielsweise, und jener, die ihn und Batteux als »Gellertianer« abtaten (das heißt, als »mittelmäßig« wie die »Materialisten«), macht deutlich, daß es hier um mehr geht als um die Rezeption Batteuxscher Ideen in der Interpretation durch Schlegel. »Jeder Dichter schreibt«, J. A. Schlegel zufolge, »vornehmlich« für seine Zeit. Er kann es von der Nachwelt fordern, »daß sie ihn nicht nach ihren Moden beurteilen, sondern sich in seine Zeiten setzen soll, wenn sie ihn mit kritischen Augen lesen will.« Schlegels ästhetischer Relativismus steht nicht an, von der Kunst zu verlangen, daß sie »diene«, nicht »herrsche«. Das sind Dubossche Postulate. Als ginge es noch um den Streit zwischen Alten und Neueren. Was Klopstock für den geistlichen Bereich verlangte: »der größten Anzahl nützlich zu werden«, selbst wenn dabei die »moralische Absicht, diejenigen, die erhabener denken, in einem gewissen hohen Grade zu rühren«, aufgeopfert werden muß, schickt Schlegel sich an, auf den weltlichen Bereich zu übertragen. Die Frage der »praktischen Verwendbarkeit« tritt in den Vordergrund. Ein Brief K. Ph. Moritz' an Moses Mendelssohn (1785) umreißt die Gegenposition: »Da mir nun das Schöne mehr um sein selbst willen, das Nützliche aber bloß um meinetwillen, lieb ist; so gewähre mir das Schöne ein höheres und uneigennützigeres Vergnügen, als das bloß Nützliche.« Wir werden auf Moritz im Zusammenhang mit Überlegungen zum Problem des Dilettantismus zurückkommen.

Von Johann George Sulzer, einem »Popularphilosophen«, ausgebaut, gewann Dubos' Emotionstheorie Einfluß auf Klopstock: »Die tiefsten Geheimnisse der Poesie«, sagt Klopstock, »liegen in der Aktion, in welche sie unsere Seele setzt. Überhaupt ist uns Aktion zu unserem Vergnügen wesentlich.« Aktion, Bewegung als Vergnügen. Der Katharsisbegriff, der die Wirkung der Tragödie ursprünglich definierte als Erregung von Furcht und Mitleid und damit Reinigung der Leidenschaften, vermenschlicht und vergesellschaftet sich unter Sulzers Einfluß zur bloßen »Lenkung des Gemüts«. Statt Reinigung der Leidenschaften deren Lenkung. Kunsterlebnis als rührende Beruhigung, als stille Beeinflussung des Gemüts, worunter die Gesamtheit der seelischen Kräfte, der inneren Empfindungen, das Herz, zu verstehen sind. Dem Katharsisbegriff, wie Sulzer ihn deutet, nähert sich auch Gellert, der mit *Das Leben der schwedischen Gräfin von G.* (1747/48) ein erstes Gegenstück zu Richardsons bürgerlich-sentimentalem Familienroman schuf. Der zunächst viel gelobte, dann viel gescholtene deutsche Volkserzieher wandte sich moralpädagogisch an das Herz und suchte die Bildung eines Menschentyps zu befördern, der uns heute wehleidig, »kleinbürgerlich« vorkommt. Spätestens seit Gellert herrschte in der deutschen Unterhaltungsliteratur die poetische Gerechtigkeit, die das Laster bestraft und die Tugend belohnt. Sie ist ein Erbe der Erbauungsliteratur und wird uns im Verlauf dieser Darstellung noch mehrfach begegnen. Gellert erreichte breiteste Schichten des Volkes. Sein Werk ist am Geschmack der Leser orientiert. Damit befriedigt es Bedürfnisse, gerät in das Spannungsfeld zwischen »hoher« und »niederer« Literatur; zugleich trägt es das negative Signum des Erfolges.

Wenn jetzt eine Gewöhnung an das Wertwort »wunderbar« erfolgt, so ist das kein Zufall. »Wunder« bezeichnete schließlich dasjenige, was Verwunderung erregte, als Produkt von Natur und von Kunst. Es ist also das nicht Alltägliche, das Seltsame, Besondere. »Wunderbar« ist gleichbedeutend mit »wunderlich«. Luther spricht von Gottes »wunderlicher Gerechtigkeit«. Mit seinem Schwinden geriet der Glaube in das Zwielicht des »Wunderlichen«; das Wort »wunderbar« verflachte zu »schön«, »angenehm«. Aus dem häufigen Gebrauch im 18. Jahrhundert spricht Beschwörungsabsicht: Er zielt auf Durchbrechung des Bannkreises von Langeweile und Tatenlosigkeit. Schon das bloße »Ansehen der Neuheit« gilt als »wunderbar«. Wunderbare Wirkungen sind schließlich jene, die starke, von der Gemütsstimmung beeinflußte Eindrücke hervorrufen. In deren Reproduktion werden »wunderbar« und »rührend« eins, jederzeit provozierbar. Folgenloses, reines Vergnügen als möglicher »Ersatz« für das Glück, wie es in Lichtwers Versfabel »Der Hänfling« dem tugendhaften bürgerlichen Mittelstand als sein Recht zugesprochen wird.

Erleben, Vergnügen, Glück? Was bedeuten uns diese Begriffe – worauf verweisen sie?

Denken, heißt es, dränge zum Handeln; gehemmtes Handeln,

Ohnmacht, befördere das Denken. Man spricht dann von »grübeln«, das intentional auf »Suchen« bezogen ist »mit dem Nebenbegriff des Bohrend-Schwermütigen«. In einem Zustand, der Hemmung und zugleich Steigerung ist, erscheint die Utopie als Wünschbares. Entstanden aus dem Ungenügen an der Welt, verheißt sie Glück. Ein widerspruchsvolles Glück, da in ihm der Wechselbezug zwischen Denken und Handeln zum Stillstand gekommen ist. Utopie ist der überschaubare Raum, frei von Angst und Langeweile, in dem die Uhren gesättigt sind, die Zeit stilliegt. Zeit und Ereignis fallen zusammen, verschmelzen in einer höheren Einheit. Da die Verwirklichung der idealen Gesellschaft die Zukunft in dauernde Gegenwart verwandelt, erscheint das Zeitproblem in ihr gelöst. Glückserleben ist an das Gefühl der Zeitlosigkeit gebunden. Die »lange Zeit« oder Langeweile, eine Zusammensetzung, in der »lange« das subjektive Gefühlsmaß bezeichnet, hebt sich auf im Sinne dessen, was mit der Wendung »lange Zeit nach jemand haben« gesagt ist: Es bedeutet Sehnsucht haben. In dem Begriff des »Sehnens« liegt ein Unterton von Bekümmernis.

Überschaubarkeit bedeutet Sicherheit, Geborgenheit, die ihre Sicherung aus dem Vorhandensein von sicht- und fühlbaren Wänden bezieht. Die Dinge als Ordnungssystem. Da die Wände jederzeit abgebaut werden können, ist es nicht die »Geborgenheit« (das »Behütetsein«) des Gefängnisses. Am Gegenüber von Wand oder Kulisse kehrt der Blick zu sich selbst zurück. »Sich orientieren« bedeutet, am Stand der aufgegangenen Gestirne, bei den Alten Sitz der Heroen, die eigene Position zu bestimmen. Sie in einer Ordnung ermessen. Der Sternenhimmel machte den Raum überschaubar, schloß ihn ab und »barg« ihn als Bezugssystem. Längst ist der Himmel entmythisiert. Unsicherheit dominiert und mit ihr der Wunsch nach Überschaubarkeit, nach bergendem (Wieder-)Erkennen. In der modernen Gesellschaft verlieren die Lebensbezüge ständig an Bestimmtheit; die Realität schwindet. Utopien entstehen, als soziologisches Versuchsfeld. Zugleich fixieren sich die sozialen Vorstellungen und Selbstdeutungen an einem vergangenen Zustand, während die gegenwärtigen Strukturen der Gesellschaft unbegriffener und anonymer werden.

Seit der Revolutionierung der Gesellschaft im 18. Jahrhundert verschärft sich die Polarität zwischen dem mittelbaren Erfahrungsbereich von Beruf, Familie und Nachbarschaft und dem anonym gewordenen Bereich der Gesamtgesellschaft. Die

Dreiheit Stadtflucht, Natursucht und Innerlichkeit, wie sie, ursächlich miteinander verbunden, sich in der deutschen Bürgerlichkeit des Aufklärungsjahrhunderts als Charakteristikum ausformte, mußte in dem Maße zur Gegenwelt werden, wie diese provinzielle Eigenwelt von einer sozial und politisch durchorganisierten nationalen Gesamtwelt antithetisch überwölbt wurde. »Was die Menschen gewöhnlich unmittelbar wahrnehmen«, schreibt Franz-Xaver Kaufmann in seiner Untersuchung *Sicherheit als soziologisches und sozial-politisches Problem,* »ist in der Tat in den privaten Bereich eingefaßt, in dem sie leben ... in anderen Gebieten des Lebens bewegen sie sich dagegen nur stellvertretend und als Zuschauer. Und je mehr sie ... der Anforderungen und Gefahren gewahr werden, die sich ihrem unmittelbaren Erfahrungsbereich nicht mehr einfügen, um so ungesicherter scheinen sie sich zu fühlen« (Kaufmann, S. 22). Aus diesem Gefühl des Mangels resultiert das Bedürfnis nach Ordnung, das Verlangen nach seelischem Gleichgewicht, »Gesundheit«.

Der Bemühung um Ausgleich entspricht ein Streben nach Sicherheit im umfassenden Sinn, als Zustand der Frag- und Problemlosigkeit. Letzteres meint die Abwesenheit von Aufgaben, die gelöst werden sollen. Das Wort *securitas,* »Sicherheit«, ist epikureischen Ursprungs. Cicero und Lukrez gebrauchen es im Sinne von »Freiheit von Schmerz, von Lust an der Ruhe«. Friedrich Schlegel wird annähernd zwei Jahrtausende später das, was die Trivialliteratur ihren Konsumenten vermittelt, abschätzig als »gestillten Schmerz« bezeichnen.

Die »Sicheren« sind für Luther diejenigen seiner Mitmenschen, »die nicht auf Gott vertrauen«. Sie wähnen sich geschützt, obwohl sie es nicht sind. Ihre Sicherheit ist nur eine innerweltliche, die sich damit nicht auf die Furcht vor dem Herrn gründet. Sie bedeutet in den Augen des Theologen Lockerung des Gottesbezugs und ist damit im Hinblick auf das Himmelreich ein negativer Wert. Zum positiven Wertbegriff kann Sicherheit erst werden, wenn nicht mehr Gott als der eigentliche Handelnde, der »Geschichte Machende«, verstanden wird. Befreiung von den Fesseln der Transzendenz läßt jedoch zugleich Verlust spürbar werden. Ein Mangelgefühl entsteht: Langeweile und Unsicherheit. An die Stelle der Erlösungshoffnung kann der utopische Ausblick, die Evasion treten.

Äußerer Sicherheit als Schutz vor Gefahren, Abwesenheit von Furcht, entspricht eine innere. Diese innere Sicherheit beruht auf der Freiheit von Angstgefühlen. Schon der mittelalterliche Mensch litt unter ihnen. Wenn auch auf andere Weise als wir heute. Er kannte die Angst vor dem Sterben, der Züchtigung im Jenseits, nicht weniger als die Angst vor äußeren Mächten. Ständig hatte er mit Stimmungsumschwung und Haltungswechsel zu rechnen. Allerdings konnte er den ihm zugefügten Schmerz wieder in irgendeiner Form durch Quälerei anderer kompensieren. Erhöhung der Sensibilität durch Triebverzicht oder Affektmodellierung läßt an die Stelle der Angst, der Furcht des Menschen vor dem Menschen, mehr und mehr eine vermittelte, innere Angst treten. Die Ängste des Menschen vor äußeren Mächten werden nach N. Elias geringer: »die niemals fehlenden, latenten oder aktuellen Ängste, die aus der Spannung zwischen Trieb und Ich entstehen, werden im Verhältnis zu ihnen stärker, allseitiger und beständiger« (Elias, S. 408 f.).

Dieser spannungsvolle Schwebezustand, bedingt durch das Ineinandergreifen der Handlungen mehrerer Menschen, die Verlängerung der Handlungsketten, hält den Menschen in einer weitreichenden Unsicherheit. Die Sehnsucht nach etwas verstärkt sich, was in der Welt des Mittelalters etwa der Heilige verkörpert hatte. Angst lagert sich um die bange Erwartung, das Gespanntsein auf die Möglichkeit des Ungewöhnlichen. Der Heilige hat eine klare, fest umrissene Gestalt angenommen; Legenden, die sich um ihn kristallisiert haben, sind faß- und erzählbar. Sobald die Vorstellung von ihnen einmal umrissen und begrenzt war, entstand ein Gefühl von Sicherheit. Es beruht auf Vertrautheit, Wiedererkennen, schöpft aus der Erinnerung. »Die Heiligen in ihren wohlbekannten Gestalten hatten das Beruhigende eines Schutzmannes in einer großen Stadt« (Huizinga, S. 234). In der Heiligenverehrung wurde Angst abgeleitet, konnten Affekte gebunden werden. Das Bezugsnetz vertrauter Vorstellungen bot Sicherheit. Abbau der Transzendenz schafft ein Vakuum. An die Stelle der Heiligen traten Romanfiguren. Später sind es Film- und, vor allem, Fernsehhelden. Sie bieten Bestätigung, Wiedererkennen, Orientierung. Kitsch stabilisiert.

Zur Gefahrlosigkeit als Sicherheit tritt die Sorgelosigkeit. Gefahr droht aus dem Raum, Sorge entsteht aus der Zeit. Einengung der Räumlichkeit, Auflösung der Zeitlichkeit bannen Sorge und Gefahr. So heißt es bei Thomas von Aquin, »damit einer sich fürchtet«, müsse »ein gewisser offener Raum« bestehen, »in welchem sich das Bedrohliche überhaupt bewegen kann«. Pascal weist auf den Schrecken hin, den ihm das »ewige Schweigen dieser unendlichen Räume« einflößte (*Gedanken 314*). Andererseits besteht seit Plato ein noch bei Thomas lebendiges Schema, wonach Gegenwart und Zukunft, Lust und Unlust einander entsprechen. Aufhebung der Ungewißheit (Sorge) in der Zukunft wird zum Zustand der Sicherheit. Die Zeit trenne, der Raum eine, definiert Robert Reininger in seiner *Metaphysik der Wirklichkeit.* Setzt man hierzu das Theorem in Beziehung, wonach Gefühl verbindet und Geist trennt, so ergibt sich die Antithese von Raum, Gegenwart, Gefühl, Lust zu Zeit, Zukunft, Geist, Unlust.

In seinen Forschungsarbeiten über archaische Kulturen beschreibt Arnold Gehlen im Zusammenhang mit dem Urmenschen ein Phänomen, das er »Hintergrundserfüllung« nennt *(Der Mensch, seine Natur und seine Stellung in der Welt).* Es sei der Ort so wichtiger anthropologischer Begriffe wie Sicherheit oder Raumsicherheit«. Unter »Hintergrundserfüllung« versteht Gehlen eine »Erfüllung, die sich auf mögliche Befriedigung eines Bedürfnisses gründet« (S. 177). Stabilität der äußeren Situation macht das »Bewußtsein künftiger Bedürfniserfüllung«, deren Möglichkeit zum »Erfüllungserlebnis« selber. Im Zustand der »Ruhe« also wird die Möglichkeit nicht mehr an der Wirklichkeit gemessen, sie kann deren Stelle einnehmen, weil das »vorgesetzte Bedürfnis gar nicht mehr in handlungsbesetzende Aktivität übergeht«. Innen und Außen erscheinen als Einheit, die Sicherheit gewährt. Daß der Literatur als einem Entwurf, der das Bedürfnis befriedigt, eine ähnliche Rolle zukommen kann, versteht sich von selbst.

Wie Gehlen darlegt, vermochte sich der archaische Mensch »Hintergrundserfüllung« selbst zu verschaffen: durch Anlegen von Vorrat, der Daseinssicherheit als fortdauernden Gegenentwurf einschließt. Eine Parallele mag dieser Tätigkeit in der Anschaffung des neuesten Romans, im Gebrauch der entsprechenden Unterhaltungsmedien finden. »Wie viele große und kleine Orte gibt es jetzt nicht«, schreibt Ignaz Heinrich von Wessenberg, »wo ein neuer Roman in jedem Monat, wohl gar in jeder Woche zum Bedürfnis der weiblichen Bewohner eines Hauses, selbst in den niederen Klassen, geworden ist.« Von Isaak Meir Dick, dem ersten jiddischen Berufsschriftsteller, sollen die jüdischen Hausfrauen, die einmal in der Woche auf den Markt einkaufen gingen, jeweils zugleich auch die neueste

Geschichte erstanden haben. Viele Jahre hindurch gehörten Dicks Produkte zum festen Lesepensum des jüdischen Hauses, gekauft und befördert wie der Vorrat für die Woche. Sinnfälliger Ausdruck für eine Vorratswirtschaft, der Brotlaib und Wochenschrift gleichviel gelten: Beide sorgen für den Lebensunterhalt, schaffen Bewegung und Sicherheit.

»Unterhalt« ist das Mittel, das zur »Unterhaltung« dient, Vorrat, der die Existenz einer Person oder einer Sache sichert. Man kann »einen Herrn, Diener, eine Mätresse, Pferde, oder ein Feuer auf dem Herd unterhalten«, das heißt: sie nähren. Daneben findet sich die Bedeutung »angenehm beschäftigen, einem die Zeit vertreiben«, ihm durch Spiel, Musik, Lektüre »Unterhalt« bieten. Die Zusammensetzung »unter-halten« ist auf die Befriedigung geistiger und materieller Bedürfnisse gerichtet. Wobei das Substantiv »Befriedigung« zu »befriedigen« gehört und zugleich auf »bergen« verweist. Im Falle von Unterhalt wie Unterhaltung ist die Zeit scheinbar aufgehoben. Wie bei der Lektüre eines »Unterhaltungsromans«.

In seinen Untersuchungen zum Phänomen *»Sicherheit«* versucht F. X. Kaufmann ein Bewußtsein zu rekonstruieren, das jener »verlorenen Sicherheit« der »Geborgenheit« entspricht. Dessen Charakteristika: 1. Ein *Selbstverständnis,* in dem das eigene Handeln *nicht* als vor sich selbst zu verantwortendes Eigenhandeln, sondern – sofern es »recht« ist – als Vollzug einer vorgegebenen Ordnung erfahren wird. 2. Ein *Zukunftsverständnis,* das sich auf den Bereich wahrnehmbarer Möglichkeiten beschränkt, in dem das Mögliche durch einen fraglos gegebenen Horizont festgelegt ist. 3. ein *Weltverständnis,* in dem Güter und Gefahren als bestimmt gelten. Charakterisierende Adjektive, auf die es ankommt: »vorgegeben«, »wahrnehmbar«, »bestimmt«. Sie bezeichnen, wie die darauf folgenden Wunschvorstellungen, zugleich Wesensmerkmale der Trivialliteratur.

Eine weitere Umfrage lieferte nach Kaufmann den Beweis für das Fehlen der Stabilitätsfaktoren dieser drei »Vorstellungskomplexe«. Ihrem Ergebnis zufolge weisen die menschlichen Wünsche »eine große Vielzahl konkreter Formen auf, können aber doch mit der folgenden allgemeinen Klassifizierung erfaßt werden: a. Das Verlangen nach neuem Erleben. b. das Verlangen nach Sicherheit. c. Das Verlangen nach Erwiderung. d. Das Verlangen nach Anerkennung.« Die Wünsche nach neuem Erleben und nach Sicherheit träten abwechselnd als das »fundamentale Prinzip« der persönlichen Entwicklung auf.

In dem Maße, wie die soziale Mittelschicht an Sicherheit einbüßt, wird der Einzelne in ihr sein Streben nach Sicherheit verstärken. Denn sein Verlangen, gesichert zu sein, nimmt zu, so es ungestillt bleibt. Streben nach persönlichem Erfolg und der Schritt in die zweite Wirklichkeit gehören zusammen. Beides als *geborgte* Sicherheit, da jederzeit widerrufbar. Es hatte einen tieferen Grund, daß derjenige, der 1725 das Prinzip vom größten Glück der größten Zahl formulierte, der Dissenter-Priester und spätere Professor der Philosophie in Glasgow, Francis Hutcheson, das Gefühl für das Schöne an einen »inneren Sinn«, »eine Art sechsten Sinn« knüpfte und damit demokratisierte wie den Glücksanspruch, der jener auf Sicherheit ist. Knapp zweihundert Jahre später schrieb der frühe Thomas Mann: »Was ich unter Zivilisation verstand, war ... Sicherheit und Schlaffheit.«

V Lesen als Leistung – Lesen als Genuß: idealisierende und popularisierende Kunst

Im Mai 1789 übersandte der Lyriker und Balladendichter Gottfried August Bürger dem von ihm verehrten Schiller die soeben
erschienene zweite Ausgabe seiner Gedichte. Er tat dies mit
den Worten: »Die Beilage biete ich Schillern, dem Manne, der
meiner Seele neue Flügel und einen kühnen Taumel schafft,
zum Zeichen meines Dankes und meiner unbegrenzten Hoffnungen von Ihm, mit der wärmsten Hochachtung an«. Der
Empfänger reagierte mit einer (anonymen) Rezension, deren
Schonungslosigkeit auf viele befremdend wirkte. »In allen Zir-
keln las man sie vor«, schrieb Schiller an den Freund Christian
Gottfried Körner, »und es war ein guter Ton, sie vortrefflich zu
finden, nachdem Goethe öffentlich erklärt hatte, er wünscht
Verfasser davon zu sein.«
Bürger sperrte sich, solange es ging, der für ihn allzu bitteren
Wahrheit: »Verschiedene wollen aus unumstößlichen Gründen
behaupten ... Herr Schiller sei der Verfasser. Ich habe dem
noch immer widersprochen. Denn wie kann man so von Gott
und sich selbst verlassen werden, allen seinen eigenen sowohl
geborenen wie ungeborenen Kindern Rattenpulver zu legen?«
Auf Bürgers Antikritik antwortete Schiller mit einer Replik, in
der es unnachsichtig heißt: »Herrn Bürgers Sache wäre es gewesen, die Anwendung der vom Rezensenten aufgestellten
Grundsätze auf seine Gedichte, nicht aber diese Grundsätze
selbst zu bestreiten, die er im Ernst nicht leugnen, nicht mißverstehen kann, ohne seine Begriffe von der Kunst verdächtig zu
machen ... Wenn H. B. es für eine so unmögliche Sache hält,
daß einer seiner poetischen Mitbrüder sich so sehr habe vergessen können, ein Ideal der Kunst aufzustellen, welches den selbst-
eigenen Produkten desselben das Urteil spricht, so beweist
H. B. dadurch bloß, wie sehr sein Kunstideal unter dem Einfluß
seiner Eigenliebe steht, wenn er es nicht gar selbst aus seinen
eigenen Geistesgeburten abgezogen hat.« In Bürgers Nachlaß
findet sich der Entwurf zu einer Erwiderung auf diese selbstge-

rechte Replik. Aus ihm wird deutlich, wie sehr Schillers Verhalten ihn getroffen und gelähmt hat. Vor allem die Intoleranz, der Absolutheitsanspruch müssen Bürger verletzt haben.

Fast vierzig Jahre waren vergangen, als Goethe in einem Brief an Zelter (1831) auf die gnadenlose Rezension des Verstorbenen Freundes zurückkam: »Schiller hielt ihm (Bürger) freilich den idealgeschliffenen Spiegel schroff entgegen, und in diesem Sinne kann man sich Bürgers annehmen; indessen konnte Schiller dergleichen Gemeinheiten unmöglich neben sich leiden, weil er etwas anderes wollte, was er auch erreicht hat.« Goethe gibt also unmißverständlich zu verstehen, daß es sich bei dieser Auseinandersetzung um nichts Geringeres als den Widerspruch zweier Positionen gehandelt habe, die im Grunde unversöhnbar waren. Denn was Schiller an dem um zwölf Jahre älteren Bürger ablehnte, war vor allem dessen Popularitätsvorstellung, die sich nicht mit der eigenen idealistisch-elitistischen Auffassung vom Dichtertum vertrug. Sie bedeutete in Schillers Augen »Affirmation«, Verneinung von Vollkommenheitsstreben. Wenn Goethe von »Gemeinheit« sprach – Schiller ging sogar so weit, Bürger der »Eigenliebe« zu zeihen –, so war das nicht in moralischem Sinne gemeint; es diente lediglich der Umschreibung der Gegenposition zu »edel«. *Gemein«,* heißt es in Schillers Abhandlung »Gedanken über den Gebrauch des Gemeinen und Niedrigen in der Kunst«, »ist alles was nicht zu dem *Geiste* spricht und kein anderes als ein sinnliches Interesse erregt.« »Gemein« ist auch, wenn das »Zufällige« nicht vom »Notwendigen« geschieden, jenes wie dieses behandelt wird.

Tatsächlich leitet Schiller seine Rezension mit der großräumigen Forderung ein, die Dichtkunst müsse die »ganze Weisheit« ihrer Zeit, »geläutert und veredelt, in ihrem Spiegel sammeln und mit idealisierender Kunst aus dem Jahrhundert selbst ein Muster für das Jahrhundert erschaffen«. Aber, fragt Schiller, dürfe wohl diesem Maßstab auch ein Dichter unterworfen werden, der sich ausdrücklich als »Volkssänger« ankündige und »Popularität« zu seinem »Gesetz« mache? Der Frager bezweifelt die Realisierbarkeit des Unterfangens, dem »Geschmack des Kenners Genüge zu leisten, ohne dadurch dem großen Haufen ungenießbar zu sein – ohne der Kunst etwas von ihrer Würde zu vergeben, sich an den Kinderverstand des Volkes anzuschmiegen«. Nicht die Kunst hat dem Volke zu dienen, sondern dieses der Kunst. Es ist, als ob der Pflichtbegriff auch auf den Bereich der Literatur übertragen werden sollte: Lesen als

Leistung! Indem Bürger sich der »Fassungskraft des großen Haufens« bequemt, hat er in den Augen Schillers auf den Beifall der gebildeten Klasse, der »Auswahl«, Verzicht zu tun.

Sei Popularität nicht der »höhern Schönheit« aufgeopfert worden? fragt Schiller schließlich. Was vermißt er an Bürgers Gedichten? »Idealisierkunst«: den »immer hellen, männlichen Geist«, der »zu dem Volke bildend herniedersteigt«, ohne sich mit ihm zu vermischen, »sich ihm gleich zu machen«. Von Bürgers »Plattheit«, »Üppigkeit«, der fehlenden Distanz fühlt Schiller sich abgestoßen. Die Muse des Dichters der *Lenore* scheint ihm »überhaupt einen zu sinnlichen, oft gemeinsinnlichen Charakter zu tragen« und »Liebe selten etwas anderes als Genuß oder sinnliche Augenweide, Schönheit oft nur Jugend, Gesundheit, Glückseligkeit nur Wohlleben« zu sein. Schiller rügt den »Zusammenwurf von Bildern, eine Kompilation von Zügen, den üppigen Farbenwechsel«, der den »zweideutigen Beifall des großen Haufens« suche, wo, statt des »unmännlichen, kindischen Tons«, »männlicher Geschmack« zu fordern wäre. Wenn Schiller abschließend sagt, es gehe darum, die Partei der Kunst zu ergreifen, so heißt das, daß er Kunst gegen Pseudokunst, Auswahl gegen Masse, *männliches* gegen *weibliches* Prinzip stellte. Die »gewichtigsten Stimmen« der Kritik sind höher zu bewerten als »lauter brausender Zuruf«, »Ruhm«. Für das von ihm als »Unkunst« Kritisierte, fehlte Schiller noch die moderne Bezeichnung.

Eine Verständigung zwischen Schiller und Bürger war nicht möglich. Wessen Ursprungs das von Schiller abgeurteilte Neue ist, wird ablesbar an den Namen jener, auf die der Abqualifizierte sich zur Rechtfertigung beruft. In seiner vorläufigen Antikritik heißt es: »Ha, daß nicht die Lessing, die Mendelssohn, die Sulzer in ihren Gräbern sich noch umwenden?« Auf eine Tradition, die sich bis zu Abbé Dubos und Locke zurückverfolgen läßt, verweisen von diesen Namen vor allem die beiden letzteren. Zwei Auffassungen von Literatur – zwei Urteile.

Hieraus mag es sich auch erklären, daß Schillers Urteil über Friedrich von Matthisons Gedichte erheblich gnädiger ausfiel, obwohl Matthison an dichterischer Begabung und Originalität weit hinter Bürger zurückstand: Matthison »lag ihm«, seine dichterische Leistung schien ihm in der Richtung der eigenen Überzeugungen von Form und Geist der Lyrik zu weisen. »Eine geläuterte heitre Menschlichkeit« beseele seine Dichtungen, »rein, wie sie auf der spiegelnden Fläche des Wassers liegen«, malten sich »die schönen Naturbilder in der ruhigen Klarheit seines Geistes.« Zur Verdeutlichung des Gesagten seien im folgenden Gedichte der Autoren einander gegenübergestellt.

Gottfried August Bürger

An die Menschengesichter

Ich habe was Liebes, das hab ich zu lieb:
Was kann ich, was kann ich dafür?
Drum sind mir die Menschengesichter nicht hold:
Doch spinn ich ja leider nicht Seide und Gold,
Ich spinne nur Herzeleid mir.

Auch mich hat was Liebes im Herzen zu lieb;
Was kann es fürs liebende Herz?
Auch ihm sind die Menschengesichter nicht hold:
Doch spinnt es ja leider nicht Seide und Gold,
Es spinnt sich nur Elend und Schmerz.

Wir seufzen und sehnen, wir schmachten uns nach,
Wir sehnen und seufzen uns krank.
Die Menschengesichter verargen uns das:
Sie reden, sie tun uns bald dies und bald das,
Und schmieden uns Fessel und Zwang.

Wenn ihr für die Leiden der Liebe was könnt,
Gesichter, so gönnen wir's euch.
Wenn wir es nicht können, so irr es euch nicht!
Wir können, ach leider! wir können es nicht,
Nicht für das Mogolische Reich!

Wir irren und quälen euch andre ja nicht;
Wir quälen ja uns nur allein.
Drum, Menschengesichter, wir bitten euch sehr,
Drum laßt uns gewähren, und quält uns nicht mehr,
O laßt uns gewähren allein!

Was drängt ihr euch um die Kranken herum,
Und scheltet und schnarchet sie an?

Von Schelten und Schnarchen genesen sie nicht.
Man liebet ja Tugend, man übet ja Pflicht;
Doch keiner tut mehr, als er kann.

Die Sonne, sie leuchtet; sie schattet, die Nacht;
Hinab will der Bach, nicht hinan;
Der Sommerwind trocknet; der Regen macht naß:
Das Feuer verbrennet. – Wie hindert ihr das? –
O laßt es gewähren, wie's kann!

Es hungert den Hunger, es dürstet den Durst;
Sie sterben von Nahrung entfernt.
Naturgang wendet kein Aber und Wenn. –
O Menschengesichter, wie zwinget ihr's denn,
Daß Liebe zu lieben verlernt?

Friedrich von Matthisson

Zuruf

Alles kann sich umgestalten!
Mag das dunkle Schicksal walten.
Mutig! auf der steilsten Bahn.
Trau dem Glücke! Trau den Göttern!
Steig, trotz Wogendrang und Wettern,
Kühn, wie Cäsar, in den Kahn.

Laß den Schwächling angstvoll zagen!
Wer um Hohes kämpft, muß wagen,
Leben gelt es oder Tod!
Laß die Woge donnernd branden:
Nur bleib immer, magst du landen
Oder scheitern, selbst Pilot!

Nur ein »barbarischer Geschmack« braucht nach Schiller (*Über das Pathetische*) »den Stachel des Privatinteresses«, um zur »Schönheit hingelockt« zu werden. Weshalb die Poesie nie »den Eigennutz zu ihrem Fürsprecher« machen soll. Schiller spart nicht an Ratschlägen, Forderungen, Vorschriften, meint aber dann, es sei ein Glück, daß das wahre Genie auf die Fingerzeige nicht achte, »die man ihm, aus besserer Meinung als Befugnis, zu erteilen sich sauer werden läßt; sonst würden Sulzer und seine Nachfolger der deutschen Poesie eine sehr zweideutige Gestalt gegeben haben.«

Was aber ist, müssen wir uns fragen, mit den anderen Vertretern der »deutschen Poesie«, jenen, die nicht das sind, was Schiller »wahres Genie« nennt? Spiegelt ihr Werk die »sehr zweideutige Gestalt«, die Sulzer und seine Nachfolger Schiller zufolge der Dichtung geben? Bürgers Gewährsmann Sulzer legt in seiner *Theorie der schönen Künste* dar, wie der Leser durch die »sinnlichen Vorstellungen«, die das Kunstwerk vermittele, dazu gereizt werde, »seinen eigenen Empfindungen ›nachzuhängen‹«. Erinnerung als ichbezogene Ergänzungsleistung zum Kunstgenuß gilt jedoch nach idealistisch-elitistischer Auffassung als Verfälschung, als Merkmal des »kitschhaften Genusses«: Das Leseerlebnis werde durch diese distanzaufhebende Vermischung »unsauber«:

Friedrich Schlegel unterscheidet ein halbes Jahrhundert später zwischen zwei Schriftstellertypen, dem analytischen und dem synthetischen: Der analytische Schriftsteller beobachte den Leser, »wie er ist«, der synthetische Schriftsteller schaffe sich einen Leser, wie er sein soll: er denkt sich denselben ... lebendig und entgegenwirkend.« Der Trivialautor steht gegen den Dichter, der sich an die »höhere Menschheit« wendet. Resultiere Genuß für diesen aus eigener Anstrengung, aus der geistigen Tätigkeit seines Lesers, so wende sich jener an einen Leser, der in »Tierheit«, »Sinnlichkeit« verhaftet bleibt. Er findet Genuß in schlaffer Empfänglichkeit, im rein stofflichen Interesse, zufrieden damit, daß sein »Schmerz gestillt« wird. »Ganz dicht neben einander existieren«, schreibt Friedrich Schlegel, »besonders jetzt zwei verschiedene Poesien«: Jede habe »ihr eignes Publikum« und gehe »unbekümmert um die andre ihren Gang für sich«. »Popularität« kennzeichne die eine, »ästhetische Unsittlichkeit«, »Vornehmigkeit« die andere. Ihre Leser: ein »expliziter« und ein »impliziter«, wie man sie heute nennt.

Wir sprachen weiter oben von der Gegensätzlichkeit der Positionen Schillers und Bürgers. Genügt die bekannte Tatsache dieser Gegensätzlichkeit zur Erklärung der Schroffheit des zwölf Jahre jüngeren Schiller? Das Exemplar von Bürgers Gedichten erreichte Schiller zu einem Zeitpunkt, als er sich um Klärung der eigenen Position bemühte. Es ist möglich, daß die hochfliegende Widmung für den Dichter, der sich kritisch mit seinen Jugendwerken auseinandersetzte, zu einer Art Herausforderung wurde. Die Betrachtungen *Über die ästhetische Erziehung des Menschen* enthalten ein Moment der ästhetischen Theorie, das Schiller im Jahre 1794 so wichtig wurde, daß er die verlorengegangenen Briefe an den Herzog von Augustenburg nicht nach seinen Entwürfen wiederherstellte, sondern gänzlich umarbeitete: Es ist das Moment der »ästhetischen Erziehung« oder die Erziehung des Naturwesens Mensch zu einem Vernunftwesen. Diese hat zu erfolgen über die Form des ästhetischen Menschentums. Menschliche Vollkommenheit als Einheit der Vermögen Vernunft und Sinnlichkeit, als Totalität, die geistige und tierische Natur des Menschen vereinigt. Was der Französischen Revolution, die Schiller als gescheitert ansieht, nicht gelang, soll ästhetische Erziehung vollbringen. Sie ist gedacht als Grundelement einer nationalen Pädagogik.

Schiller fordert vom Kunstwerk, es müsse sinnlich und geistig sein und durch diesen »Doppelcharakter« auch den Menschen als Kunstbetrachter wieder »vollständig« machen. Der Harmonie von Vernunft und Sinnlichkeit entspricht die Struktur der schönen Form: ihre Teile bilden ein strenges Ganzes. Jede »Natur« des Menschen hat ihre Entsprechung in einem »Trieb«: »Den materiellen Menschen treibt es zu besitzen und zu genießen, den geistigen zu ordnen und zu gestalten. Der erste ist ›passiv‹, der zweite ›aktiv‹.« Gelingt es nicht, den Widerstreit der beiden Naturen in einer höheren Einheit aufzuheben, so verdrängt der sinnliche Charakter den Geist oder untergräbt der Geist die Triebe der Natur. Im ersten Fall siege die Passivität, im zweiten die Aktivität. Der ästhetische und harmonische, das heißt der vollständige Mensch ist wahrhaft frei, steht für edelste Humanität. Der Dichter und sein Werk fungieren als Vorbild.

Je mehr Schillers philosophische Schriften sich dem Abschluß nähern, desto häufiger erscheint in ihnen das Wort »Gesundheit«. Gemeint ist ein Zustand des Menschen, in dem er noch nicht erkrankt, noch nicht durch die Schäden der modernen Welt verbildet war. Zu dieser Gesundheit gehört also auch, was sonst »ästhetisches Menschentum« genannt wurde: gleichzeitiges Wirken von sinnlichen und geistigen Kräften im Menschen. »Gesund« meint ursprünglich vollständig, »heil und ganz«. Von den Griechen wurde die Gesundheit des Kosmos als »harmonische Mischung« der Elemente und die des Mikrokosmos als »vernünftige Harmonie und Mischung« der Gegensätze erklärt. Die Verwendung des Begriffs »Gesundheit« durch Schiller verweist also auf eine Auffassung, die den Griechen geläufig war. Gesundheit des Leibes und der Seele bestehen darin, daß beide in eine Harmonie sich fügen, die das Weltall durchwirkt. Kant spricht vom »gesunden Verstand« und meint den »richtigen«. Franzosen und Engländer, sagt er, verdeutlichend, bezögen ihn hingegen auf die Gesellschaft (!), gebrauchten die Begriffe *bons sens* und *common sense*.

Gesundheit als Ebenmaß, Ausgeglichenheit; Krankheit, wäre zu ergänzen, als dessen Fehlen, Überwiegen einer Komponente. Von dieser kosmischen Basis aus erfolgt Kritik an starrer Anwendung von Vernunftsprinzipien wie von unproportioniertem Gefühlsaufwand. So trifft Schillers Verdikt alles, was die »Gesundheit des Geistes« gefährdet. Der Dichter tritt ein für die Bewahrung und Ausbildung dessen, was sie in seinen Augen fördert. »Notwendig« verbessere den Menschen das Schöne und Vollkommene in der Kunst. Das Gegensatzpaar Krankheit-Gesundheit wird in der weiteren Auseinandersetzung um Kunst und Unkunst eine denunziatorische Rolle spielen.

Zu jenen, die uns mit »Trivialitäten« quälen, zählt Schiller den französischen Komödiendichter Molière. In dessen *Kritik der Schule der Frauen* heißt es: »Wenden wir uns ehrlicherweise den Dingen zu, die unser Gefühl ansprechen, und verzichten wir darauf, nach Gründen zu suchen, die uns daran hindern, Vergnügen zu haben.« Der Verfasser des *Don Carlos* dürfte an dieser unverhüllten Aufforderung, sich dem Genuß hinzugeben, tatsächlich wenig Gefallen gefunden haben. Neben Molière erwähnt Schiller Lope de Vega, Goldoni, Holberg. In welchen »Schlamm« ziehe nicht letzterer hinab. Der Grund für die Lizenz der »Trivialitäten« dieser Autoren – mehrfach gebraucht Schiller diesen Ausdruck –: die Verwechslung von »wirklicher Natur mit wahrer menschlicher Natur in der Kritik wie in der Ausübung«. Der Idealist Schiller fordert das »Wahre«, das für ihn gleichbedeutend ist mit dem »Edlen«.

Seinem idealistischen Standpunkt entsprechend stellt Schiller, auf die Gegensätzlichkeit von männlichem und weiblichem Prinzip zurückgreifend, »Empfänglichkeit« gegen »Selbsttätigkeit«. Beide haben ihre Entsprechung in dem Dualismus von Sinnlichkeit und Geist. Erstere ist immer, mehr oder weniger, von äußerem Eindruck abhängig. Die Übermacht des Stoffes wirkt als »blinde Gewalt«; sie macht das »dichterische Gefühl« zu einem »gemeinen«. Denn: »Nichts ist *edel* als was aus der

Vernunft quillt; alles was die Sinnlichkeit für sich hervorbringt, ist *gemein*.« Es muß durch Idealisierung veredelt werden. Oder: »Gemein ist alles, was nicht zu dem Geiste spricht, und kein anderes als ein sinnliches Interesse erregt.«

Mit scharfen Worten verurteilt Schiller das »Versagen«, das darin besteht, statt die *wahre* Natur nachzuahmen, nur den »geistlosen und unedlen Ausdruck« der *wirklichen* zu erreichen. Eine Fußnote des Dichters macht deutlich, daß auch seine Bürger-Kritik in diese Richtung zielte. Den »wenigsten Beruf«, »Maler« ihrer Zeit zu werden, haben für Schiller jene, die deren »Geschöpf« sind: Ihnen fehle *Distanz* zur eigenen Empfindung. Das mache ihr Dichten genauso minderwertig wie die Aufnahme des Gedichteten durch den Kunstbetrachter. Die Erholung, die die Erzeugnisse solcher »gemeinen Naturen« bieten, sei eine der »Leerheit«. Sie befriedigten nur ein »Bedürfnis«, einen Affekt, »ohne daß der Geist eine Forderung machte«. Kaum verwunderlich, wenn Schiller in einem Brief an Fichte (3. August 1795) klagt: »Es gibt nichts roheres als den Geschmack des jetzigen deutschen Publikums, und an der Veränderung dieses elenden Geschmacks zu arbeiten, nicht meine Modelle von ihm zu nehmen, ist der ernstliche Plan meines Lebens. Zwar habe ich es noch nicht dahin gebracht, aber nicht weil meine Mittel falsch gewählt waren, sondern weil das Publikum eine zu frivole Angelegenheit aus seiner Lektüre zu machen gewohnt ist, und in ästhetischer Rücksicht zu tief gesunken ist, um so leicht wieder aufgerichtet werden zu können.«

Einige Monate früher, am 15. Mai 1795, hatte Schiller an Goethe geschrieben, es sei »für schlechte Autoren eine herrliche Zeit, aber für solche, die nicht bloß Geld verdienen wollen, desto schlechter. Die »schlechten Autoren« sind jene, die, um die Gunst des Publikums buhlen: sie kommen dem »frivolen«, das heißt »leichtfertigen«, »schlüpfrigen« Verlangen der Leser entgegen, lassen diese in der Kunst den Ausdruck ihrer eigenen Gedanken finden: Affirmation. Durch die Verbindung von »frivol« und »Lesen« rückt Schiller die Auseinandersetzung in das Spannungsfeld von bürgerlicher »Tugend« und höfischer »Frivolität«.

Der Grundsatz, Dichtkunst diene dem Vergnügen und der Erholung, ist in den Augen Schillers »der Leerheit und Platitüde in poetischer Darstellung nicht wenig günstig«. Um diese Behauptung näher zu begründen, grenzt der Dichter den gängigen Begriff der »Erholung« gegen eine von ihm selbst gegebene

Neudefinition ab. Wenn Erholung der »Übergang von einem gewaltsamen Zustand zu demjenigen [ist], der uns natürlich ist«, so kann sie in der Befreiung von Zwang bestehen, in Geistesruhe, Vernunftstille. Geht man aber davon aus, daß unter natürlichem Zustand »ein unbegrenztes Vermögen zu jeder menschlichen Äußerung«, »die Fähigkeit, über alle unsere Kräfte mit gleicher Freiheit [zu] disponieren«, zu verstehen ist, »so ist jede Trennung und Vereinzelung dieser Kräfte ein gewaltsamer Zustand, und das Ideal der Erholung ist die Wiederherstellung unseres Naturganzen nach einseitigen Spannungen«. Im Dienst dieses Ideals steht die Dichtkunst: sie soll deshalb das Ideal des Menschen nicht dem Ideal der Tierheit nachsetzen, soll nicht dem Bedürfnis der »sinnlichen Natur« Rechnung tragen. Dennoch gelte, wie Schiller bedauernd einräumt, die Neigung der meisten aber gerade diesen Werten. Sie vermittelten »erschlaffenden Genuß«, d. h. jene Art von Genuß, den diejenigen suchen, die »anspannender und erschöpfender Arbeit« nachgehen. Schiller verbindet seine ästhetisch-ethische Forderung mit einem soziologischen Befund. Wie aber, könnten wir fragen, soll ein Mensch der Kunst seine Kräfte zuwenden, wenn diese bereits im täglichen Prozeß der Seinserhaltung verbraucht werden?

Schillers Protest gegen das »Glück der Mittelmäßigkeit« zielt also auf das »niedrige Ideal der Erholung, welches die Sinnlichkeit aufstellt«. Die schwachen Geister seien hier der »Last des Denkens« entledigt, und die losgespannte Natur dürfe sich »im seligen Genuß des Nichts auf dem weichen Polster der Platitüde pflegen«. Im Tempel Thalias und Melpomenes empfange jetzt »die geliebte Göttin in ihrem weiten Schoß den stumpfsinnigen Gelehrten und den erschöpften Geschäftsmann« und wiege den Geist in einen magnetischen Schlaf«, »in dem sie die erstarrten Sinne erwärmt und die Einbildungskraft in einer süßen Bewegung schaukelt.« Hat Schiller mit dem Versagen der »eigentlich beschäftigten Klassen« offenbar noch eine gewisse Nachsicht, so kennt er keine Gnade den »Kunstrichtern von Handwerk« gegenüber, die sich vom »verwahrlosten, bald abgespannten, bald rohen Gefühl« leiten ließen.

Wenn es nun aber, wie Schiller weiter ausführt, weder dem arbeitenden Teile der Menschen überlassen werden darf, den Begriff der Erholung »nach seinem Bedürfnis«, noch die kontemplativen Teile, den Begriff der Veredelung, »nach seinen Spekulationen« zu bestimmen, soll jener Begriff nicht zu physisch und der Poesie unwürdig, dieser nicht zu hyperphysisch und der Poesie zu überschwenglich ausfallen, »so müssen wir uns, um sie auslegen zu lassen, nach einer Klasse von Menschen umsehen, welche, ohne zu arbeiten, tätig ist und idealisieren kann, ohne zu schwärmen; welche alle Realitäten des Lebens mit den wenigstmöglichen Schranken desselben in sich vereinigt und vom Strome der Begebenheiten getragen wird, ohne der Raub desselben zu werden.« Nur eine solche Klasse könne »das schöne Ganze menschlicher Natur, welches durch jede Arbeit augenblicklich und durch ein arbeitendes Leben zerstört wird, aufbewahren und in allem, was rein menschlich ist, durch ihre *Gefühle* dem allgemeinen Urteil Gesetze geben«.

Es wiegt schwer, daß Schiller darauf verzichtet, die Frage zu diskutieren, ob eine solche Klasse wirklich existiert. Er habe mit ihr »nichts zu schaffen«, wehrt der Frühverstorbene kurz angebunden ab. So bleibt das Ganze ein Ideal, schöner Entwurf zu einer nationalen Pädagogik.

VI   Vom Dilettantismus zum Kitsch

Schiller hat eindeutige Vorstellungen von der »Bestimmung« des Menschen. Auf »zwei entgegengesetzten Wegen« könne der Mensch sich von ihr »entfernen«, heißt es im zehnten Brief *Über die ästhetische Erziehung des Menschen*. Auf »beiden Abwegen« wandle »unser Zeitalter«: »Rohigkeit« auf der einen, »Erschlaffung und Verkehrtheit« auf der andern Seite. Nur die »Schönheit« vermöge von dieser »doppelten Verwirrung« zurückzuführen, als »eine notwendige Bedingung der Menschheit«. Vom Schönen ist, wie wir bereits erwähnten, zugleich eine auflösende und eine anspannende Wirkung zu erwarten: »eine *auflösende,* um sowohl den sinnlichen Trieb als den Formtrieb in ihren Grenzen zu halten; eine *anspannende,* um beide in ihrer Kraft zu erhalten«. Schiller unterscheidet dann eine »schmelzende« und eine »energische« Schönheit; beide gehen in der Einheit des »Ideal-Schönen« auf. Wirkung des schmelzenden Schönen ist es, »das Gemüt im Moralischen wie im Physischen aufzulösen«.

Die »doppelte Schönheit« entspricht einem »doppelten Bedürfnis« des Menschen: Ihre spannungsvolle Polarität versetzt ihn in einen »mittleren Zustand« zwischen Materie und Form, Leiden und Tätigkeit, dem die freie sittlich-sinnliche Harmonie des Spiels entspricht. Legt der Mensch »die Intensität« auf die leidende Kraft, greift der Stofftrieb dem Formtrieb vor und macht das empfangende Vermögen zum bestimmenden. Der Mensch kann dann nie er selbst werden: Er verharrt in »Apathie«, Passivität, bleibt der Materie verhaftet.

Schiller hat seine Betrachtungen über die Wirkung der »schmelzenden Schönheit« auf den abgespannten Menschen ausgeführt, nicht aber dargestellt, wie die komplementäre Wirkung der »energischen Schönheit« oder das Aufgehen beider im Ideal-Schönen zu denken sei. Die »schmelzende« Schönheit hat eine ausgleichende, auflösende Funktion; sie vermittelt zwischen dem Zwange der Empfindungen und jenem der Begriffe. Als positiver Kraft kommt ihr also eine doppelte Aufgabe zu: Sie löst den von Gefühlen einseitig beherrschten oder sinnlich angespannten Menschen durch *Form,* den von Gesetzen einseitig beherrschten oder geistig angespannten Menschen hingegen durch *Materie.* In beiden Fällen wirkt sie »schmelzend«, bewegend.

Vom Schönen zu scheiden ist das Angenehme. »Triebfeder der Begierden«, gründet es sich für den Pflichtethiker Kant auf ein »Privatgefühl« und bezeichnet, was den »Sinnen in der Empfindung gefällt«. In seinen Bereich gehören die passiven »schmelzenden Affekte«: Sie sind »erschlaffend«, »bloß zärtliche Rührungen«. Für Schiller »ergötzen [sie] bloß den Sinn durch Auflösung oder Erschlaffung« und beziehen sich bloß auf den äußeren, nicht den innern Zustand des Menschen. Viele unsrer Romane und Trauerspiele gehörten in diese Klasse. Auf J. G. Sulzers »Reiz«-Begriff anspielend, kritisiert Schiller an der »Musik der Neuern«, sie schmeichle dem »herrschenden Geschmack«, der nur »angenehm gekitzelt« sein wolle. Alles *Schmelzende* werde daher vorgezogen; alle Symptome der Berauschung stellten sich ein: »zum deutlichen Beweise, daß die Sinne schwelgen«. Schillers Kronzeuge ist Kant. Affekt ist für diesen Rausch, »Untugend«.

Das Bewirkungswort »schmelzen« meint »auflösen«. »Schmelzend« als Partizip des Präsens von transitiv »schmelzen« fällt zusammen mit intransitiv »schmelzen« als Zustandsveränderung. Neben »etwas lösen« steht die Bedeutung »in etwas übergehen«. Diesem aktivistischen Sinn entspricht die Verwendung von »schmelzen« im Wortschatz des deutschen Pietismus, worauf schon hingewiesen wurde, aber noch einmal zurückzukommen sein wird: Gott als der große Schmelzer. Im Verlauf einer umfassenden Säkularisierung übernimmt seine Funktion die Schönheit, Kunst. Was im vorliegenden Zusammenhang von besonderem Interesse ist: mögliche Wirkung der einseitig »schmelzenden Schönheit« ist »Weichlichkeit«, »Flachheit«, »Leerheit«, »Willkürlichkeit«, »Frivolität«, »Apathie«. Begriffe, die den Verfall des Schönen zum bloß Angenehmen signalisieren und, wie zu zeigen ist, als Merkmale von Unkunst oder Kitsch gelten. Dem genußverfallenen »Kitschmenschen« fehlt »das energische Prinzip«, das »den Stoff beleben muß, um das wahrhaft Schöne zu erzwingen«. Produkte der »zärtlichen«, das heißt empfindelnden Gattung – Schiller spricht vom »Übel der Empfindelei« – könnten »bloß schmelzen und, ohne das

Herz zu erquicken und den Geist zu beschäftigen, bloß der Sinnlichkeit schmeicheln«.

Wie verwahre sich aber der Künstler, fragt Schiller, vor den »Verderbnissen seiner Zeit, die ihn von allen Seiten umfangen?« Indem er lehrend, die Gedanken der Welt »zum Notwendigen und Ewigen« erhebe, »handelnd oder bildend, das Notwendige und Ewige in einen Gegenstand ihrer Triebe verwandelt«. Lebe mit deinem Jahrhundert, rät Schiller, »aber sei nicht sein Geschöpf; leiste deinen Zeitgenossen, aber was sie bedürfen, nicht was sie loben.« Verschmähe ihr Glück. »Verjage die Willkür, die Frivolität, die Rohigkeit aus ihren Vergnügungen.« Solche Warnung meint nicht weniger den »Mißbrauch des Schönen«, die »Anmaßungen der Einbildungskraft« als die »kriechende Lohnkunst«. Diese ist gemein, »pöbelhaft«. Weil dem »Nutzen« dienend, empfängt sie das Gesetz »von der Beschränktheit und Bedürftigkeit« ihrer Leser, die »nur anschaun und nur empfinden«, also sich »leidend« verhalten, ihre Aufmerksamkeit auf ihr »empfindendes Selbst« richten. Der Konsument von »Lohnkunst« erfährt, was »ist«, aber niemals, »was sein muß«. Mache man den Eindruck auf den Sinn zum höchsten Richter, beziehe man die Dinge bloß auf die Empfindung, so befreie sich der Mensch niemals aus der »Dienstbarkeit der Materie«. Aus dem gleichen Grund forderte bereits der Romantheoretiker Chr. Fr. von Blanckenburg, auf Wielands Roman *Agathon* verweisend, der »Romanendichter« solle seinen Lesern »Anlaß« geben, »denken zu lernen«; er solle alles vermeiden, was dazu beitragen könnte, sie in ihrer »Trägheit« zu »bestätigen«.

Die Neigung, das Passive an die Stelle des Aktiven zu setzen, macht nach Schiller das Wesen des Dilettanten aus. Der Ausdruck »Dilettant« wurde bezeichnenderweise um 1770 d. h. zur Zeit beginnender Trivialisierung und Subjektivierung der Literatur aus dem Italienischen entlehnt, wo er »Sich Ergötzender«, also Liebhaber, bedeutet. Die scharfe Entgegensetzung von »Liebhaber« als »Halbwisser« oder »Pfuscher« und *Professional*, der sich *berufsmäßig* mit Kunst beschäftigt, findet sich erst im Deutschen. Auch das Französische kennt diese Pejorisierung nicht. Unter »Dilettant« versteht man dort »Musikamateur«, d. h. »jemand, der sich als Amateur mit einer Sache beschäftigt« und unter Dilettantismus »sehr ausgeprägten Geschmack für Musik, besonders italienische«. Es fällt auf, daß die Deutschen mithin gnädiger mit ihren Amateuren verfahren als mit ihren Dilettanten. Amateur, aus dem Französischen übernommen, bedeutet lediglich »Nichtfachmann«, »Bastler«. Die Anwendung der Bezeichnung auf den Sportler, der seine spezifische Sportart ohne materiellen Gewinn, d. h. als »Spiel« betreibt, rückt den Amateur in die Nähe des »Künstlers« im klassischen Sinn.

Karl Philipp Moritz, Erzähler zwischen Aufklärung und Romantik, warnt junge Dichter davor, Künstler (Genie) und Nichtkünstler (Liebhaber), das Schöne und das Nützliche, den reinen Genuß und den falschen miteinander zu verwechseln. Gewähre das Schöne Vergnügen um »sein selbst willen«, so das Nützliche Vergnügen »an der Vorstellung von der Bequemlichkeit oder Behaglichkeit, die mir oder einem andern durch den Gebrauch desselben zuwachsen wird.« Während der reine Genuß »völlige Uneigennützigkeit des Gemüts« voraussetze, so entspringe der falsche aus »Eigenliebe« und dem »Eigennutz«. Auch wenn das Wort bei Moritz noch nicht vorkommt, handelt der Autor im 4. Teil seines Romans *Anton Reiser* (1790) vom Dilettantismus. »Es war also kein echter Beruf, kein reiner Darstellungstrieb, der ihn anzog, denn ihm lag mehr daran, die Szenen des Lebens in sich als außer sich darzustellen. Er wollte für sich das alles haben, was die Kunst zum Opfer fordert. Um seinetwillen wollte er die Lebensszenen spielen – sie zogen ihn mehr an, weil er sich selbst darin gefiel, nicht weil an ihrer treuen Darstellung ihm alles lag.«

Goethe und Schiller bewerteten den inzwischen vorhandenen Begriff »Dilettantismus« dann ganz im Sinne ihres Kunstverständnisses und nutzten ihn zu Abgrenzung und Bestimmung des eigenen Standortes. Damit nahm die Geschichte des Wortes eine ähnliche Wendung wie jene des Nachfolgeworts »Kitsch«. Noch Hugo von Hofmannsthal wird in sein Tagebuch notieren: »Im Dilettantismus ist der Keim einer sittlichen Verderbnis.«

In seiner Betrachtung *Über die notwendigen Grenzen beim Gebrauch schöner Form* stellt Schiller die Frage: Was unterscheidet den »Dilettanten vom wahrhaften Kunstgenie«? »Uneingeweiht« ist der Dilettant, außerstande, »seine Fähigkeit nach dem großen Maßstab des Ideals zu erweitern«, sein Eifer ist »kraftlos«, sein Wille zu schwach, die »üppige Phantasie« der Disziplin des Geschmackes zu unterwerfen: Er opfert den Genuß keineswegs wie das Kunstgenie »der Vollendung« auf. Was er sucht, ist nichts anderes als die persönliche Bedürfnis- und Affektbefriedigung.

Dem bloßen Dilettanten verleidet Schillers Auffassung zufolge »die Mühseligkeit des Mittels den Zweck, und er möchte es gern beim Hervorbringen so bequem haben als bei der Betrachtung.« Deshalb halte er die das Gefühl ansprechende Wirkung für das Wesen der Dichtung und wolle damit »selbst hervorbringen«. Nicht genug mit dieser Neigung zur Passivität: Der Dilettant folgt der »Neigung der Zeit« und läßt sich von ihr gängeln wie »Knabe und Pöbel«. Statt sich *gegen* das Publikum zu stellen, um dessen Geschmack zu bessern, zu veredeln, den Leser zu sich »hinaufzuziehen«, schwimmt er mit dem Strom und steigt zum Leser hinunter, um Bedürfnisse zu befriedigen. Die eigenen und jene seiner Käufer. »Knabe« wie »Pöbel«, von Schiller in einem Atemzug genannt, sind gleicherweise ungebildet und in Sinnlichkeit befangen. Beide erheben den »Eindruck auf den Sinn« zum höchsten Richter und beziehen die Dinge damit »bloß auf die Empfindung«. Der Dilettant verwechsele die Wirkung der Kunstwerke auf sich, den »Empfindungszustand, in den er versetzt ist«, mit den objektiven Ursachen und Motiven. Anders gesagt: da er vom Wesen der Kunst nur die Seite erkennt, die zu seinem Gefühl spricht, reduziert die Schönheit sich auf das, was Schiller »schmelzende Komponente« nennt.

Das Problem des Dilettantismus, der liebhaberhaften Kunstproduktion, die lange Zeit als Vorrecht des Adels angesehen worden war, besaß für Schiller und Goethe Aktualität genug, daß sie gemeinsam ein Schema dazu entwarfen. Er sehe erst jetzt »mit Schrecken«, schreibt Goethe an Schiller am 22. Juni 1799, »wie Künstler, Unternehmer, Verkäufer und Käufer und Liebhaber jeder Kunst im Dilettantismus ersoffen« seien. Das einzige Verhältnis gegen das Publikum, das einen »nicht reuen« könne, heißt es in einem Folgebrief (25. Juni 1799), sei der Krieg, »und ich bin sehr dafür, daß auch der Dilettantismus mit allen Waffen angegriffen wird.«

Unter den Namen, die von den beiden Dichtern in diesem Zusammenhang aufgezählt werden, findet sich neben Klopstock, Claudius und Wieland jener Bürgers, unter den Gattungen: Ballade und Volkslied. Das »Klopstockische Odenwesen« wird nicht weniger mit negativem Vorzeichen versehen als Wieland »Laxität« angekreidet und vor »Bürgers Einfluß auf das Geleier« gewarnt wird. Auch hier also der bekannte Vorwurf der »Schlaffheit«, »Lässigkeit«. Ballade und Volkslied finden sich deshalb in einem Atemzug genannt, weil in beiden das Gefühls-

moment besonders ausgeprägt ist, Empfindung und Gestimmt-
heit den Ausschlag geben.

Die »Schaden« überschriebene Rubrik des *Schemas über den
Dilettantismus* bringt folgende Stichwörter: »Flachheit«, »Ge-
dankenleerheit«, »Sinnlichkeit«, »phantastische und sentimen-
talische Nullität«, »Mittelmäßigkeit«, »falsche Kennerschaft«,
»Leerheit«, »perennierende Unform und Verderbtheit des Geschmacks«, »Vorliebnehmen mit dem Schein«, »Schöngeiste-
rei«, »belletristische Flachheit und Leerheit«, Oberflächlichkeit. Alle Dilettanten seien Plagiatoren: Sie füllten die Sprache
nach und nach mit »zusammengeplünderten Phrasen und Formeln« aus, die nichts mehr sagten, so daß man Bücher lesen
könne, die »schön stilisiert« seien und gar nichts enthielten.
Kurz, alles wahrhaft Schöne und Gute der echten Poesie werde
durch den überhandnehmenden Dilettantismus »profaniert,
herumgeschleppt und entwürdigt«.

Entweder vernachlässige der Dilettant als mittelmäßiger
Schriftsteller das »unerläßliche Mechanische«, obwohl er Geist
und Gehalt zeige, belehrt die Rubrik *»Poesie: lyrische«,* oder
aber seine Kunstübung erschöpfe sich in »handwerksmäßiger
Fertigkeit« bei gleichzeitiger Entscheidung für sinnliche Wirkung, Befriedigung eines Bedürfnisses. Auf die Frage: weshalb
diese Liebhaberei jetzt so überhand nehme, heißt es im
»Schema« unter anderem: »Gelegenheit dazu«, »Aufkommen
und Verbreitung der Übersetzungen«. Dies führt zwangsläufig
zu der Konklusion: im Grunde fällt alle nichtklassische Kunst
unter das Verdikt des Dilettantismus. In der Spalte »Ausland«
des »Schemas« steht ergänzend zu lesen: Die Ausbildung der
französischen Literatur und Sprache habe den Dilettantismus
»kunstmäßiger« gemacht. Denn auch vom Dilettanten hätten
die Franzosen »Geschmack und Geist im Innern und ein fehler-
loses Äußeres der Diktion« verlangt. Trotz dieser scheinbar positiven Charakterisierung bedienen sich die Verfasser des
»Schemas« unbeirrbar der abwertenden Vokabel »Dilettantismus«, die damals, wie gesagt, die Bedeutung des erst später
gebräuchlich gewordenen Wortes »Kitsch« zu tragen hat. Noch
Robert Musil wird 1936 im Vortrag »Der Dichter und diese
Zeit« den Dilettanten durch »beständiges Gefühl ausgezeichnet« sein lassen und Hermann Broch »Dilettant« und »Kitsch-
erzeuger« in eins setzen: Beide »haben ihre Arbeit auf die
Schönheit eingestellt«. Die »Göttin der Schönheit in der
Kunst« ist für Broch »die Göttin des Kitsches«.

VII   Sind Frauen die größeren »Dilettanten« und »Klatscher«?

»Schwachheit, dein Name ist Weib«, heißt es in Shakespeares *Hamlet*. Das Zitat ist längst zum Gemeinplatz verkommen. Wer dies bezweifelt, mag bei Wehrle-Eggers nachschlagen. Unter dem Stichwort »Schwachheit« bzw. »Schwäche« (Bd. I, S. 49) findet er in den betreffenden Gruppen, geordnet nach Sinnverwandtschaft, unter anderem die folgenden Wörter aufgezählt: »Weichheit«, »Schlaffheit«, »Unmännlichkeit«, »Dekadenz«. Den Gruppen »Schlaffheit«, »Trägheit« wie »Tatenlosigkeit« ist »Schlaffheit« gemein. Schlaffheit, Weiblichkeit, Dekadenz dokumentieren sich als sinnverwandt. Indessen: die Reihe ist unvollständig. Es fehlt die »Französischkeit«. Wäre das Nachschlagewerk vor hundert Jahren zusammengestellt worden, vielleicht hätte das Wort, möglicherweise in seiner Variante »Welschheit«, Berücksichtigung gefunden. Andere zeitgemäßere Kronzeugen seien deshalb herangezogen: Goethe und Nietzsche. Es gibt Äußerungen von ihnen, die einen für den Leser von heute überraschenden Zusammenhang herstellen. Dem Bezugsgeflecht, von dem sie ausgehen, muß allerdings zu seiner Zeit nichts Ungewöhnliches angehaftet haben. Nur »Weiblein« finden sich nach Nietzsche allenfalls noch bereit zu glauben, »die Größe eines Künstlers« bemesse sich »nach den ›schönen Gefühlen‹«, die er erregt. Im Gegenteil: der große Künstler verschmähe es zu gefallen. Zum »klassischen Geschmack« gehöre »ein Quantum Kälte, Luzidität, Härte«, »Haß gegen Gefühl, Gemüt, *esprit,* Haß gegen das Vielfache, Unsichere, Schweifende, Ahnende«.

»Wie alles, »was verweichlicht, sanft macht, das ›Volk‹ zur Geltung bringt oder das ›Weibliche‹«, wirke der nichtklassische Geschmack »zugunsten der *suffrage universel* d. h. der Herrschaft der *niederen* Menschen«. Dieser herablassende Hinweis auf die gutgläubigen »Weiber«, die Gleichsetzung von weichlich, weibisch und demokratisch (d. h. pöbelhaft) kommt nicht von ungefähr.

»Die Weiber sind überhaupt Franzosen, und was die Franzosen unter den Männern sind, das sind die Weiber unter den Menschen überhaupt.« Diese Äußerung Goethes zu Riemer (20. Juli 1809) läßt für den Nachgeborenen zunächst Fragen offen. Nur so lange freilich, wie er anderen Gesprächen Goethes noch nicht die entsprechenden Bindeglieder entnommen hat. »Wenn man die Männer als Verstand und Vernunft ansehen kann«, heißt es in einer weiteren durch Riemer überlieferten Äußerung, »so sind sie Form; die Weiber, das Herz sind Stoff.« Verstand als »formelles Vermögen«, das Herz als (zu gestaltendes, zu veredelndes) »Material«. Damit stehen die Männer nach Auffassung Goethes, der hier für seine Zeit sprechen dürfte, für das aktive, das formende Prinzip, die Frauen für das passive, zu formende. »Person« auf der einen, bloße »Natur« auf der anderen Seite. Von hier aus gesehen sind die Werke des Dilettanten nur Wirkungen der Natur im Menschen: sie verharren in Passivität.

Wir erinnern uns der Worte Schillers: »Überhaupt will der Dilettant in seiner Selbstverkennung das Passive an die Stelle des Aktiven setzen.« Oder, anders gesagt: das Stoffliche an die Stelle des Formalen, das Weibliche an die Stelle des von Schiller unermüdlich bemühten Männlichen. So führt noch Ricarda Huch zur Beantwortung der Frage, ob »die geistige Befähigung der Frau immer auf krankhafter Nervosität« beruhe, die Dichterin Bettina Brentano als Beispiel an. Die Frau Achim von Arnims habe auf Männer vielfach abstoßend gewirkt: »Sie bewunderten wohl ihre geistreiche Rede, fanden sie aber unweiblich.« Die Gründe für diesen Eindruck? Sie sei »nie ruhig, nie aufnehmend, nie gesammelt« gewesen. Ruhiges, gesammeltes Aufnehmen gehört in den Umkreis der Passivität.

Wenn Schiller am Dilettantenprodukt »Pathologisches« zu erkennen glaubt, so dies im Sinne von »Wirkungen empfangend«, »leidend« (passiv) oder auch »krankhaft«. Ihm wurde entgegengesetzt, das »Gesunde«, das dem »so mächtigen Hang« der »gemeineren« Kunst zur Erschlaffung und Passivität« trotzt (A. W. Schlegel). Das Publikum dieser niederen Kunst sei »im Grunde völlig gleichgültig« gegen alle Form, nur voll unersättlichen Durstes nach Stoff. Sein Geist erhebe keine Forderung; er suche bloß Befriedigung eines Bedürfnisses. Goethe meint denn auch zu Riemer: »Der Mann schafft und erwirbt, die Frau verwendets: das ist auch im intellektuellen Sinne das Gesetz, unter dem beide Naturen stehen. Daher muß man einer Frau das Fertige geben; und aus eben dieser Ursache sind sie das wünschenswerteste Auditorium für einen Dogmatiker, der nur Geist genug hat, das, was er ihnen sagt, angenehm und sinnlich ergreifend zu sagen. Das Positive lieben sie in diesem Falle, solche Undulisten sie auch in anderen Rücksichten sein mögen.« Nicht nur wankelmütig sind Frauen, undulistisch, auch »bedürftiger, abhängiger als die Männer«. Nietzsche, könnte man hinzufügen, formulierte ein halbes Jahrhundert später, in *Also sprach Zarathustra*, nicht ohne Zynismus: »Das Glück des Mannes heißt: ich will. Das Glück des Weibes heißt: er will.«

Goethe sieht in den Weibern »Egoisten«. »Eine ruhige, freie, absichtslose Teilnahme und Beurteilung fällt ganz außer ihrer Fähigkeit. Sie sehen alles nicht etwa nur aus ihrem Standpunkt, sondern im persönlichen Bezug auf sich.« Interesseloses Wohlgefallen, wie von der Kunsttheorie der deutschen Klassik postuliert, ist von ihnen, dieser Auffassung zufolge, nicht zu leisten. Im übrigen reicht die »männliche Form« sowieso »mehr an die Idee, denn in ihr hört das Reale auf«. Das Reale als das Sinnliche, das es zu »veredeln«, das Stoffliche, das es »durch Vermählung mit der geistigen Idee zu beleben« gilt. Überwindung des Stofflichen durch Bildung: jene des Mannes geht nach Goethe »offenbar über die des Weibes hinaus«. Mit dieser Unterscheidung ist ein Schritt getan zum Verständnis des eingangs erwähnten Goethe-Zitats. Denn von den Franzosen sagt Goethe: »Jene haften zu sehr am Realen und können das Ideelle nicht zu Kopf bringen, dieses besitzt der Deutsche in ganzer Freiheit.« Wonach die »Weiber«, so man Goethe beim Wort nimmt, ideale Franzosen, aber mangelhafte Deutsche wären.

»Die Franzosen«, sagt Goethe in einem Gespräch mit Eckermann, »haben den Verstand und Geist, aber kein Fundament und keine Pietät. Was ihnen im Augenblick dient, was ihrer Partei zu gute kommen kann, ist ihnen das Rechte. Sie loben uns daher auch nie aus Anerkennung unserer Verdienste, sondern nur, wenn sie durch unsere Ansichten ihre Partei verstärken können.« Die Nation dieser »Undulisten« ist »die Nation der Extreme«. In nichts kennen die Franzosen »Maß«, sie haben keine Prinzipien. Goethe zeiht den westlichen Nachbarn indirekt der Wetterwendigkeit und Flachheit. Eindundzwanzig Jahre später griff Schopenhauer den Vorwurf in einem Brief an Frauenstädt auf und verschärfte ihn: »Man muß aber nicht vergessen, daß Franzosen stehts Franzosen bleiben, d. h. faul, leichtsinnig, windbeutlich.« Bringt man die angedeuteten Wesensmerkmale auf einen Hauptnenner, so verweist dieser auf das allzu oft nachgebetete Klischee von der »Entartung«. Bis an die Schwelle des zwanzigsten Jahrhunderts wird es sich selbst in seriösen Nachschlagewerken behaupten. Es ist unumgänglich, noch kurz bei dem Bild zu verweilen, das die Deutschen sich von den »weibischen« Franzosen machten. Die »Revolution«, die »die gegenwärtige literarische Richtung der Franzosen« durchmache, sagte Goethe zu Soret, sei »im allgemeinen für die Leser günstig, aber ungünstig für die, die sie machen«. Diese liefen nur »dem Erfolg des Tages« nach. Alles sei berechnet, um dem Leser oder dem gegenwärtigen Zuschauer zu gefallen auf Kosten der Eigenart des Schriftstellers und seiner schöpferischen Kraft: »er verkauft sein Gewissen.« Die hier kritisierte Orientierung des Autors wird der Diskussion über die Trivialliteratur eine ihrer wirkungskräftigsten Urteilskategorien liefern.

Zweiundvierzig Jahre nach Goethes Tod klärt Karl Hillebrand, Schriftsteller, Übersetzer und zeitweiliger Revolutionär, in seinem Buch *Frankreich und die Franzosen in der zweiten Hälfte des XIX. Jahrhunderts* (1874) den Leser darüber auf, daß der Franzose mit Arbeit »zeitliches Gut« zu erringen suche, während für den »uneigennützigen« Deutschen Arbeit »zwecklos« sei. Dort Materialismus, hier Idealismus. »Convenienz und Nützlichkeit« dienten Frankreich, dessen Bürger durch »Leichtsinn, Unbedachtheit« charakterisiert seien, als das leitende Prinzip. Damit nicht genug: Die »oberflächliche«, »äußerliche Bildung« der Nachbarn jenseits des Rheins findet nach Hillebrand eine Entsprechung in der »Flachheit und Faßlichkeit ihrer demokratisch-rationalistischen Ideale«. Pure Routine sei ihr *bon sens*, »verflachend« ihre Verständigkeit. Wen überraschte es jetzt noch, wenn er liest, in der französischen Gesellschaft dominierten die Frauen, das »Weiberwesen«, *Cherchez la femme,* weshalb neben der Eitelkeit die »Begehrlichkeit« triumphiere. Paris als »geistiges Freudenhaus«, wo der »Epikuräer (!) intellektueller Bildung« seine »feinsten Genußbedürfnisse« sprich: Sinnlichkeit befriedigt. Was den Pariser kennzeichnet, sind »Gefallen am hohlen Wortwitz, Kitzel der Epidermis, Bedürfnis künstlicher Aufregung, Unruhe ohne wahre Leidenschaft«. »Natürliche Folgen« solcher, wie Schiller sagen würde: platten, erschlaffenden Genüsse seien »geistige Sterilität und moralische Feigheit«. Die »weichen Formen des schönen Scheins«, statt der (nach Hillebrand für Deutschland charakteristischen) »Atmosphäre schroffer Wahrheitsliebe«. Was man in Frankreich »Humanität« nenne, sei »eben meist« nichts anderes als »weichliche Schwäche«, »sentimentale Rücksichtnahme, was dann freilich weder den Ausbruch der Leidenschaften, noch das Übergreifen der Laune« verhindere. Da den Franzosen die »männliche Mitte« fehle, sie »nicht in sich« ruhten, seien sie kopflos, ratlos, wenn das Unvorhergesehene geschehe, »blinde Leidenschaft und bleiche Panik, Leichtgläubigkeit und rohe Selbstsucht, ja Grausamkeit und Wildheit« brächen los. »Zwei Nationaluntugenden« der Franzosen schreibt Hillebrand besonderes Gewicht zu: *»la femme et la casse«:* Schürzenjägerei und Zerstörungslust. Ursache und Erklärung: Der Franzose ist eben »in höchstem Maße sinnlich«.

Der enttäuschte Revolutionär wendet den Ertrag seiner völkerpsychologischen Überlegungen auch auf den Bereich der Literatur an. Ein deutscher Schriftsteller, meint Hillebrand, fühle sich »entehrt, wenn er seine Leser ›unterhalten‹ soll«. »Die wenigen aber, deren Talent ausreichte, um einfach und anspruchslos à la française zu unterhalten, sind so hochmütig behandelt worden von unseren allmächtigen Kritikern, daß niemand mehr ihrem Beispiel folgen mag«. Mit welcher Verachtung sprächen nicht unsere Literaturhistoriker von einem Kotzebue, einem Zschokke, einem Willibald Alexis oder einem Spindler! Dem Franzosen sei die »Leichtigkeit der Rede und der Schrift« angeboren. Zwar gingen die Produkte solcher »ästhetischer Anspruchslosigkeit« »schnell und spurlos« vorüber, doch sie brächten »Zerstreuung und Erheiterung«. Um ihre unterhaltende Literatur seien die Franzosen zu beneiden.

Hillebrand gibt mit der einen Hand und nimmt mit der anderen. Was einmal war, ist nicht mehr: In den letzten dreißig bis vierzig Jahren habe sich diese Literatur der Anspruchslosigkeit zu einer »Literatur der Impotenz« verflacht. Als »Produkt der modernen Zustände« biete sie Wiedererkennen, sei sie aus auf Affirmation. Geist-, geschmack- und schamlos, sei sie »tägliche Nahrung«, »Stolz« und »Erzeugnis der Mittelmäßigkeit« und ungeheuer »populär«. Man müsse nun einmal bedenken, daß die geistige Mittelmäßigkeit keines Volkes geschickter sei, »sich mit einem täuschenden Schleier zu umgeben, als die der Nation, welche stets das *estre* dem *paroître* geopfert hat«. Die Kunst sei in Frankreich zu einem »Metier« herabgesunken: Niemand male und schreibe mehr aus innerem Bedürfnis; es gehe allen darum, Geld zu machen oder sich eine Stellung zu erobern: folglich »schmeichelt jeder dem Publikum und seinen Launen«. Diese der »Originalität und Idealität« ermangelnden Pseudokünstler seien »alles«, »was das Publikum will, daß sie seien«. Aber jedem Werke, so vollendet es technisch, so bühnengerecht, so anziehend geschrieben, so geistreich, so scharfsinnig es sein möge, fühle man doch immer an: »Es ist nicht der Durst nach Wahrheit, nicht das unwiderstehliche Bedürfnis sich auszusprechen, nicht ein ernstes und uneigennütziges Streben, das man in der mittelmäßigsten wissenschaftlichen Abhandlung, dem unbedeutendsten lyrischen Gedicht, dem unbeholfensten und geschmacklosesten deutschen Gemälde herausspürt; es ist der Wunsch zu gefallen und dadurch die Mittel zu erlangen, die persönliche Eitelkeit oder Genußsucht zu befriedigen. Je weiter wir aber gehen, desto greller tritt in der französischen Literatur zutage, wie wenig die Intelligenz und die Technik zu leisten vermögen, wenn sie allein arbeiten«. Auch wenn sich das Wort »Dilettantismus« nicht bei Hillebrand findet, läßt es sich als Vorwurf aus dieser Charakterisierung herauslesen.

Doch zurück zu den Frauen, den idealen Franzosen. Der Hinweis auf Subjektivität, Prinzipienlosigkeit, Mangel an Distanz, Konventionsverhaftetsein soll mithin die Erklärung dafür liefern, daß Frauen zu Büchern greifen, um darin »Nahrung für das Herz« zu finden, einen »Helden«, den sie »lieben« können. Sie haben ein Lesebedürfnis. »So soll man aber eigentlich nicht lesen«, sagt Goethe tadelnd zu seiner Schwiegertochter, »und es kommt gar nicht darauf an, daß euch dieser oder jener *Charakter* gefalle, sondern daß euch das *Buch* gefalle«. Nicht genießende Einfühlung ins Detailhafte soll Zweck der Leseaktivität sein, sondern abstrahierende Zusammenschau des Ganzen. Kitschkonsument gegen Kunstbetrachter. Ohne dies explizit auszusprechen, stellt schon Goethe den »räsonierenden« Leser gegen den »konsumierenden«. »Die Weiber, auch die gebildetsten, haben mehr Appetit als Geschmack. Sie möchten lieber alles ankosten, es zieht sie das Neue an. Sie unterscheiden nicht zwischen dem, was anzieht, was gefällt, was man billigt, sie werfen das alles in eine Masse. Was nur nicht gegen ihren konventionellen Geschmack anstößt, es mag noch so hohl, leer, seicht, schlecht sein: es gefällt.«

Was diese Defizienzen noch schlimmer macht: Es sind gerade die Frauen, die den literarischen Unternehmungen in zunehmendem Maße einen dauernden Erfolg sichern. Fast alle Frauen von einiger Erziehung lesen, stellt man 1780 fest. Noch vor sechzig Jahren seien diejenigen, die Bücher kauften, bloß Gelehrte gewesen. Knapp hundert Jahre später, 1879, beklagt August Bebel, daß die Frau »in den oberen und mittleren Klassen der Gesellschaft« sich häufig dem Müßiggang oder »korrumpierenden Beschäftigungen« überlasse: »Ihre geistige Nahrung besteht oft in Lesen zweideutiger Romane und in Zotenlektüre, im Sehen und Hören frivoler Theaterstücke, im Genusse sinnenkitzelnder Musik ...« (*Die Frau und der Sozialismus*). Ein Sündenkatalog mit den üblichen Klischees, umfunktioniert für den Klassenkampf.

Die »Zustände« seien »männlich und rein empfunden«, lobt Goethe den italienischen Dichter Alessandro Manzoni. Der Verfasser der *Verlobten* habe »Sentiment«, aber er sei »ohne alle Sentimentalität«. Diese, wäre zu folgern, ist unmännlich und unrein: Schwäche. Goethe hätte nichts dagegen einzuwenden, daß »unsere Dichterinnen« immer dichteten und schrieben, »soviel sie wollten, wenn nur unsere Männer nicht wie die Weiber schrieben!« Also unmännlich, schwach »und immer schwächer«.

Goethes Gesprächspartner, Hofrat Rehbein, gibt zu bedenken, ob der Grund für die dichterische Betätigung der »Frauenzimmer« nicht darin zu suchen sei, daß sie »das Glück der Liebe nicht genossen« und »nun in geistigen Richtungen Ersatz« suchen. »Wären sie zu rechter Zeit verheiratet und hätten sie Kinder geboren«, meint Rehbein, »sie würden an poetische Produktionen nicht gedacht haben.« Erklärungsversuch und Lösungsvorschlag sind nicht neu. »Also mache Sie nur«, rät Justus Möser der Kammerjungfrau eines vom Lesen empfindsamer Bücher »krank« gewordenen jungen Mädchens, »daß das gute Kind in dem nächsten Maimonat einem süßen jungen Herrn in die Augen falle.« Alles weitere würde sich wohl schon von selbst ergeben. Positionen und Remedien unterscheiden sich nur graduell. Allein, der Mösersche Text erschien etwa ein halbes Jahrhundert vor jenem Goethes.

Hofrat Rehbeins Bemerkung, »daß das poetische Talent der Frauenzimmer ihm oft als eine Art von geistigem Geschlechtstrieb vorkomme«, ist eine andeutungsweise Vorwegnahme von Freuds Sublimationstheorie. Nur daß ihre Anwendung eben zunächst auf das weibliche Geschlecht beschränkt wurde. Angesichts dessen sollte es nicht wunder nehmen, wenn im selben

Bericht (18. Januar 1825) Eckermann Goethe »Dilettanten« und »Frauen« in einem Atemzug nennen läßt. Und in der mit Schiller gemeinsam verfaßten Arbeit *Über den Dilettantismus* gelten gerade Frauenzimmergedichte« als Erscheinungsform des Dilettantismus.

Wehrle-Eggers *Deutscher Wortschatz* bestätigt unter dem Stichwort »Lebenshöhe« (Bd. I, S. 39), dem allgemeinen Konsensus entsprechend bestehe diese für die Frau in Mütterlichkeit, für den Mann im Beweis von Kraft, Stärke. Passivität als deren Negation. Die Dilettanten machten denn auch den »Troß der ordinären Autoren und Autorinnen aus«. Bei diesen werde »das Ideelle gleich sentimental«. Sentimental als »weich«, »schwach«, als eine Gefühlshaltung, die »popular« werden kann, während, wie Goethe betont, ihr Supplement, die Vernunfthaltung, »immer nur im Besitz einzelner Vorzüglicher sein« wird. Immerhin gab es ca. 6000 Schriftstellerinnen Mitte des 19. Jahrhunderts. Aus allen Schichten der Gesellschaft stammten sie. Schrieben die einen, die adeligen Damen zumal, zum Zeitvertreib, da bürgerliche Berufe ihnen verschlossen waren, so sahen andere im Schreiben das Mittel, ein Privileg der Männer auszuhöhlen und eine Art Gleichwertigkeit zu demonstrieren und den Ring der Klischierung als »typisch weiblich« zu durchbrechen.

Zu dem, was als »typisch weiblich« angesehen wird, gehört auch der *Klatsch,* jene Art von »Rede«, die angeblich Frauen produzieren, so sie sie nicht als Autorinnen zur »Schreibe« formen. Schwatzhafte Frauen werden bekanntlich gern »Klatsche«, »Klatscherin« oder »Klatschbase« genannt; eine entsprechende Zusammensetzung mit »Vetter« fehlt. Auch bei den Franzosen findet sich die Zuordnung des Klatsches zur »Base«. *Commèrage,* »Klatsch«, ist eine Bildung zu *Commère,* »Base«, das übrigens gleichfalls in der Bedeutung von »Klatschbase« verwendet wird. Dem entspricht im Englischen *gossip,* ursprünglich »Taufpate« bzw. »Taufpatin«, das ebenfalls »Klatschbase« bedeutet: eine Person, meistens eine Frau, oberflächlichen, schwachen Charakters, die Vergnügen daran findet, über bestimmte Leute oder Ereignisse zu reden (»schwätzen«) oder zu schreiben (»drauflosschreiben«). Nicht allein, daß Frauen nach weitverbreiteter Auffassung *anders schreiben* als Männer, sie *reden* selbst *anders* als jene: sie schwatzen, d. h. »sie lassen der Zunge freien [ungehemmten] Lauf«, »stecken die Köpfe zusammen« und »klatschen«.

Klatsch und Kitsch sind nicht voneinander zu trennen. Kitsch entspricht bis zu einem gewissen Grade formalisiertem, schriftlich fixiertem Klatsch. Überraschend, daß bislang noch niemand die Herausforderung angenommen und eine »Ästhetik des Klatsches« verfaßt hat. Alles in allem scheint über die Rolle des Klatsches in Gesellschaft und Einzelexistenz nur wenig oder gar nicht nachgedacht worden zu sein, sonst wäre längst festgestellt worden, daß Klatsch Rohmaterial, Grundstoff für Literatur ist, seine Beurteilung nicht ohne Einfluß bleibt auf die Einschätzung von Kitsch.

Was ist überhaupt Klatsch? Der Index von Wehrle-Eggers bereits mehrfach bemühtem, bewährtem Handbuch *Deutscher Wortschatz* schlüsselt die Bedeutungen des Wortes »Klatsch« in drei Richtungen auf: »Geschwätz« (Bd. I, S. 179), »Nachrede« (Bd. I, S. 296) und »Herabsetzung« (Bd. I., S. 317). Die Rubrik »Geschwätz« wird wieder unterteilt u. a. in die Stichwörter »Neuigkeit«, »Gespräch«, »Nachrede« und »Herabsetzung«, schließlich u. a. in »Unehre« (gleiche Spalte wie »Gerücht« und »Gerede«) und »Herabsetzung« (gleiche Spalte wie »Weibergeschwätz«, »Stadtgespräch«, »Skandalgeschichte«). Stützt man sich auf diese einen Bedeutungshof einkreisenden Angaben, so läßt sich der Begriff »Klatsch« auf den Sinngehalt »Neuigkeit«, »(herabsetzendes) Gespräch« festlegen. Das Beiwort »herabsetzend« kann sich dabei auf Sprecher wie Gesprochenes (»schmutzige Wäsche«) beziehen. Als herabsetzend gilt der Klatsch (hinter dem Rücken) nach kulturell bestimmten sozialethischen Wertmaßstäben, auf die hier nicht eingegangen werden kann.

»Klatsch« gehört zu »klatschen«. Abgeleitet ist das Wort von der lautmalenden Interjektion »klatsch«, die außer (indiskretes) »Geschwätz« auch »Schall«, »Schlag«, »Fleck«, »Klecks« bedeutet. In der Hochsprache durchgesetzt wurde das Substantiv durch Goethe. Bei ihm heißt es:
»Das könnt mich zur Verzweiflung treiben,
wenn von dem Volke, das hier mich bedrängt,
auch würde die Ewigkeit eingeengt:
das wäre doch nur der alte Patsch,
droben gäbe nur verklärten Klatsch.«
Mit andern Worten: Klatsch ist immer da, wo das »Volk« ist. Klatsch wird dem Volk und den Frauen zugeordnet wie der Kitsch. Und stets schwingt als Unterton der (alte) Vorwurf der Sinnlichkeit mit. Auch in Verbindungen wie »Klatsch des Ta-

ges«, »gemeiner Weltklatsch« (Goethe) oder »Wasch und Klatsch« (Immermann) wird das Wort »Klatsch« gebraucht und in Bedeutungen, die vom oben erwähnten »Gerede« bis zu »Zwischenträgerei« und »skandalsüchtiges Geschwätz« reichen. »Klatschen« kann dann auch heißen: »von jemandem Dinge, die verborgen bleiben sollten, ausschwatzen«. Von den »drei Mängeln«, die nach Christian Weise »Weiber« im allgemeinen haben, ist der dritte: »endlich wollen sie allezeit etwas Neues zu klatschen haben.« Ein Beispiel für Übertragung auf schriftliches Geschwätz bietet Goethe. Er habe von der Aufführung seines *Götz* weiter nichts gehört: »Die Blätter, die von solchen Dingen allenfalls klatschen, kommen mir nicht zu Gesicht.« Im gleichen *Götz* heißt es auch: »Die sonst unnützen, sogar oft schädlichen unter Frauen obwaltenden Klatschereien wußte sie zu ihrem Vorteil anzuwenden.« Mehr als hundert Jahre später klärt Fontane in seiner Novelle *L'Adultera* den Leser darüber auf, das »tiefste Bedürfnis der Frauennatur« sei »das Plauderbedürfnis«. Die in der Enge der bürgerlichen Wohnung eingeschlossene Frau als »die ewige Klatsche« (Klatscherin)?

Wie der Kitsch lebt auch der Klatsch aus Kumulation und Repetition. Er interessiert sich für den stofflichen Nebenumstand, das kuriose Detail. Redefreudig und anbiedernd rückt er auf den Leib, kennt keine Distanz. Die Sprache des Klatsches ist leibnah, sie schöpft aus den Nahsinnen. Gerichtet sind die leibnahen Verben auf Berührung, Durchbrechung der Subjekt-Objekt-Spaltung, auf Überwindung von Isolation. Doch: der klatschende Mensch, der »Klatschfink«, wie es in Anlehnung an »Schmutzfink«, verächtlich heißt, ist zugleich der einsame Mensch. Er ist so einsam wie der Kitschkonsument: Beide leiden unter Langerweile, sind von (einst sündiger) Neugier erfüllt, von Hunger nach Erleben, Veränderung. Beide stillen ihr Verlangen nach Sättigung der emotionalen Bedürfnisse, die sie weder in Gott (als Betschwester!) noch in politischer Aktivität auszuleben vermögen, sondern nur im ersatzweisen leibnahen Interesse am andern. Leben aus zweiter Hand. So läßt Th. Fontane in seinem Roman *Unwiederbringlich* eine junge Adlige sagen: »Glauben Sie mir, es ist nichts so nichtig, daß es nicht eine Prinzessin interessieren könnte. Je mehr Klatsch, desto besser. Tom Jensen war in Indien und hat eine Schwarze geheiratet, und die Töchter sind alle schwarz, und die Söhne sind alle weiß; oder Apotheker Brodersen hat seine Frau vergiftet, es heißt mit Nikotin; oder Forstgehilfe Holmsen, als er gestern abend aus Liebchens Fenster stieg, ist in eine Kalkgrube gefallen, – und ich kann Ihnen versichern, dergleichen interessiert unsere Prinzessin mehr als die ganze schleswig-holsteinische Frage, trotzdem einige behaupten, sie sei die Seele davon.«

In Henry David Thoreaus berühmtem Essayzyklus *Walden oder Leben in den Wäldern* findet sich der für uns höchst aufschlußreiche Satz: »Wenn wir nur geschwätzig und laut reden, können wir uns erlauben, sehr nahe beieinander zu stehen, Seite an Seite, und des andern Atem zu spüren; aber wenn wir zurückhaltend und gedankenvoll sprechen, haben wir das Bedürfnis auseinanderzurücken, damit alle tierische Wärme und Feuchte Gelegenheit erhält, sich zu verflüchtigen.« Thoreau stellt leibnahes Gespräch gegen leibfernes. Nähe, Wärme und *Geschwätz* auf der einen, Ferne, Kühle und *Gespräch* auf der anderen Seite. Räumliche Disposition findet ihre Entsprechung in geistig-seelischer. Es liegt nahe, diese Relationen auf den Bereich der Literatur zu übertragen. Das Hohe, Edle, Distanzierte steht dem Niedrigen, Gemeinen, Volksnahen gegenüber. Bestehen hier tiefere Zusammenhänge, die noch zu erforschen sind?

Erneut rückt Schillers Auseinandersetzung mit Bürger ins Blickfeld. Die Frage erhebt sich, ob es einen Kult der Distanz gibt. Entstanden aus der Erfahrung der Enge, dem Leiden unter ihr, die – so man das Klischee von den klatschenden Frauen gelten lassen will – für jene eben ganz besonders spürbar gewesen sein muß. Könnte schließlich aus der Not eine Tugend geworden sein, im politisch-gesellschaftlich so ganz anders gearteten Deutschland? In seinem Werk *Die verborgene Dimension* bemüht sich der amerikanische (Kultur-) Anthropologe E. T. Hall um eine Antwort. Unter anderem untersucht Hall darin den Gebrauch der Sinne bei verschiedenen Völkern und die Rolle, die sie für das Raum- und Zeitverhältnis spielen. Es zeigt sich, daß bei den auf engem Raum zusammenlebenden Deutschen die »Privatsphäre« sozusagen tabuisiert ist. Als »Extension des Ego«, eines kulturgeprägten Ego, dem die politisch-gesellschaftlichen Verhältnisse nur geringe Extensionsmöglichkeit erlaubten, kann Privatsphäre als »leibnah« gelten. Intim, privat bedeutet hier tatsächlich »der Herrschaft beraubt«, gesondert. Die Privatzone als Gesichertes, doch zugleich Isoliertes und ein Gegenbild beschwörend: die Distanziertheit. Tierische Wärme, Stall, Stammtisch und Klatsch, »Gemeinheit« und Kitsch dort – Kühle des Geistes, Helle, Erhebung und Kunst hier. Behaglichkeit und zugleich der Wunsch, den Hag, den Sicherungsring des Privaten zu durchbrechen, um ins Offene zu gelangen, zur Berührung. *Blatero ergo sum!* – »Ich klatsche, also bin ich!«

VIII Von der »Stillung eines großen Hungers«: Romanze und Roman

Zu dem, was die Nachwelt der Weimarer Klassik verdankt, gehört auch ein neuer Typus von Ballade: die Ideenballade. Goethes *Braut von Korinth* und Schillers *Bürgschaft* oder *Kampf mit dem Drachen* sind Beispiele. Held dieser Art von Dichtung ist nicht der *passiv* getriebene Mensch; es ist der *aktiv* handelnde, der Vertreter eines inneren Heldentums »reiner, diesseitiger Menschlichkeit«. Wie anders sind dagegen die Balladen des Stürmer und Drängers Bürger, dessen Gedichte bei Schiller auf so harte Kritik stießen und vor dessen »Einfluß« das *Schema über den Dilettantismus* warnt. Das Irrationale ist wesensbestimmend in ihnen: Affekt, Leidenschaft. Zwei Formen von Ballade, auf gemeinsamen Ursprung zurückgehend, doch sichtlich wesensverschieden. Um so mehr sollte es überraschen, daß das Wort »Ballade«, das so Gegensätzliches, fast einander Ausschließendes bezeichnet und im »*Schema*« unter der Rubrik »Schaden« erscheint, dennoch keinen negativen Beiklang hat. Dafür muß es Gründe geben. Bürger nennt seine *Lenore* »Ballade« und »Romanze«. Tatsächlich fällt die Bezeichnung »Romanze« begrifflich mit jener von »Ballade« zusammen. Es scheine hier eine einzige Gattung vorzuliegen, die vorwiegend mit Ballade, seltener mit Romanze bezeichnet werde, belehren uns Nachschlagewerke. Interessanterweise überschrieb Goethe eine Gedichtabteilung zunächst *Balladen und Romanzen,* seit 1815 nur noch mit *Balladen.* Was mag ihn später dazu bewogen haben, das Wort »Romanze« zu streichen? War der Begriff vielleicht inzwischen ins Zwielicht geraten?
Wie steht es mit den zu »Ballade« und »Romanze« gebildeten Adjektiven? »Balladenhaft« bedeutet im allgemeinen nichts anderes als »in der Art einer Ballade«, auf volkstümlich-erzählerische Weise. »Romanzenhaft« indessen heißt »gefühlsgesättigt«, »in der Art einer romantischen Liebesepisode«. Auf die Dichtung angewandt, bekam das Wort einen kritisch abwerten-

den Beiklang. Liegt hier die Antwort auf die weiter oben gestellte Frage nach Goethes Änderungsgründen?

Schon die spanische, in der National- und Volkssprache, der *lingua romana* abgefaßte und deshalb *romanz* (»romanisch«) genannte Romanze ist eine Art epischer Kurzerzählung, die von Liebesabenteuern, von abenteuerlichen Geschichten überhaupt handelt. Ihre deutschen Abkömmlinge finden sich erstmals bei dem Liebes- und Kriegsliederdichter Gleim; gegen Ende der Romantik hebt sie sich parodistisch selbst auf, verbindet sich mit der Moritat oder schlägt schließlich, was in unserem Zusammenhang noch wichtiger ist, völlig ins Sentimentale um. Damit geht sie in das über, was man später »Kitsch« nannte. Ihre gefühlsgesättigte, sprunghafte Subjektivität bevorzugt mitleid- und aufsehenerregende Motive. Sie wird »melodramatisch«. Der mit Lessing befreundete Gefühlstheoretiker Moses Mendelssohn charakterisiert die Gattung deshalb als »abenteuerlich Wunderbares«, das mit »possierlicher Traurigkeit« erzählt werde. Possierliche Traurigkeit, d. h. Traurigkeit, die sich spaßhaft, drollig gibt? Diese Verbindung will uns als Widerspruch erscheinen. Denn es handelt sich hier um das erstaunliche Phänomen der Vermischung angenehmer und unangenehmer Empfindungen: die janusgesichtige Kombination von Vergnügen und Mißvergnügen. Nun, man weiß inzwischen, daß solche »zwiespältigen Regungen«, wie O. F. Bollnow sie nennt, süße Trauer, sanfte Wehmut usw., besonders für den Genuß geeignet sind. Als konsumierbare Kitschgefühle.

G. A. Bürger

Robert.
Ein Gegenstück zu der Romanze »Phidile« von Claudius.

Ich war wol recht ein Springinsfeld
In meinen Jünglingstagen
Und that nichts lieber auf der Welt,
Als reiten, fischen, jagen.

Einst zogen meine Streiferein –
Weiß nicht, auf welche Weise,
Doch war es recht, als sollt' es sein –
Mich ab von meinem Gleise.

Da sah ich übern grünen Zaun
Im lichten Frühlingsgarten
Ein Mädchen, rosicht anzuschaun,
Der Schwesterblumen warten.

Ein Mädchen, so von Angesicht.
Von Stirn und Augenstrahlen,
Von Wuchs und Wesen, läßt sich nicht
Beschreiben und nicht malen.

Ich freundlich hin, sie freundlich her,
Wir mußten beid' uns grüßen,
Wir fragten nicht, wohin? woher?
Noch minder, wie wir hießen.

Sie schmückte grün und roth den Hut,
Brach Früchte mir vom Stengel
Und war so lieblich und so gut,
So himmlisch wie ein Engel.

Doch wußt' ich nicht, was tief aus mir
So seufzte, so erbebte
Und unter Druck und Küssen ihr
Was vorzuweinen strebte.

Ich konnte weder her noch hin,
Nicht weg, noch zu ihr kommen;
Auch lag's nicht anders mir im Sinn
Als wär' mir was genommen.

Mich dünkt', ich hätt' ihr tausendviel,
Weiß Gott all was? zu sagen;
Doch konnt' ich, welch ein Zauberspiel!
Nicht eine Sylbe wagen.

Sie fragt' in heller Unschuld, was,
Was ich wol von ihr wollte:
»Ach Liebe!« rief ich, als mir's naß
Von beiden Wangen rollte.

Sie aber schlug den dunklen Blick
Zum schönen Busen nieder,

Und ich, verschüchtert, floh zurück,
Und fand sie noch nicht wieder! –

Wie konnte wol dies eine Wort,
Dies Wörtchen sie betrüben? –
O blöder Junge! wärst du dort,
Wärst du doch dort geblieben!

Romanzenhafte Melodramatik ist Kennzeichen des Kitsches.
Wie die Romanze – das englische Wort *romance* bedeutet noch
heute (kitschhafter) Liebes- und Abenteuerroman – liebt der
Kitsch das Sprunghafte, das spielende Hinweggehen über die in
Ursache und Wirkung gegründete Kausalität. Das Plötzliche,
Unvermittelte bestimmt ihn; die Attitüde des »Und-mit-einem-
Male« (P. Demetz). Solche Wendung ins Widerstandslose er-
laubt Autor wie Leser, auf den Flügeln der Assoziation den
Raum zu durcheilen, die Zeit zu durchfliegen und sich nicht
allein unterhalten und gesichert, sondern auch in seinem
Glücksverlangen gefördert zu fühlen.
Benannte man in Spanien mit dem Wort *romanz* die volkslie-
derartigen Verserzählungen von volkstümlichen Helden, die
dort im 14. und 15. Jahrhundert entstanden, so verengte sich in
Frankreich die Bedeutung des Wortes auf Prosaerzählung und
schließlich auf das, was man in der Neuzeit unter einem Roman
versteht. Nach einem frühen Definitionsversuch handelt er von
Liebesabenteuern, dem Leser zur Unterrichtung und Lust. Wie
die Romanze schöpft er aus der Vielfalt des Lebens, seinen
Überraschungen und Wunschvorstellungen, lädt er ein zu voller
subjektiver Teilnahme, und von Anfang an weist er Momente
des zeitlos Trivialen auf. Der neuzeitliche Roman ist somit aus
dem Wunsch entstanden, die Welt um- und neuzuschaffen
(Bruno Hillebrand). Antrieb dazu ist die Unzufriedenheit mit
dem Gegebenen, Voraussetzung der Wunschglaube, es ließe
sich eine neue Wirklichkeit produzieren. Das überlieferte religiöse Weltbild ist zerbrochen, die Sicherheit, die es gewährte,
verloren. Neuer Halt muß geschaffen werden. Die Aufklärungsbewegung verspricht ihn; mit Kant verheißt sie »Annehm-
lichkeiten des Lebens«. So erwartete Christian Weise, am Anfang der Aufklärung stehend, vom Romanschreiber, daß er den
Leser in der Vorstellung jenes Glück erleben lasse, das ihm das
Leben vorenthält. »Die menschliche Gebrechlichkeit lässet

uns gemeiniglich zu keiner glückseligen Hoffnung kommen ...
Wenn nun irgend ein lustiges Exempel uns vor Augen kömmet,
so vergessen wir aller Furcht, und bringen in der süßen Einbildung, gleich als in einem Traume, etliche Stunden zu, da wir uns
alles Glücke mehr als möglich vorstellen.« Ähnlich hat sich,
lange nach Weise, Theodor Fontane geäußert. Zwar verändere
ein Roman nicht grundsätzlich die Welt, aber er schaffe Verklärung und ermögliche Identifikation. Der Leser wisse das, aber
er habe »an diesem heimlichen Selbstbetrug« ein solches Vergnügen, daß er sich bei nächster Gelegenheit »gar gern« wieder
fangen lasse.

In der ersten ernstzunehmenden neuzeitlichen Romantheorie,
Huets *Abhandlung vom Ursprung des Romans* (1670), heißt es
denn auch, zweihundert Jahre vor Fontane, so eindeutig wie
überzeugend, der Roman diene »der Stillung eines großen
Hungers oder langwährigen Durstes«: durch Freistellung der
Phantasie.

Gewöhnlich würden bei Lesung »solcher Schriften«, schreibt
F. W. D. Snell in seinem Buch *Über die Gleichmütigkeit* (1793),
die Einbildungskraft und andere niedere Seelenkräfte zu viel,
die Vernunft aber zu wenig beschäftigt: »Dieser befördert bei
manchen den Hang zu Schwärmerei und Aberglauben; bei andern Empfindelei und fades Wesen; und in den mehrsten Fällen
Unlust zu ernsthaften und mühsamen Geschäften, Trägheit,
Frivolität und völlige Geistesschwachheit.« Vor »Gefahr« und
»Übel« »romanenmäßiger Bekanntschaften« warnt ein 1778 erschienener Aufsatz. Im letzten Viertel des 18. Jahrhunderts war
es geradezu üblich, über die Gefahren des Romans und der zur
Mode gewordenen »trägen Empfindsamkeit« zu schreiben.

Als »romanenhaft« gilt das Übertriebene in Charakteren, Ge-
sinnungen, Gefühlen und Handlungen, wodurch alle Wahr-
scheinlichkeit »aufgehoben« werde. Romanlektüre ist Zeichen
von Verderbtheit. Wer sich mit der Romanwelt einläßt, setzt
sich der Gefahr der Verführung zur Evasion aus; er negiert die
Wirklichkeitsschranken der Gesellschaft. In den Romanen
gehe es ganz anders zu als in der wirklichen Welt, »und wer also
in irgend einer seiner Lagen eine Ähnlichkeit mit einer Roman-
lage findet, und glaubt, daß die Auflösung sich eben so fügen
soll, der wird einen gewaltigen Trugschluß machen« (J. G. Hoche). Es heißt, die Welt zu nehmen, wie sie ist. Denn: »Welche
Verirrungen, wenn der Mensch, getäuscht durch seine Romane
und Schauspiele, die Ideale derselben mit den Menschen der

wirklichen Welt verwechselt; wenn er von seinen Unternehmungen und Schicksalen solche Entwicklungen erwartet, wie seine betrogene Phantasie sie sich vorspiegelt!« (F. R. Rücklefs) Mit andern Worten: Romanlektüre versklave den Menschen, da sie ihn seiner Autonomie beraube, ihm das Denken abnehme, »Trägheit, Frivolität« befördere, der Einbildung einen »unwahren Lauf der Dinge« einrede und »am Ende nichts als Leere, tötende Kleinmut und Ekel des Lebens« zurücklasse.

Der Roman wird verurteilt als Mittel, »Menschen in geistiger Abhängigkeit zu halten«, »tändelnde, empfindelnde, weichliche, wollüstige und sinnliche Geschöpfe« aus ihnen zu machen. Er wirke den Bemühungen der Aufklärung bei einer breiten Schicht entgegen, da er einlädt zu Grenzüberschreitung und Verzicht auf »Mündigkeit«. Wirklich in Anspruch genommen, wäre die von den Vertretern dieser Geistesbewegung verheißene Freiheit gegen die Aufklärer selbst wirksam, denn der gesellschaftlich neutralisierende Effekt der Romanlektüre durchkreuzt ihr Erziehungsprogramm und hat somit, unausgesprochen, politische Folgen.

Aus den oben zitierten kritischen Äußerungen geht hervor, daß die Opposition sich vor allem gegen die als falsch, das heißt »unvernünftig« angesehene Grenzüberschreitung richtet. Dem bürgerlichen Leser gaukele der Roman ein Leben vor, das den Bedingungen der Gesellschaft widerspreche, Wünsche wecke, die unerfüllbar sind, und damit Unzufriedenheit schaffe. Eine von ihrer angepaßten Fortschrittlichkeit, von der Veränderungsfähigkeit des Bestehenden zum Positiven überzeugte Bürgergruppe konnte die zweite Wirklichkeit des Romans noch nicht als palliativ und quietiv akzeptieren. In seinen *Stunden der Andacht*, einem der weitestverbreiteten Erbauungsbücher der Biedermeierzeit, schreibt H. Zschokke: »Wie viele leben, verdorben durch den Fehler der Lesesucht, welche für ihren nachmaligen Stand und Beruf nicht passen; Männer, die, ohne Würdigkeit und Kraft zum Bessern, sich immerdar aus ihrem sich ihnen zu klein scheinenden Wirkungskreise hinwegsehnen; Weiber, die in den Freuden und Leiden und Sorgen des ehelichen Standes und bürgerlichen häuslichen Alltagslebens keine Genugtuung überspannter Erwartungen, keine Nahrung ihrer Einbildungskraft und Empfindelei finden, und alles, aber nicht das gelernt haben, was zu richtiger Beurteilung ihrer Lage, zur wirtschaftlichen Hausfrau, zur treuen Pflege des Gatten, zur weisen Leitung des Gesindes, zur zweckmäßigen Behandlung der Kinder gehört.«

Romanlektüre bringt also Unordnung in die kleine, geordnete Welt. Daß sie auch dazu beiträgt, Herrschaftsverhältnisse auf gewünschte Weise zu konsolidieren, erkannte man damals noch nicht.

Auf dem Verordnungswege allein war die »Lesesucht« kaum einzudämmen. Man nahm den Kampf gegen die als verderblich angesehene Form des Romans auf, und zwar auch mit Hilfe des Romans.

Der Roman wurde Mittel zum Unterricht. Ein Vorgang, der sich später in Osteuropa wiederholen und zur Entstehung und Blüte einer ganzen Literatur führen sollte: der jiddischen. Jene, die zuvor die heftigsten Kritiker gewesen waren, wurden nun Autoren. Der Roman wandelt sich zur Zweckform im Dienste von Aufklärung; seine Produzenten sind vor allem Geistliche. Ihre Tätigkeit ist eine Art von Selbstverteidigung. Denn gerade dem Wort des Herrn entstand in der Massenlektüre die ärgste Konkurrenz. Der empfindsame Roman als säkularisierte Erbauungslektüre. Die meisten empfindsamen Unterhaltungsromane berufen sich zu ihrer Rechtfertigung auf didaktische Zielsetzung. »Vergeßt nie«, schreibt J. T. Hermes, »o Ihr, welche ich belehren wollte und welchen ich nicht durch Predigen, sondern nur auf diesem Wege beikommen konnte, vergeßt nie, daß das Leben ein Erziehungsstand ist für ewige Aufstufungen; nutzt Ihr's nicht: so sagt, was ist's dann?« Hermes will freilich nicht mit »*jenen* Romanschreibern« verwechselt werden. Roman statt gedruckter Predigt. Lessing vertauschte die Kanzel mit der Bühne des Theaters, um seinem *Nathan* Gehör zu verschaffen. Und um »moralische Wahrheiten« in Umlauf zu bringen. Die Weichen für solche Verschiebungen und Umakzentuierungen waren bereits gestellt.

Es wäre abwegig, anzunehmen, Beweggrund für die neue schriftstellerische Betätigung sei nur idealistisches Engagement gewesen. Ausschlaggebender war oftmals die Aussicht, Geld zu verdienen. Gerade Hermes, von dessen schönen Worten über die »ewigen Aufstufungen« weiter oben die Rede war, gesteht ein, der Gedanke an das höhere Honorar habe ihn dazu bewogen, Romane zu schreiben. Auch Knigge, der Verfasser des Erziehungsbuches *Über den Umgang mit Menschen,* war sich klar über die Rolle, die die materielle Seite beim Übergang von der Erbauungsliteratur zum Roman spielte. Die Problematik der Situation des »freien Schriftstellers« erkennend, regt er (1796!) an, »es möchte jeder Schriftsteller zugleich ein bürgerliches Amt im Staate bekleiden und das Bücherschreiben nicht wie seinen einzigen Nahrungszweig betrachten müssen« *(Über Eigennutz und Undank)*. Ein nur zu begründeter Vorschlag, der sich allerdings eher in Frankreich als in Deutschland verwirklichen ließ.

Knigge war nicht der erste, der den Zusammenhang zwischen Marktabhängigkeit und Qualitätsanspruch erkannte. Dreiundfünfzig Jahre vor ihm hatte schon Christlob Mylius, Lessings Vetter, vorgeschlagen, die Schauspieler zu Staatsbeamten zu machen und sich durch die solcherart gewährte Sicherheit einen Einfluß auf das Repertoire zu sichern. Der Theaterbesuch sollte für jedermann unentgeltlich sein: »Wie glücklich würde nicht eine Stadt, ja ein ganzes Land sein, wenn das Volk die sinnlichen Vorstellungen der Tugenden und Laster, eben so ungehindert und öffentlich ansehen könnte, als es andere Örter, in der Absicht, sich zu erbauen besuchet!«

Nun, angesichts der ungeheuren Zahl von Konsumenten, wird der Roman am besten honoriert, am häufigsten gelesen. Als »Fabel für Erwachsene« soll er dazu dienen, jene Romane, welche nicht nur als »gar zu elend«, sondern auch als »höchst schädlich« angesehen werden, zu verdrängen. Dieser moralisch-didaktische Zweck, die »ehrliche« Absicht des Autors, den im »passiven Selbstgenuß« versunkenen Leser wieder für die Gesellschaft und ihre Vorstellungen zurückzugewinnen, rechtfertigte die im bürgerlichen Affekthaushalt angelegte Schwarz-Weiß-Malerei, den Aufwand an rhetorischen Mitteln, die »Werbeform« (Marion Beaujean). Übersichtlich soll die Welt des Romans sein, höchste Orientierung gewähren, sich spiegeln in gleichbleibenden Charakteren. Der Tugendhafte habe »beständig« tugendhaft, der Lasterhafte »beständig« lasterhaft zu sein. »Der Ausgang muß ein glücklicher, einen angenehmen Eindruck hinterlassender, sein«, wird es dann in einer Anweisung der Redaktion der *Gartenlaube* heißen. Dieser empfindsame Prüfungsroman lebt in der heutigen Trivialliteratur weiter.

Die Produzenten des gewaltig angeschwollenen Romanangebots verweisen zu ihrer Rechtfertigung auf die didaktische Zielsetzung. Lustgewinn, Schweben im Selbstvergessen also als bloßes Beiprodukt der Lehre. Dem der Aufklärung innewohnenden Widerspruch zwischen Befreiungsversprechen und

Erziehungsverpflichtung wird auf listige Weise Rechnung getragen. Noch immer kann die freie Wahl der Lektüre jederzeit unter Berufung auf das hehre Ziel der Erziehung des Menschengeschlechts eingeschränkt werden. Dennoch macht man dem Roman nach wie vor die künstlerische Legitimation streitig, auch wenn die Notwendigkeit einer »zugleich unterhaltenden und belehrenden Gattung« zunehmende Anerkennung findet. Der »Grundstein« dieses »idealen Gebäudes« (C. F. Nicolai) bleibt der moralische Zweck: Er ermöglicht den Vergleich mit der Erbauungsliteratur.

Der Durchbruch des empfindsam-didaktischen Romans nach 1770 ist Beweis für fortschreitende Demokratisierung des Umgangs mit Literatur. Neue Leserschichten werden erschlossen, die Frau als Leserin und Autorin gewinnt massive Bedeutung. Der Begriff »Frauenliteratur« entsteht und wird zur diffamierenden Parole. Vorurteile dem anderen Geschlecht gegenüber wiederholen sich im literarischen Bereich. Ihre Geschichte ist noch zu schreiben. Das Kapitel »Sind die Frauen größere Dilettanten und Klatscher« machte auf einige Zusammenhänge aufmerksam.

Lesen etabliert sich als allgemeines Bedürfnis. Der Autor wendet sich an alle. »Alles will jetzt lesen, selbst Garderobenmädchen, Kutscher und Vorreiter nicht ausgenommen. Sie, die sonst mit der schönen Magdelone oder dem gehörnten Siegfried zufrieden waren, suchen jetzt feinere Nahrung ihres Geistes, Werthers Leiden, die Geschichte der Demoiselle Ackermann u. d. gl. empfindsame Schriften mehr« (J. A. Weppen). Der empfindsame Roman beherrscht neben dem Schauerroman das Feld. Seine Leser: eine in Rührung verbrüderte Seelengemeinschaft; Oben und Unten im Lesen vereint.

»Autoren und Publikum«, schreibt Goethe in *Dichtung und Wahrheit*, seien »durch eine ungeheure Kluft getrennt«. Zu »ihrem Glück« hätten sie »beiderseits keinen Begriff« davon. Diese Äußerung kann, wenn sie Sinn haben soll, nur als Aufforderung an den Künstler verstanden werden, nicht nach den »Bedürfnissen« seines Lesers zu fragen. Denn das Publikum, besonders das deutsche, ist, wie Goethe sich zu Riemer äußert, »eine närrische Karikatur des Demos«. Es bilde sich wirklich ein, »eine Art von Instanz, von Senat auszumachen und im Leben und Lesen dieses oder jenes wegvotieren zu können, was ihm nicht gefällt.« Dagegen ist kein Mittel als ein »stilles Ausharren.« Wird sein Werk »unkünstlerisch« aufgefaßt – was geht es den Autor an? Der versteht seine Existenz als eine elitäre, vom Publikum getrennte. »Das Volk will zum besten gehalten sein, und so hat man unrecht, wenn man es nicht zum besten hält«, belehrt der Hofmann aus Weimar Friedrich v. Müller. Und das »Volk«, das Publikum? Als zu formender »Stoff« betrachtet, hegt es bestimmte, auf Affirmation hinauslaufende Erwartungen. Das Verhältnis Autor – Publikum gleicht jenem von Mann und Weib.

Könne nicht auch bei uns, fragt Wilhelm Hauff, »ein großer Geist durchdringen und ein Mann des Volkes und allgemein werden?« Die Antwort ist eindeutig: Er könne es, »wenn er es versteht, gemein zu sein«. Konsequenterweise spricht Karl Gutzkow dann von »zweierlei Literatur«: »eine für das Publikum und eine für die Literaten«. Hatten die Kritiker der Aufklärung noch versucht, die Literatur als ein Ganzes zu betrachten, so verfahren die Kunstrichter eklektisch: Sie setzen sich über die Masse der Produkte hinweg. Von der Wirkungsmächtigkeit ihrer Instanz überzeugt, wie weiland der Literaturreformer Gottsched, betrachten sie dieses Links-Liegenlassen als Kampfmittel. Die Gelehrten, die Rezensenten und Redakteure, wird jetzt gefordert, müßten sich nur zum Grundsatz machen, schlechte Produkte zu ignorieren, so blieben sie schon ungelesen. Verachtungsvolles Sich-Abwenden als Ersatz für die Peitsche, deren Gebrauch nicht länger offen gefordert werden kann. Ignorieren geschieht im Namen der »höheren Werte«, einer »höheren Literatur«, der es um Kunst im traditionellen Sinn zu tun ist. Damit wird Kunst zur Ausdrucksform und zur Domäne der sich besser dünkenden Elite. Je höher die Ansprüche sind, die an die Kunst gestellt werden, desto tiefer sinkt die Unterhaltungsliteratur hinab. Sie wird zum Loch im großen Faß (obrigkeitlicher) nationaler Erziehung, »›Fraß‹ des Jahrhunderts« (Eichendorff).

Es konnte nicht ausbleiben, daß Stimmen laut wurden, die, an bewährte Methoden der Inquisition anknüpfend, öffentliche Verbrennung, Ausmerzung, Verbot forderten. Thomas Mann zitiert in seinen *Betrachtungen eines Unpolitischen*, mehr als hundert Jahre später, Goethes Vierzeiler: »Was euch die heilige Preßfreiheit/ Für Frommen, Vorteil und Früchte beut?/ Davon habt ihr gewisse Erscheinung:/ Tiefe Verachtung öffentlicher Meinung«. Was als Mißbrauch der Pressefreiheit gelten soll, will W. von Humboldt »nicht zu ängstlich« festgesetzt sehen. Von einem »Verbrechen der Staatsaufsicht« spricht F. L. Zahn.

Man wird die im Zuge der Aufklärung befreiten Geister nicht mehr los. Es besteht weder Lesezwang, noch kann es totale Zensur geben. Zudem: nach welchen Kriterien soll man urteilen? Ästhetischen, moralischen, soziologischen? Leute, die sonst für Pressefreiheit sind, fordern jetzt Kontrolle, Zensur. Jean Paul spricht es unumwunden aus: »Wenigstens sollte es Verbote, wenn nicht mancher Bücher, doch mancher Leser geben, nämlich für Leihbibliotheken.«

1794 wird drei Münchner Buchhandlungen untersagt, Liebesromane zu führen. Kaiser Franz I. von Österreich erläßt 1806 ein Verbot gegen »alle schwärmerischen Liebesromane, die zu einer den gesunden Menschenverstand tötenden Empfindelei führen«. Er bestätigt damit das Urteil über alles »Romanenhafte« und Empfindsame, wie es schon früher von der Zensur des Landes ausgesprochen worden war. Ab 1825 dürfen die Gymnasiasten Preußens keine Leihbibliotheken mehr benutzen. Die Aufzählung könnte beliebig erweitert werden. Einer der immer wiederkehrenden Vorwürfe: im »Moderoman« werde der »Geist« in eine »falsche Richtung« gelenkt. Welche Richtung? Das Vokabular, dessen man sich bei seinen primär gegen Empfindsamkeit und »Empfindelei« gerichteten Angriffen bedient, ist aufschlußreich. Die Modelektüre sei verderblich, denn sie mache »unmännlich«, »weibisch«, »weichherzig«, »kraftlos«, »schlaff«, »schwach«, »verzärtelt«, »untätig«, »schwärmerisch«, »krank« – »sinnlich«. Der Kranke ist der andere, der im sektiererischen Sinne Abirrende, dessen Ideen nicht mit jenen der die allgemeine Wirklichkeit Repräsentierenden übereinstimmt.

IX   Gibt es eine »Sentimentalitäts-Klippe«?

Der englische Erzähler Laurence Sterne, der das für die Empfindsamkeit charakteristische »Lächeln unter Tränen« in die
Literatur einführte, versteht Empfindung als »Vibrationsfähig-
keit des Menschen«. Jeden kleinen Anlaß von außen könne der
Mensch »mit dem Schwingenlassen des sinnlichen Eindrucks
seiner Seele beantworten«. Ausbildung und Pflege dieser Fähigkeit beruhen auf der Überzeugung, nur durch »sensuelle
und emotionale Vermittlung« vermöge der Mensch der Realität
habhaft zu werden.
Sensibilität, die Fähigkeit des Empfindens, dient der Wirklich-
keitserfassung. In diesem Sinn gebraucht Sterne *sentimental*,
ein Wort, das sich zunächst auf Sinneswahrnehmung, »Sinnlich-
Erfahrungsmäßiges« bezog. Der »Lehnsinn« stellte das Adjek-
tiv zu *sensibility*. Zur *sentimentality* wandelte sich die *sensibility*
dadurch, daß die Empfindungen in ihrer Eigenschaft als Fühler,
mit denen der Mensch in die Welt hineintaste, problematisch
wurden und ihre Geltung als Kräfte, die Subjekt und Objekt-
welt verbinden, zu verlieren schienen. Der Akt des Fühlens löst
sich vom gefühlten Gegenstand und entwickelt ein Eigenleben.
Aus der Empfindung kann die Affektation, die »*unechte* Empfindung«, werden: Produkt und Empfindung ohne Objekt, das
heißt von keinem sinnlichen Eindruck mehr gelenktes Gefühl.
Es bezieht mittels der Einbildung eine Sache auf uns. Gefühl,
absolut gesetzt: Traum der Einbildungskraft; Tagtraum, dessen
Verhältnis zur Realität von Diskrepanz bestimmt sein mag.
Sterne habe, wie P. Michelsen ausführt, in Deutschland das
Zeichen zum Aufbruch in die »Ungebundenheit der Subjektivi-
tät« gegeben; Gefühle wie Gedanken begannen im leeren
Raum zu zerflattern (Michelsen, S. 134). Freilich schien das
Werk des Engländers einem Bedürfnis zu respondieren. Mit
dem Bekanntwerden des Romans *Tristram Shandy* setzte der
Prozeß ein, der in Deutschland zur Lösung der Empfindsam-
keit aus den Fesseln der Morallehre führte. In Sternes Reisebe-

richt *Eine empfindsame Reise* schien Empfindung nicht mehr Lehr*mittel*, sondern Lehr*ziel* zu sein. Sie wirkte wie ein Rauschgift auf das von der aufklärerischen Kritik seinen religiösen Bindungen entfremdete Publikum, wurde Ausdruck von Pseudo- und Ersatzreligiosität. In Deutschland weicht Sternes distanzierter Umgang mit den Gefühlen bloßer Rührung. Folge eines Mißverständnisses: denn Sterne sucht nicht die Wirkung auf den Leser, sondern dessen Mitwirkung. Auch hier steht Aktivität gegen Passivität.

Empfindung, bislang ein Mittel, Tugenden zu befördern – zumindest hielt man es zunächst dafür –, wurde Selbstzweck. Reduktion oder Wegfall des Lehrhaften lud den unter der Spannung zwischen Kopf und Herz leidenden Leser dazu ein, sich in Rührung bzw. Rührseligkeit zu beruhigen. »Wenn auch sein [Sternes] Geist«, wie Goethe in *Campagne in Frankreich* schreibt, »nicht über den Deutschen schwebte, so teilte sich sein Gefühl nun desto lebhafter mit. Es entstand eine Art zartleidenschaftlicher Ascetik, welche, da uns die humoristische Ironie des Briten nicht gegeben war, in eine leidige Selbstquälerei gewöhnlich ausarten mußte.«

Interessant ist an Goethes Ausführungen vor allem der Gebrauch der Begriffe »Ascetik« und »Selbstquälerei«. Sie spielen auf den wunden Punkt an: die erzwungene Selbstbescheidung des Bürgertums und deren Ummünzung in (Selbst-)Genuß. In der Tatsache, daß die Welle der Empfindsamkeit die Gebildeten Deutschlands »fast wie eine Glaubensbewegung« ergriff, kann ein Zeugnis für die »tiefe religiöse Erschütterung« gesehen werden, die durch die aufklärerische Kritik an dogmatischen und rationalen Axiomen vorangegangen sein mußte. Michelsen erinnert an die »sentimentalen Korrespondenzen, wie sie etwa auf ›jenem Kongreß‹ verlesen wurden, den Sophie von La Roche ›teils im artistischen, teils im empfindsamen Sinne‹ 1772 auf Schloß Ehrenbreitstein abhielt« (Michelsen, S. 71). Der Gefühls-Akt als Ersatz für verlorengegangene oder nicht realisierbare Substanz, Ausdruck von Unfähigkeit, diese im Sinne der theoretischen Emanzipation zu erneuern.

In seiner Übersetzung von Sternes Werk in Deutsche verstärkte J. J. Ch. Bode aus dem Geist der Zeit heraus die Gefühlskomponente. Dieses verdeutschende Zurechtfrisieren dürfte nicht wenig zum großen Erfolg des Werkes beigetragen haben. So gebraucht Bode im Sinne der Empfindsamkeit das Wort »Gemüt« für englisch *»spirit«*, *»temper«*, *»mind«*; *»spirit«* findet sich zugleich als »Herz« übersetzt; »*good-nature*« ist für ihn »Gutherzigkeit«, »*weak*« »weichherzig«; »*it struck me*« übersetzt er mit »es fiel mir aufs Herz«, »*an elevation of spirit*« echt pietistisch als »Erholung des Herzens«. Ein »*fair spirit*« ist für ihn »eine schöne Seele«, »*a better principle*« »eine bessere Empfindung«, aus »*web of kindness*« wird für ihn ein »Gewebe der zärtlichen Empfindungen«.

Regelrecht verändert hat Bode den dritten und vierten Teil der *Empfindsamen Reise*. Die gefälschte Fortsetzung war, wie sich herausstellte, das Werk von Sternes Freund Hell-Stevenson. Auch hier ist die Wahl der verdeutschenden Begriffe höchst aufschlußreich: Die Gefühlskomponente wird verstärkt durch Ausmalung und Rührszenen, die das Verhältnis von Herr und Diener, Mensch und Tier sentimentalisieren. Darüber hinaus sucht Bode Sinneseindrücke verstärkend, Geräusche lautmalend wiederzugeben. Unter den beschriebenen Gegenständen herrscht relative Gleichwertigkeit, die Rangordnung unter ihnen entfällt. Bodes Behandlung der Details folgt taktischen Erwägungen. Der Zweck, dem alles untergeordnet ist: Erweckung angenehmer Gefühle. Phantasie als Vehikel zur Gefühlserzeugung; die Frage nach dem Substrat des Empfindens tritt in den Hintergrund. Wir könnten durchaus sagen: Die deutsche Übersetzung des Werkes »verkitscht« ihr Original.

»Ein empfindsames Herz gehört unter die geheimen Beschwerlichkeiten dieses Lebens«, schreibt Gottscheds kluge Frau Luise, »die Gottschedin«, am 4. September 1757 an Frau von R. Bei allen leidenden Gegenständen leide es, »wenn es sich außer stand sieht allen zu helfen. Und doch möchte ich dieser Leiden ohngeachtet … kein gleichgültig Gemüt haben. Wie viel wahres Vergnügen entbehren die kalten unempfindlichen Seelen?« Die Kontrastwirkung von »empfindsam« und »unempfindlich« rückt ersteres in die Nähe von »empfindlich«. Tatsächlich spricht die Gottschedin in den Briefen auch vom »empfindlichen Herz«. »Empfindlich« wird gleichbedeutend mit »zärtlich« gebraucht und auf die Bewegung des Herzens, die Rührung bezogen. Das empfindliche Herz ist das »weiche« Herz. »Diejenigen, die ein empfindliches Herz und Gemüt haben, sind in gewissen Fällen weit mehr niedergeschlagen, als andere, weil alles, was ihnen wiederfährt, ihnen durchs Herz dringt« (1739). Verletzbarer als andere – und damit der eigenen Hilflosigkeit bewußter –, sind sie zugleich größerer Zärtlichkeit fähig. An sie und ihre Rührungsfähigkeit wendet sich Chr. M. Wieland, wenn er 1752 an Schinz schreibt: »Doch wünsche ich nichts mehr als in den edeln und empfindlichen Seelen, die mich vielleicht lesen, die schönen Bewegungen zu erwecken, welche der wahre Schmuck der menschlichen Seele sind.« Umgekehrt kann nun aber auch die Apostrophierung als »unempfindlich« einer Beleidigung gleichgesetzt werden. Sie beschwört das Bild von Büffel und Elefant.

Hat die Gottschedin mit ihrer Feststellung recht, so entbehren »die kalten unempfindlichen Seelen« »viel wahres Vergnügen«. Die »Wollust« der Tränen bleibt ihnen versagt. Teilhaftig wird derer nur das empfindliche Herz. Was um so schlimmer (für sie) ist, da die »zärtliche Empfindsamkeit« als »Tugend der Empfindsamen« gilt. Die empfindsame Seele ist der Vollkommenheit näher. So kann der Tugendbegriff sich schließlich mit einer Welt- und Lebensfremdheit verbinden, die dem praktisch-gesellschaftlichen Austauschprozeß kaum mehr Bedeutung beimißt. Tugendhaftigkeit als Weltlosigkeit.

In seinem *Handwörterbuch* kann Adelung trennen zwischen »empfindlich« als »wirkliche Empfindungen habend, doch nur in engerer Bedeutung, Empfindung des Zornes, des Unwillens habend« (1799) und »empfindsam« als »fähig, leicht sanfte Empfindungen zu bekommen, fähig, leicht gerührt zu werden, für das gemeinere und vieldeutige empfindlich« (1800). An dieser Definition fällt auf, daß nun ein präsentischer und ein futurischer Aspekt unterschieden werden. Als Empfindlicher »hat« man eine Empfindung, als Empfindsamer »bekommt« man sie »leicht«. Sie läßt sich jederzeit herbeiführen: Akt statt Substanz. In der Differenz deutet sich der Ausgleich an: Zorn und Unwillen als »gemeine und vieldeutige« Erscheinungen werden verdrängt, absorbiert durch »gemischte Empfindungen«, in Rührung überführt.

Ist Empfindung für Locke ein »passives Verhalten«, so gibt Kant dem Begriff eine Deutung ins Aktivische. Die Empfindung der Empfindsamkeit beruht denn auch nach Kant auf dem »Vermögen« und der »Stärke«, »den Zustand sowohl der Lust als Unlust zuzulassen, oder auch vom Gemüt abzuhalten, und hat also eine Wahl«. Damit kann dies Vermögen als Element der Freiheit gelten, der inneren Freiheit, als eine Art Gegengewicht zur fehlenden äußeren. Kant stellt der Empfindsamkeit die Empfindelei gegenüber. Sie ist gleichbedeutend mit Empfindlichkeit und ist »eine Schwäche«, da sie auf »tatleerer Teilnahme« beruht, auf der Bereitschaft »wider Willen« »zu ander ihren Gefühlen das Seine mittönen und sich dadurch bloß leidend affizieren zu lassen«. Hier steht also die in einem Innenraum aktive Empfindsamkeit gegen die passive, bloß mitklingende Empfindelei. Campe schlug deshalb vor, für »Afterempfindsamkeit, die sich auf eine vernunftlose, abgeschmackte, kleinliche und lächerliche Weise äußert«, das Wort »Empfindelei« einzusetzen: Es bezeichnet Empfindung ohne Substrat.

Die Begriffe »Empfindsamkeit« und »Empfindelei« bestanden zunächst nebeneinander. Bezeichnete das eine Harmonie von Verstand und Gefühl, so das andere Heuchelei und Subjektivismus. Während die Empfindsamkeit, da sie Einsicht an Aktivität bindet, als positiv zu bewertende Eigenschaft galt, wurde die Empfindelei als »übertrieben und lächerlich« (1818, 1840) angesehen. Im zweiten Viertel des 19. Jahrhunderts gebrauchte man das Gegensatzpaar als »sinnverwandt«: »empfindsam« wurde gleichbedeutend mit »sentimental«. Die Differenzierung, an der die spätaufklärerische Kritik so sehr festgehalten hatte, war nun erledigt. Um die »wahre Empfindsamkeit« zu charakterisieren, bediente Campe sich der folgenden Bilder: »Der Körper ist das Schiff, die Vernunft das Steuer, Empfindsamkeit die Segel.« Sulzer hatte 1777 geschrieben: »Denn wie der Mangel der genugsamen Empfindsamkeit eine große Unvollkommenheit ist, indem er den Menschen steif und untätig macht, so ist auch ihr Übermaß sehr schädlich, weil es alsdann weichlich, schwach und unmännlich wird.«

Seit 1770, der Zeit beginnender Trivialisierung und Subjektivierung der Literatur, ist das Wort »sentimental« in Deutschland belegt. Gleichbedeutend mit »empfindsam« gebraucht, wurde es wie jenes abgewertet. »Der Sentimentale oder Empfindsame«, heißt es jetzt. Zu den Vorwürfen, die man der Sentimentalität machte, gehört, daß sie zur »Erschlaffung, Verzärtelung«, »Weibischkeit« führe. »Sentimental« ist der Mensch, dessen Gefühle entweder nur vorgespiegelt, unwahr oder zumindest unecht sind, wie auch derjenige, dessen Empfinden »eine pathologische Folge dürftiger Tatenlosigkeit und des Unvermögens ist, sich in der Welt und ihrem Reichtum zurechtzufinden« (E. Jäger). Auch Eichendorff versteht unter »Sentimentalität«: »das dem Wahren und Großen nicht mehr gewachsene Gemüt, auf das Unbedeutende, Gemeine, ja Nichtswürdige angewendet, die Affectation mit den bloßen Flittern der Poesie, jene unmoralische innere Lüge, wie sie fast ein Menschenalter lang durch die Teegesellschaften und Leihbibliotheken ging«. Der

Erfinder des *Taugenichts* sieht in der Sentimentalität »Verstim-
mung und Krankheit der Poesie«, ein Gefühl, das »einseitig
und monströs auf[ge]füttert« wurde. Auch hier der mächtige
Schatten Schillers?

»Schandworte« hatte J. T. Hermes die Worte »empfindsam«
und »Empfindsamkeit« genannt. Das gleiche könnte von »sentimental« und »Sentimentalität« gesagt werden. Man ging dazu
über, sich des Begriffs als negativen Kriteriums in der Kunst-
betrachtung zu bedienen. H. Broch spricht von »Sentimentali-
täts-Klippe« in der künstlerischen Arbeit. Andere sehen wie
Eichendorff in der Sentimentalität eine »Krankheit«, deuten
sie als Flachheit, Oberflächlichkeit. Fast von selbst ergibt
sich eine Gleichstellung von »sentimental« und »trivial«. In
Goethes Briefen findet sich eine Äußerung über Diderots
kunsttheoretische Betrachtung *Über die Malerei*. Das Pariser
»gesellschaftliche Gewäsch«, die falschen, lügenhaften Wen-
dungen hätten den Autor »oft« verführt, so daß »die tiefsten
Blicke« in das Wesen der Kunst, in die höchste Pflicht und die
eigenste Würde des Künstlers »zwischen trivialen, sentimentalen Anforderungen« stünden (5. August 1796). Auf geradezu
selbstverständliche Weise sind hier die Bezeichnungen »trivial«
und »sentimental« verklammert.

Seit ungefähr 1700 ist das Wort »trivial« im Sinne von »alltäglich«, »platt« aus dem Französischen überliefert. Dort diente es
zur Bezeichnung von Gedanken, Ausdrücken und Stilhaltun-
gen. In Boileaus *Dichtkunst* steht der Satz: »Man fand nur mehr
triviale Wortspiele in Versen, der Parnaß redet die Sprache der
Markthallen« (1674). Etwa zur gleichen Zeit schrieb Bossuet:
»Eine Stelle beim heiligen Hieronymus, die alle Schüler aus-
wendig wissen ... eine so triviale Passage.« Trivial hat hier die
Bedeutung von »banal«, das ursprünglich »zur gemeinsamen
Benutzung bestimmt« meinte. Goethes Verbindung von »sentimental« und »trivial« mag zunächst überraschend wirken. Der
Sinn »jedermann zugänglich«, »niedrig« wird hier mit jenem
von »lächerlich«, »unecht« gekoppelt. Kunst und Alltag sollen
offenbar schroff gegeneinander abgesetzt werden. Weshalb?
Fünf Jahre zuvor hatte Campe Klage darüber geführt, daß die
»Menschenklasse der Empfindsamen und Empfindler« sich in
den letzten zwanzig Jahren »zum großen Schaden der Menschheit« in Deutschland »fürchterlich vermehrt« habe.

X Gottesgenuß und Lesegenuß

Kabale und Liebe, Schillers bürgerliches Trauerspiel, beginnt mit einem Wortwechsel zwischen Miller und seiner Frau. Auf die Bemerkung der Millerin, der Herr Major habe »prächtige Bücher ins Haus geschafft«, aus denen die Tochter immer »bete«, reagiert der Musikus mit einem Zornesausbruch. »Betet! Du hast den Witz davon. Die rohe Kraftbrühen der Natur sind Ihro Gnaden zartem Makronenmagen noch zu hart. – Er muß sie erst in der höllischen Pestilenzküche der Belletristen aufkochen lassen. Ins Feuer mit dem Quark. Da saugt mir das Mädel – weiß Gott was als für? – überhimmlische Alfanzereien ein, das läuft dann wie spanische Mucken ins Blut und wirft mir die Handvoll Christentum noch gar auseinander, die der Vater mit knapper Not so noch zusammenhält. Ins Feuer sag ich. Das Mädel setzt sich alles Teufelsgezeug in den Kopf; über all dem Herumschwänzen in der Schlaraffenwelt findets zuletzt seine Heimat nicht mehr ...«

»Beten« sagt Mutter Miller noch für »lesen«. Ob Bibel oder Buch, macht für sie kaum einen Unterschied. Ihr Mann ist lebenszugewandter, zeitnäher. Für ihn hat die Tätigkeit des Lesens den transzendenten Bezug verloren. Reproduktion des Geschriebenen ist für ihn nicht länger mehr Bitte an Gott, Anrede des Kindes an den Vater. Er sieht es bereits als Selbstzweck; statt der Erhebung zu Gott – Erhebung in eine selbstgeschaffene Welt. Bereitschaft, sich verführen zu lassen von »Teufelsgezeug«. Statt des Himmelreichs, des besseren Jenseits, ein verschöntes Diesseits. Lüge. Bedeutete Rührung einst Berührung durch Gott, Gnade, so wird der Begriff im 18. Jahrhundert säkularisiert. Rührung soll Bewegung zum Mitleiden sein – von Gott ist keine Rede mehr. Buchstabe und Bild sind Auslöser und Träger von Rührung geworden. Sie versprechen »Bewegung«.

»Sie tröstet die Traurigen«, schreibt Gottsched, »lehrt die Unwissenden, stärkt die Zaghaften, lindert die Trübsale, und ver-

süßet sogar den Tod.« In dieser Aufzählung durch den Vielge-
schmähten ist nicht etwa von der Religion die Rede. Gottsched
spricht von der Poesie. Statt des Lesens der Bibel – Lesen von
Dichtung. Mit der Einschränkung freilich: Es müssen Werke
sein, die nicht »nach dem verderbten Geschmack des unver-
ständigen Pöbels eingerichtet« sind.

Die Tatsache solchen Wandels legt die Frage nahe, ob zwischen
Erbauungsliteratur und empfindsamer Literatur ein Säkulari-
sationsverhältnis besteht. Die Antwort ist heute im allgemeinen ein nachdrückliches Ja. Allerdings ist zurückzugehen bis
zum Mittelalter; im Zerfall des einheitlichen Weltbildes der
Kulturepoche, der Zersetzung ihrer gläubigen Geisteshaltung
werden die Umrisse einer ersten Stufe des Säkularisationspro-
zesses faßbar. Unser Kronzeuge ist der niederländische Kultur-
historiker Johan Huizinga. Dessen berühmter Darstellung
Herbst des Mittelalters zufolge ist der mittelalterliche Mensch
gekennzeichnet durch eine besondere »Empfänglichkeit des
Gemüts«. Man müsse sich in seine Bereitschaft zu Tränen und
geistiger Umkehr, seine »Reizbarkeit« hineindenken, um ermessen zu können, welche Farbigkeit und Intensität das Leben
damals besessen habe (Huizinga, S. 8). Tränenfluten bei jeder
Gelegenheit. Wie bei den »Empfindsamen« im 18. Jahrhundert, möchte man hinzufügen. Vor allem die Leidensgeschichte
habe das Volk in stets gleichbleibendem Maße angerührt, »die
Schilderungen von Sterben und Qual, Auferstehung und Erlösung«. Weinen mit »Wonne« – die Urbedeutung von »Wonne«
ist »Zufriedenheit«, »Freude« –, so daß man ungern den Fluß
der Tränen hemmte. Vor allem die »Devoten«, pietistische Er-
neuerer, die das Lutherische Frömmigkeitsideal vorwegnah-
men, waren große Weiner: »Die Devotion ist eine gewisse Zärtlichkeit des Herzens, in der jemand leicht in fromme Tränen
sich auflöst.« Tränen als »Wein der Engel« (Bernhard von
Clairvaux).

Solange die schwärmerischen Verzückungen nicht nach Gesell-
schaftsveränderung drängten wie bei den Wiedertäufern,
wahrte die Kirche Zurückhaltung. Doch es wurden Stimmen
laut, die die von Devoten erfahrene »Süße« dem Teufel zu-
schrieben. Sie sahen in ihr ein »Lockmittel, »damit der Mensch
im Genuß dieser Süße sein einziges Ziel suche« (Huizinga,
S. 278). Gottesgenuß als Vorwand zum Selbstgenuß, der nun
einmal des Teufels ist. Später wird man von »widernatürlicher
Reizbarkeit der Nerven« sprechen. Der Himmel wurde auf die

Erde herabgeholt, konkretisiert und konsumierbar gemacht. »Um das göttliche Leiden noch tiefer erfühlen zu können«, schreibt Huizinga, »hatte man Christus und den Heiligen alle Formen und Farben aufgezwungen, die die Phantasie aus dem irdischen Leben schöpfte. Ein breiter Strom menschlicher Vorstellung hatte sich durch alle Himmel ergossen. Und immer weiter strömt er in unzählige kleine Verzweigungen. In immer verfeinerter Ausarbeitung wurde allmählich alles Heilige bis in die kleinsten Einzelheiten bildlich gestaltet.« (Huizinga, S. 387). Das heißt: Details treten in den Vordergrund, die Schönheit des Ganzen ist von sekundärer Bedeutung. Solche übermäßige Ausführlichkeit des selbständigen Details wird man später als »fundamentale Fehler« kritisieren. Die flämische Kunst hat ihn mit dem Kitsch gemein.

Hören wir dazu eine von Johan Huizinga erdachte Stellungnahme Michelangelos: »Die flämische Malerei gefällt allen Frommen besser als die italienische. Diese entlockt ihnen nie Tränen, jene macht sie reichlich weinen, und das ist keineswegs Folge der Kraft und des Verdienstes jener Kunst, sondern daran ist nur die große Empfindsamkeit der Frommen schuld. Die flämische Malerei ist recht nach dem Geschmack der Frauen, vor allem der älteren und der ganz jungen, wie auch der Mönche, der Nonnen und aller vornehmen Leute, die nicht empfänglich sind für die wahre Harmonie. Man malt in Flandern hauptsächlich, um das äußere Ansehen der Dinge täuschend wiederzugeben, und meist Gegenstände, die einen in Begeisterung versetzen oder die untadelig sind, wie Heilige und Propheten. Gleichwohl malen sie in der Regel das, was man eine Landschaft zu nennen pflegt, und darin viele Figuren. So wohltuend das auch das Auge berührt, so steckt doch tatsächlich weder Kunst noch Vernunft darin; keine Symmetrie, keine Proportionen, keine Auswahl, keine Größe; mit einem Wort: diese Malerei ist ohne Kraft und Herrlichkeit; sie will viele Dinge zugleich vollkommen wiedergeben, von denen ein einziges bedeutend genug wäre, um alle Kräfte daran zu wenden« (Huizinga, S. 390f.). Huizinga kommentiert die Ausführungen seines für die Renaissance sprechenden Michelangelos: Was der große Italiener in der flämischen Kunst verwerfe, das seien »die heftige Leidenschaft, der Hang, jedes Detail als selbständig, jede wahrgenommene Eigenschaft als wesenhaft zu sehen, das völlige Aufgehen in der Mannigfaltigkeit und Farbigkeit des Geschauten.« Danach dürfte es kaum wundernehmen, daß auch die Wirkung des vielstimmigen Gesangs, die musikalische Ergriffenheit, als »sündige Anwandlung«, als »Hochmut und eine gewisse Wollust des Gemüts« kritisiert wurde. Wenn die »kunstvolle« Musik dazu dient, »dem Ohre wohlzutun und vor allem die Anwesenden, namentlich die Frauen, zu ergötzen, dann ist sie«, so man Dionysius dem Kartäuser folgt, »ohne Zweifel verwerflich«.

Kehren wir, nach dieser Abschweifung in die mittelalterlichen Niederlande, zurück nach Deutschland: zum Pietismus. Diese Religion des Herzens war eine protestantische »Ketzerbewegung«. Den Apokalyptikern, Mystikern und Wiedertäufern gleich wurden ihre Anhänger als »Schwärmer« gebrandmarkt. Ihr Streben nach Selbständigkeit der etablierten Kirche und dem Staat gegenüber war separatistischen Charakters. Durch Steigerung der persönlichen Frömmigkeit, Vertiefung des inneren Gotteserlebens suchten sie die große Tradition der Mystik zu erneuern. Wie in Frankreich die Jansenisten trugen in Deutschland die Pietisten durch ihren Kampf gegen die zur Stütze der Obrigkeit gewordene lutherische Orthodoxie dazu bei, der Aufklärung den Boden zu bereiten. Beide Richtungen waren zunächst auf Trennung der Begriffe »Kirchentum« und »Christentum« aus. 1670 gründete der Frankfurter Pfarrer Philipp Jacob Spener seine »Pietistischen Kollegs«, die der Erweckung des inneren Lebens dienen sollten. Zweimal in der Woche versammelte Spener »Menschen guten Willens«, um mit ihnen die Bibel zu lesen, zu beten, Gott in ihren Seelen wirken zu lassen: von ihm »angerührt« zu werden. Das Wort »Pietist«, zunächst nur verächtlich gebraucht, gewann einen positiven Klang.

Ein »tiefes Verlangen« nach »gesteigerter Ursprünglichkeit und Unmittelbarkeit des seelisch-geistigen Erlebens« kennzeichne das mystisch-pietistische Lebensgefühl seiner psychologischen Form nach, schreibt H. R. G. Günther (S. 147f.). Die neue Frömmigkeit sei eine der »inneren Erfahrung«, des »Sichselbsterlebens, des Sichselbsterfahrens und Zusichselbstkommens«. »Der Gott in der eigenen Brust« soll zur Sprache gebracht werden, als die Kraft, die den »ganzen Menschen bestimmt«. Dieses Ausgehen vom Grundprinzip der Erfahrung verbindet den Pietismus mit dem englischen Empirismus Lockes.

Da Gotteserfahrung auf Selbstgefühl gegründet wird, ist sie dessen Schwankungen ausgesetzt: Auf »höchste Gotteserfülltheit« folgt »tiefste Gottverlassenheit«. Die passive Grundhaltung, der Verzicht auf eigenen Willensentscheid sind das Ergebnis von Gleichsetzung äußerer Umstände und göttlicher Wirkungsbereitschaft. Damit wird Gott die Verantwortung überlassen; man unterwirft sich der göttlichen Vorsehung: Wieder einmal wird aus der Not eine Tugend. Wenn Gotteserfahrung auf Selbstgefühl beruht, dann muß unablässig danach gestrebt werden, Versöhnung mit Gemeinschaft und Gott unmittelbar zu *fühlen* und zu *genießen*. Der Pietismus habe eine »Ethik des Selbstgenusses mit negativen Vorzeichen« geschaffen: Es gelte, »die Seligkeit des unseligen Selbst« zu genießen. Günther legt dar, daß das »Mißverständnis eines nicht geringen Teils des populären Pietismus« darin bestehe, daß »an die Stelle einer allein ethischen Gesinnungsänderung« das »Herbeiführen und Auskosten der schmerzvollen Gefühle« trete. Passives Sichselbsterleben statt aktiver Selbstveränderung. Die Parallele zur Wirkungsproblematik des bürgerlichen Theaters ist frappierend: Lessing nannte als dessen Wirkungsziel »sich selbst fühlende Menschlichkeit«. Um »Sichselbstfühlen« geht es auch im Pietismus.

Der Erfahrung Gottes muß Konkretisierung vorangeben; nur durch sie ist Erfahrung möglich. Christus wird mit den lebhaftesten Farben eines phantasievollen Sensualismus erlebt. Der Dialog ist in Wirklichkeit ein Monolog, die Christuserfahrung zwangsläufig Selbsterfahrung. »Verlegung des religiösen Mittelpunkts in die persönliche Innerlichkeit« staffiert das Gottesreich mit menschlichen Personen aus, säkularisiert es, um es zu konkretisieren und der Erfahrung zu erschließen. Auf diese psychologische Prämisse vor allem dürfte Günther seine Behauptung stützen, der Sentimentalismus des 18. Jahrhunderts stelle die säkularisierte Form der pietistischen Frömmigkeit dar. Das Lebensgefühl des Sentimentalismus, der Empfindsamkeit, ist nicht nur dadurch charakterisiert, daß es gezwungen ist, sich selber zu übersteigen, zu »verdoppeln«, um das seelische Gleichgewicht zu erlangen und zu sichern; es muß, da es eines Umfassenden inne werden will, dieses subjektiver Vorstellungsform und Gefühlsstruktur entsprechend verändern. Damit wird es zum Moment der Isolation, den einzelnen dem Selbstgenuß überlassend. Die Welt, die Werther in sich findet, ist, wie der gefühlte Gott, Produkt privater, exaltierter Empfindsamkeit.

»Nur eine anders formulierte Sentimentalität« sah auch der Katholik Eichendorff im Pietismus. »Das Positive, die göttliche

Offenbarung« setze er »aus der Kirche in die Menschenbrust«. Da das Gefühl jedoch »an sich flexibler und ausschweifender« sei als der Verstand, habe der Pietismus »die unsinnigsten und frevelhaftesten Sekten« hervorgebracht. Wahre Kirche neben Sektenwesen und ausschweifendem Gefühl: Die Gedankenverbindung ist uns nur allzu gut bekannt. Doch Eichendorffs Charakterisierung wird noch dekouvrierender. Aus dieser »Individualisierung des Christentums aber«, schreibt er, entstand »der verhätschelte Kultus des menschlichen Herzens, und daher das läppisch Tändelnde und Süßliche eines gottselig schwelgerischen Selbstgenusses«. »Unsaubererer Gottesgenuß« als Vorläufer von »unsauberem Lesegenuß«?

Ihre höchste Blüte erlebte die pietistische Bewegung in Deutschland. In diesem ökonomisch, politisch und gesellschaftlich rückständigen Land, wo revolutionäres Handeln nicht möglich schien, wandelte der Pietismus seinen rebellischen Impuls zum Interesse für die Dinge, die nicht von dieser Welt sind, öffnete er eine Tür zur Flucht aus der Wirklichkeit in ideale Regionen. In den Augen derer, die äußere Veränderung für erreichbar hielten, mußte er als antiaufklärerische Kraft erscheinen, als Ausdruck von »Krankheit der Seele«, Schwärmerei. Es hat seine Gründe, daß in den Selbstzeugnissen aus der Zeit des Pietismus Verteidigung und Rechtfertigung eine so erhebliche Rolle spielen.

Die Erregung unter den Gebildeten über J. M. von Loëns Abhandlung *Die einzige wahre Religion* um 1750 sei »so groß gewesen«, schreibt der Sentimentalismus-Forscher Max Wieser, wie dreißig Jahre später bei Erscheinen des *Werther* oder dreißig Jahre vorher bei der Veröffentlichung von Fénelons *Grundsätzen der Heiligen*. Gesellschaften wurden gegründet, Versammlungen veranstaltet, um die neue Gesinnung, die neue Empfindungsweise zu fördern. »Was war denn dieser Anwalt des Volkes«, fragt Wieser, »den seine Gegner der bösen Absichten, der Freigeisterei, Unwissenheit, seichten und dunklen Schreibart und gefährlicher Folgen seines Lehrgebäudes beschuldigten, anderes als ein neuer Sektierer, Fanatiker, Indifferentist, ›unreiner Mystiker‹«. Es seien noch dieselben Begriffe, gegen die ein Fénelon und Molinos sich zu verteidigen gehabt hätten, mit denen man Loën auch verglich. Nicht Änderung der »Lebensart« fordert der »Epikureer« Loën – der übrigens ein Großonkel Goethes war –, sondern Änderung der »Verfassung des Gemüts, woraus dieselbe fließt«.

Die »ganze Lehre Jesu« ist nichts als »reine Liebe«, schreibt Loën. »Grenzenlos« ist »die Steigerung des Vergnügens« in dieser »empfindlichen, rührenden« Liebe. »Das Herz fühlt den Zug und die Empfindung spricht«, übersetzt der nach dem »wahren« Christentum Suchende aus einem Gedichte Racines, das seinen besonderen Beifall findet. Alle Tugend, alle Nächstenliebe, alle Freiheit, alle Einfalt und Unschuld besteht in dieser »glückseligen Empfindung«, die Loën nicht müde wird in seinen zahlreichen Schriften bei allen Berufen und Ständen, allen menschlichen Lebensformen aufzuweisen. Ein Rausch des Gefühls. Am Ende winkt das »Paradies auf Erden«, ein Paradies der glückseligen Empfindung. »Glückseligkeit« aus dem »Innen-Leben«, wie zahlreiche »Kurtze Anleitungen« sie verheißen, entstanden aus der »Ungeduld in einem Zustand, mit dessen Verhältnissen man sich nicht versöhnen und den man doch nicht loswerden kann«, wie Goethe in *Dichtung und Wahrheit* im Zusammenhang mit F. K. von Moser und Loën schreibt.

So taten breite Schichten ihrem Lese- und Evasionshunger durch empfindungsstarke Erbauungsliteratur Genüge. Noch 1740 betrug der Marktanteil dieser Literatur ca. 20 %; um die Jahrhundertwende waren es nur mehr ca. 6 %. Eine Schrumpfung auf gut ein Drittel innerhalb von 60 Jahren. Interessanterweise bedeutet dieser Rückgang keineswegs eine Verkleinerung der Leserschaft; er signalisiert lediglich Verschiebung des Leseinteresses von der Erbauungsliteratur zur erbaulichen Unterhaltung bzw. zu einer weltlich-schöngeistigen Literatur. Die Romane übernehmen ganz offensichtlich mehr und mehr die Rolle, die zuvor die Erbauungsliteratur gespielt hatte.

Was wurde nun eigentlich im 18. Jahrhundert gelesen? Vorherrschend sind nach Marion Beaujean also zunächst Traktat- und Erbauungsliteratur, wobei an erster Stelle die religiösen Schriften für den Laien, Predigtsammlungen, Textauslegungen und erbauliche Betrachtungen stehen. Verfasser hätten sich in jedem geistlichen Lager gefunden, vor allem unter den Pietisten. Aus der theologischen Methode einer exemplarischen Betrachtungs- und Darstellungsweise entwickelten sie »eine Mischform von theoretischer Erörterung und beispielhafter Erzählung«, in der die erzählenden Partien mehr und mehr die Oberhand gewinnen und schließlich zum Selbstzweck werden können. Daneben lebe ein »unterschwelliges Schrifttum« weiter, das dem primitivsten Unterhaltungs- und Wissensbedürfnis dient. Es speise sich aus überliefertem Volksgut und lasse seine Wurzeln bis in die mündliche Erzähltradition und die literarischen Vorbilder des späten Mittelalters zurückverfolgen.

Von Protestanten wie Katholiken meistgelesenes Buch war, neben der Bibel, Thomas a Kempis' *Nachfolge Christi*. Lesen im Dienste der Kontemplation als Übung zur innerlichen Heimkehr und Stärkung der Seele. Unbekannt oder zumindest ungewohnt war individuelles Lesen, wenn es um seiner selbst willen geschah. Man hatte es heimlich zu tun. So berichtet Anton Reiser in dem gleichnamigen Roman: »Jetzt genoß er in seinem 11. Jahr zum ersten Male das unaussprechliche Vergnügen verbotener Lektüre. Sein Vater war ein abgesagter Feind von allen Romanen und drohte ein solches Buch sogleich mit Feuer zu verbrennen, wenn er es in seinem Hause fände. Dem ohngeachtet bekam Anton durch seine Base, die schöne Banise, die Tausendundeine Nacht und die Insel Felsenburg in die Hände, die er nun heimlich und verstohlen, obgleich mit Bewußtsein seiner Mutter, in der Kammer las und gleichsam mit unersättlicher Begierde verschlang.« Eine ähnliche, doch ungleich dramatischere Schilderung erster Leseerfahrungen findet sich in der *Autobiographie* des Mendelssohn-Schützlings Salomon Maimon (1792). Ihr Herausgeber ist K. Ph. Moritz, der Verfasser des *Anton Reiser,* auf den wir uns bereits bei unseren Überlegungen zum Dilettantismus-Problem bezogen haben.

Neben Erbauungsliteratur las man Bearbeitungen der Volksbücher, Volkskalender und schließlich Hilfsbüchlein für alle Lebenslagen. Es ergab sich eine dreifache Wirkungsabsicht: Erbauung, Unterhaltung, Belehrung. Die Aufklärungsbewegung stellte alle drei in ihren Dienst, suchte sie miteinander zu verbinden. Erbauliche Andacht wurde zur erbaulichen Belehrung. Erbauliche Belehrung erweiterte sich zur erbaulich belehrenden Unterhaltung. Um das Volk bei der Stange zu halten, folgt man den Methoden der eingebürgerten Literatur, hüllt Sittenspruch und moralischen Lehrsatz in Unterhaltung. Je mehr sich die moralischen Ratgeber für alle Lebenslagen solcher erzählenden Einkleidung bedienten, desto geringer wurde die Distanz zum Roman. Eine Form des Romans entstand, in der zwei Ströme zusammenflossen: die »allmählich mit exemplarischen Schilderungen« sich anreichernde, pietistisch beeinflußte Erbauungsliteratur und die »aufklärerischem Sendungsbewußtsein« entstammende Tendenzliteratur. Adressatin der ersten, in einem von der Literaturhistorie nicht beachteten Maße, war vor allem die Frau. Sie gilt als die eigentliche Romanleserin. Das Frauenzimmerlexikon von 1715 enthält deshalb zwar keine Artikel über Heldengedicht, Trauerspiel, Schäfergedicht etc., wohl aber über den »Romein«. Hierunter ist eine Geschichte zu verstehen, die »das Frauenzimmer zu ihrer Gemüts-Ergötzung und Auspolierung der recht reinen und hochdeutschen Sprache zu lesen pfleget«. »Ergötzen« bedeutete ursprünglich »vergessen machen«. Luther schreibt: »Da will ich mich meiner Mühe und meines Herzeleids ergetzen«. Noch bei Wieland wird das Verb im Sinne der Wendung »eines Leides ergetzen« gebraucht. Genuß durch Vergessen? Als gestillter Schmerz?

Der empfindsame Prüfungsroman, »ohne Geheimnisse«, aber »mit schlichten Leidenschaften«, wendet sich nach A. W. Schlegel an den »mittleren Durchschnitt der Lesewelt«, die für das »grobe Abenteuerliche« schon zu gesittet, für die »heitern ruhigen Ansichten echter Kunst« noch nicht empfänglich, starke Bedürfnisse der Empfindsamkeit hat. Didaktischer Zweck soll die idealen Charaktere rechtfertigen. Vorbildcharakter wird gefordert; die Helden sollen makellos sein, damit die »Muster der siegenden Tugend zum Grundstein« eines »Lehrgebäudes« werden können. Denn, so argumentiert Dorothea Margarethe Liebeskind im Vorbericht ihres zweiteiligen Briefromans *Maria* (1784): »Was soll die Darstellung eines Gegenstandes mit allen seinen Gebrechen, Mängeln und Fehlern für Nutzen stiften?« Nach Meinung seiner Verfasser könne der didaktische Prüfungsroman nur dann seinen Zweck erfüllen, wenn man die Personen, für welche die Neigung des Lesers »beständig« sein soll, gleich im Anfange »liebenswürdig« bildet. Die Umstände, in die sie später die Verwicklung der Geschichte setzte, macht den Leser immer parteiischer für seinen Helden, wodurch er mehr gewonnen und gerührt wird. Rührung des Herzens mit dem Ziel moralischer Vervollkommnung; Bewahrung der Tugend, Sammlung von Welterfahrung als Beispiel. Der Einfluß der Erbauungsliteratur ist deutlich spürbar. Immer wieder schlägt der Ton von Predigt und Andachtsübung durch. Wurde zunächst das Schicksal *eines* Menschen geschildert, so weitet der Umkreis der Personen sich schließlich aus, um möglichst die Totalität der bürgerlichen Erlebnissphäre zu erfassen. Familiengeschichten werden Mode. Mit der mimetischen Entfaltung des Dialogs löst sich der Roman von seiner Erzählbindung und öffnet sich mehr und mehr zu einer zweiten eigenständigen Welt. Der Autor kann sein Werk sich selbst überlassen, so es dem Leser einladend genug sich darbietet, ihn auffordert, sich seiner als »Behausung« zu bedienen.

Man habe seine Vorbilder genommen, wo man sie finden konnte, schreibt Marion Beaujean, so daß der neu sich entwikkelnde Roman aus den verschiedensten Quellen zusammengewachsen sei: »der herkömmlich berichtenden Erzählform, der Prosageschichte; der psychologischen Briefform; dem theoretischen Stil der Predigtsammlungen und Erbauungsschriften; dem Drama und der lyrischen Stimmungswelt«. Offenheit und Wandelbarkeit sichern dem Spätprodukt Roman gesellschaftliche Unmittelbarkeit, die andern Dichtungsgattungen durch Ausformung strengen künstlerischen Bewußtseins verlorenging. Es wäre jedoch zu überlegen, ob solche »Regellosigkeit« ihn nicht in stärkstem Maße an sein Publikum gebunden habe.

XI   Der weinende Leser und seine Freuden

Der »Schatz der Leihbibliotheken«, schreibt Schiller in seiner Einleitung zu *Merkwürdige Rechtsfälle* (1792), richte »den kleinen Rest gesunder Grundsätze ... vollends zugrund«, »den unsere Theaterdichter noch verschonten«. Schillers resignativer Tadel gilt der empfindsamen Dramaturgie. Tatsächlich hat der Prozeß der »Trivialisierung« auch und, zunächst, vor allem das Drama ergriffen.

Als Zweck der tragischen Vorstellung nennt Lessings Freund und Briefpartner Friedrich Nicolai, »heftige Leidenschaften in uns zu erregen«, Bewirkung des »Vergnügens« gerührt zu werden. Die Frage nach dem moralischen Nutzen tritt bei ihm in den Hintergrund, ergibt sich aus der Rührung. Nicolai macht aus dem, was zuvor Zweck war, ein Mittel und aus dem ehemaligen Mittel den Zweck des Trauerspiels. An die Stelle des »wirklich tugendhaften Entschlusses« tritt die »Rührung«, die »süße Unruhe« des Herzens, das »süße Zittern, das von der Bewegung der Leidenschaft hervorgebracht wird«. Was bleibt und entscheidet, ist die »angenehme Empfindung«.

Reduktion der moralischen Wirkung auf das Echo in der Seele des Zuschauers. »Die angenehme Mattigkeit, welche auf eine solche Rüttelung durch das Spiel der Affekten folgt«, ist nach Kant ein *Genuß* des Wohlbefindens »aus dem hergestellten Gleichgewichte ... der mancherlei Lebenskräfte in uns«. Da glaubte sich nun »mancher durch eine Predigt erbaut, in dem doch nichts aufgebauet (kein System guter Maximen) ist; oder durch ein Trauerspiel gebessert, der bloß über glücklich vertriebene Langeweile froh ist«. Herstellung von Wohlbefinden statt Erbauung und Besserung. Das Nebeneinander von Predigt und Trauerspiel zeigt, daß Kant sich im klaren war über Zusammenhänge, die später in Vergessenheit gerieten.

Was ist »Genuß«? Einschlägiger Literatur zufolge meint der Begriff »den Gebrauch oder die Inbesitznahme einer Sache ebenso wie die Empfindungen der Freude und Lust bei diesem

Vorgang«. Die Verwendung des Wortes, vor allem in Komposita, reiche von »Seelengenuß« (J. K. Lavater), »Genuß Gottes« (J. Chr. Adelung) bis zu »Kunst-Genuß« und »Sinnen-Genuß«. Hatte Leibniz Genuß als das Ergebnis der Erkenntnis der »Schönheit und Ordnung der Werke Gottes« gedeutet, Thomasius aufgerufen zum Verzicht auf Genuß, so vertrat Mendelssohn, von Locke beeinflußt, den Standpunkt, »der Genuß einer jeden sinnlichen Lust« befördere »sowohl das Wohlsein unseres Körpers, als die Vollkommenheit der Empfindungen und Triebe unserer Seele«. Am vollkommensten freilich ist für den Aufklärer Mendelssohn die reine Lust des Geistes; der Sinnenlust kommt bei der Herstellung von Glückseligkeit nur ein Anteil zu.

Von Kant wird Genuß nicht anerkannt als sittliches Ziel. »Doch in aller schönen Kunst«, heißt es in *Kritik der Urteilskraft,* besteht das Wesentliche der Form ... nicht in der Materie der Empfindung (dem Reize und der Rührung), wo es bloß auf Genuß angelegt ist, welcher nichts in der Idee zurückläßt, den Geist stumpf und das Gemüt mit sich selbst unzufrieden und launisch macht.« Kants Kritik richtet sich gegen den Genuß-Begriff, wie er in Pietismus und Empfindsamkeit gebräuchlich war. Für den Pietisten konnte Gottesbegegnung zum Gottesgenuß werden. G. Tersteegen spricht vom »innigen« Eingehen in Gott als Genuß. »Gott genießen«, »genießendes Auskosten« göttlicher Allgegenwart werden zur Formel. Der Genuß, von dem hier die Rede ist, kann nur Selbstgenuß sein, wie immer man es drehen mag, Umwendung also der Aufmerksamkeit auf die eigene Gefühlszuständlichkeit, die nach O. F. Bollnow »die Wurzel jener verhängnisvollen Verkehrung« ist, die »alles echte seelische Leben zerstört« und die man auf dem Gebiet der Kunst mit dem Begriff des Kitsches bezeichne (Bollnow, S. 150). Als Illustration für Bollnows extremistisches Kitschverständnis könnte eine Stelle aus Grillparzers Novelle *Der arme Spielmann* herangezogen werden. Allerdings geht es darin um dilettantisches, d. h. »kitschhaftes« Musizieren:

>»Der Alte genoß, indem er spielte. Seine Auffassung unterschied hierbei aber schlechthin nur zweierlei, den Wohlklang und den Übelklang, von denen der erstere ihn erfreute, ja entzückte, indes er dem letztern, auch dem harmonisch begründeten, nach Möglichkeit aus dem Wege ging. Statt nun in einem Musikstücke nach Sinn und Rhythmus zu betonen, hob er heraus, verlängerte er die dem Gehör wohltuenden

Noten und Intervalle, ja nahm keinen Anstand, sie willkürlich zu wiederholen, wobei sein Gesicht oft geradezu den
Ausdruck der Verzückung annahm. Da er nun zugleich die
Dissonanzen so kurz als möglich abtat, überdies die für ihn zu
schweren Passagen, von denen er aus Gewissenhaftigkeit
nicht eine Note fallen ließ, in einem gegen das Ganze viel zu
langsamen Zeitmaß vortrug, so kann man sich wohl leicht
eine Idee von der Verwirrung machen, die daraus hervor-
ging. Mir ward es nachgerade selbst zu viel. Um ihn aus seiner Abwesenheit zurückzubringen, ließ ich absichtlich den
Hut fallen, nachdem ich mehrere Mittel schon fruchtlos versucht hatte. Der alte Mann fuhr zusammen, seine Knie zitter-
ten, kaum konnte er die zum Boden gesenkte Violine halten.
Ich trat hinzu.«

Wie die Entstehung dessen, was wir »Massenliteratur« nennen, auf die zweite Hälfte des 18. Jahrhunderts zurückgeht, so
vollzog sich im gleichen Zeitraum auch ein tiefgreifender Wandel des Lesestils. Das auf Wiedererinnerung bekannter und
verbürgter Inhalte gerichtete Lesen wurde mehr und mehr
verdrängt durch ein Lesen, das auf Neues, Unbekanntes,
»Mögliches« gerichtet war. Statt der (statischen) Wiederho-
lungslektüre die (dynamische) Einmallektüre. Man spricht
von »intensiver« und »extensiver« Lektüre (R. Engelsing),
einem Übergang von der traditionellen zur modernen Lektüre, die nicht mehr Begegnung mit der Wahrheit verhieß,
sondern mit dem Neuesten, zu dem Ungenügen den (aufge-
klärten) Leser trieb. Neben dieser »extensiven« Lektüre bestand die »intensive« nach wie vor weiter, lediglich ihr Stoff
wandelte, säkularisierte sich. Derjenige, der den alten »inten-
siven« – oder besser – »pseudo-intensiven« Lesestil weiter-
pflegt, ist der »explizite« Leser.

Der Leser als genießender Zuschauer, der, bequem in seinen
Sessel zurückgelehnt, eine Welt bildhaft an sich vorüberziehen
läßt. Obwohl Augenzeuge, miterlebend und -fühlend, steht er
außerhalb des Wirkungskreises der Ereignisse. Seine Imagina-
tionskräfte werden aktiviert, seine Denk- und Lebensgewohn-
heiten bestätigt. Nie verliert er die Orientierung; Sicherheit ist
ihm gewiß. Sein Wunsch, seine Erwartung sind Ausgangspunkt
für den Autor. Dieser fungiert nicht als sein Mentor, sondern als
sein Sprecher. Der geschriebene Text dient als Sprungbrett von
Phantasie und Erinnerung. Risikolos. Andeutungen und Suggestion verdichten sich zu Anweisungen, die das Erscheinen

der gewünschten Vorstellung garantieren. Gedanken und Gefühle, als Produkt eigener Leseaktivität genommen, sind affirmatives Echo. Von dem Begriffspaar Schema und Korrektur kennt der triviale Roman nur das Schema. Abweichung würde die an das Schema geknüpften Erwartungen aushöhlen. Die durch Störung alltäglich gewohnheitsmäßiger Reaktion bewirkte Unlust kann entfallen. Nicht das sichere Ortsbestimmung gefährdende Unerwartete geschieht; für Demaskierung der Realität ist kein Raum. Damit stellt sich der Roman in den Dienst des »Kollektivbewußtseins«, der jeweiligen Epoche, deren Selbstbestätigung und -verständnis. Eine der Folgen: Er altert, vergeht mit ihr. Denn Publikumserwartung ist ihm Maß und Rechtfertigung. Der Widerspruch von Norm und Welt – sonst Leerstellen im Text öffnend, »einen Motivationsspielraum, der es dem Leser erlaubt, die jeweils einander negierenden Pole zu verbinden, daß sich daraus ein Sinn ergibt« (Iser, S. 63) – reduziert sich auf jenen von Welt qua Norm und Abweichung. Das Geschehen führt jeweils zur Beseitigung des als Abweichung (vom Weltbild) Angesehenen.

Der Ausgang ist vorentschieden, Bedingungen und Ordnungsschema werden vorausgesetzt. Daher kann der Autor darauf verzichten, Ereignisse auf ihre Ursprünge zurückzuführen. Statt dessen bietet er ein Koordinatensystem, verankert in Konvention, das die Fülle der Ereignisse ordnet, die Welt überschaubar, ihre Bedeutung unverrückbar macht. Sie läßt sich schwarz auf weiß nach Hause tragen. Vertrautes und Gewünschtes säumen den Weg des Lesers. H. Schanze spricht von »Wegweiser-Technik«, Merkmal der »affirmativen Kultur« (Schanze, S. 101). Wahrung des Bezugsrahmens, Eindeutigkeit durch »Zentralorientierung« (Iser, S. 103), Schließung des Horizonts – hinter dem im »anspruchsvollen« Roman das »Positive« liegt, das es im Lesevorgang zu rekonstruieren gilt – vermindern die »Realisierung des Textes«, wie Wolfgang Iser zeigt, zur »Nicht-Leistung«. Die Lektüre bietet Stereotypen, Alltägliches, doch idealistisch-trivial überhöhtes Situationsverhalten, dem die Gnade nicht vorenthalten bleibt. Schematisierte Ansichten und intendierter Sachverhalt entsprechen einander. Die Lesebewegung reduziert sich auf Ausmalung kumulativ gereihter Szenen, (lebender) Bilder, auf den Genuß von Reizen. Es gibt keine dialektische Ausführung von Umrissen; der Sinn ist gegeben, nicht »aufgegeben«; er erscheint als »explizit«, eindeutig wie die Identität menschlicher Natur, die sich dem Leser in der Hohlform des Geschehens darbietet. Nicht auf das *Wie* der Form kommt es an, sondern auf das *Was* des Stofflichen: nicht Bewegung als Öffnung, sondern Zustand als Bestätigung.

Wenn der Leser sich im Augenschein genügt, bleibt er außerhalb der Welt des Romans. Verstrickt könnte er, der Zuschauer, in das, was der Roman evozieren will, nur werden, wenn es im Lesevorgang zur Aktualisierung der »virtuellen Dimension« des Textes käme. Diese wird nach Iser »durch kontrastive Opposition« angestoßen und zugleich »soweit vorkonstruiert«, daß der Leser die Absicht des Ganzen zu realisieren vermag (Iser, S. 84). Wenn im einen Fall »das vom Roman intendierte Verhalten ja nicht durch die Figuren abgebildet werden, sondern sich im Leser erzeugen soll« (Iser, S. 75), so verhält sich das im andern genau umgekehrt. Gewinnt jener Leser Überlegenheit über die Figuren, so ordnet dieser sich ihnen unter. Dort herrscht dank Anstrengung Distanz, hier Distanzlosigkeit. Je intensiver mithin die Lesearbeit, das geistige Verstricktsein in das Romangeschehen, desto größer die Distanz von ihm. Und umgekehrt: je mehr Einfühlung, Affirmation, je geringere Lesearbeit, je kleiner der Beitrag zur Realisierung des Romans, desto geringer wird die Distanz.

Dem »impliziten Leser« entspricht, in Abwandlung von Wolfgang Isers Begriff, der »explizite«. Er ist nur *scheinbar* impliziert, durch Einfühlung. Aus dem »räsonierenden« Leser wird der »konsumierende«. Dieser sieht sich nicht herausgefordert zu kritischer Stellungnahme; sichtbare Trennung von Geschehen und Bedeutung ist nicht vorgesehen. Buch und Welt geben sich als kongruent, Behausung anbietend. Die Vorbildlichkeit im Buch soll, der Intention entsprechend, mit jener der Welt gleichgesetzt werden. Diese »Verendlichung« unterhöhlt die Relevanz, macht sie zum Produkt von Setzung, Ideologie. Nicht auf den Vollzug kommt es an – auf *Nach*vollzug.

Für die Legitimität identifikatorischer Lektürehaltung hat H. R. Jauß eine Lanze gebrochen. Sich, wie einst der Abbé Dubos, gegen Kritiker wendend, die »das ästhetische Vergnügen von aller emotionellen Identifikation reinigen« wollen, schreibt Jauß: »Ästhetische Erfahrung wird gerade um ihre primäre gesellschaftliche Funktion verkürzt, wenn das Verhalten zum Kunstwerk im reflexiven Zirkel von Werkerfahrung und Selbsterfahrung beschlossen bleibt und sich nicht auf jene Fremderfahrung öffnet, die sich in der ästhetischen Praxis seit eh und je auf der Ebene primärer Identifikationen wie: Bewunderung, Erschütterung, Rührung, Mitweinen, Mitlachen vollzieht und die nur ästhetischer Snobismus für vulgär halten kann. Gerade in solchen Identifikationen und nicht erst in der davon abgelösten ästhetischen Reflexivität vermittelt Kunst Normen des Handelns« *(Kleine Apologie der ästhetischen Erfahrung,* S. 38 f.)

Die Erzählweise der hier zur Debatte stehenden Art von Literatur ist von Taktik beherrscht, nicht von Strategie. Ihre Struktur ist, wie gesagt, kumulativ, atektonisch. Durch allseitige »Vermenschlichung« zielt sie auf Wirkung des Augenblicks, Einladung zu punktueller Identifikation. Auf das rührende einzelne gerichtet, bedient sich die Trivialliteratur der rhetorisch wirkungsvoll präsentierten Stoffe als Mittel zu einer Suggestion, die in den Augen nicht weniger »Verführung« ist zur – »Bibliopathie«. Erst durch Gedankeninvestment könnte die Einheit des Roman-Ganzen, die Architektur, so eine in ihm angelegt wäre, erschlossen werden. Doch die Taktik des Erzählens zielt darauf, das Geschehen »für« den Leser, als einem Gegenüber, nicht »in« ihm, als komplementärer Kraft, und mit seiner Hilfe zur größtmöglichen Wirkung zu bringen. Verzicht also auf Aufbau einer eigenen »semantischen Realität«: An deren Stelle tritt die eindimensionale, durch ihre Übersichtlichkeit geschlossene, aber in ihrer kumulativen Struktur offene Welt, in der es keine Situation gibt, die »neuartige« Reaktion von Menschen erkennen ließe. Konsumierendes Lesen als »leibnahes« Wiedererkennen von Vertrautem in Unbekanntem. Die eigentlichen Verhaltensformen bleiben ihm gleichgültig. Denn es verfolgt andere Zwecke als die räsonierende Beschäftigung mit der Literatur. Diese fordert ihren Leser als einen »impliziten«.

Auch hier ist die Sache wieder einmal älter als der Begriff. Denn der »explizite Leser« ist der »zügellose«, »ungehorsame«, »abschweifende« Leser. Er verstößt gegen Forderungen, die lange vor Auftreten der »Bibliopathie« als Nachfolgeerscheinung der »Theopathie« von der Kirche, genauer: der Orthodoxie, erhoben wurden. So ruft beispielsweise der Oratorianer Bernard Lamy Anfang des 18. Jahrhunderts auf zum Kampf gegen die »gefährliche Ungebundenheit«, den »zügellosen Geist, der sich keinem Zwang unterwerfen will«, sich »willig« den Gedanken, den Assoziationen überläßt, die ihm gerade kommen, »obwohl sie ihn von dem entfernen, was er betrachten soll. Lieber folgt er ihnen, als daß er die geringste

Anstrengung macht, ihnen zu widerstehen«. Wie zahllose Vertreter kirchlicher Stellen vor ihm verlangt Lamy, solcher »Libertinage«, Flatterhaftigkeit, energisch entgegenzutreten. Der »Ungehorsame« solle dazu gezwungen werden, »seine geistigen Augen für längere Zeit auf die Betrachtung eines einzigen Gegenstands zu konzentrieren«. Mit der Kontrastierung von Widerstand, Anstrengung, Leistung zu Leichtfertigkeit, »assoziationsgeiler« Passivität ist erneut das Kräftefeld bezeichnet, innerhalb dessen Trivialliteratur wie deren Konsument, der »explizite Leser«, gemeinhin ihren Stellenwert finden.

Eine Kunsttheorie, die »angemessenen Kunstgenuß« als restlose Hinwendung zum Kunstwerk bei gleichzeitiger Wahrung der Distanz zu ihm, als Gedankenarbeit zur Erkenntnis seiner Gesetzmäßigkeiten definiert, schließt intervenierende assoziative Empfindungen aus. Denn diese führen, wie es später heißen wird, zur Aufhebung des »Hiatus im Genußerleben«, der als »ästhetische Distanz« bezeichnet wird und eine »Fernstellung« von Ich und Gegenstand meint (Giesz, S. 30). Eigene Empfindungen, die nicht unmittelbar durch das Werk bedingt sind, »verzerren« das ästhetische Erlebnis. Der Empfindsamkeitstheoretiker J. Chr. Fr. Bährens, sieht die Erkenntnis der »Ordnung« des Kunstwerks durch die »Mitpräsens« von »Nebenideen« gestört. Hingabe an diese Nebenideen, die im Lese-Erleben aufsteigenden Assoziationen, kennzeichnet für Bährens den Leser von »Modeliteratur«. Er lasse sich fortziehen, passiv, wie der Staub auf dem Magnetfeld. So ist Bährens der erste, der, wie Jochen Schulte-Sasse schreibt (S. 56), die »Modeliteraturleser« als Menschen charakterisiert, die die Werke der Natur und Kunst nicht etwa nach ihrem wahren, inneren Werte »beurteilen«, sondern bloß nach der Gestalt, in der sie ihnen »durch das Farbenglas ihrer Empfindungen und Einbildungen« erscheinen, und nach der Beschaffenheit der »Nebenideen«, die sie damit verknüpfen. Ihr Leseerleben ist »unsauber«, der Schwärmerei verwandt. Ohne die »Ordnung« als »Begleiter und Beherrscher« ist die Einbildungskraft leichtsinnig, ausschweifend und abenteuerlich, wie die Träume, die ihr Werk sind. Träume, Assoziationen, Erinnerungen, sie sind gespeist aus eigenen frühen Empfindungen und Erlebnissen. Ihre Einmischung in das Kunsterlebnis wird als Aspekt des Selbstgenusses allmählich zu einem »Kriterium kitschhaften Genusses« und damit zu einer Kategorie in der Diskussion.

Das Neuartige an solchen Wertvorstellungen ist nach Schulte-

Sasse die allmähliche Erkenntnis, daß das breite Publikum »freiwillig, ja gierig« zur Trivialliteratur drängt, weil dort seine Bedürfnisse besser befriedigt werden als durch Dichtung (Schulte-Sasse, S. 57). Folglich hatte das Verdammungsurteil konsequenterweise nicht nur dem »niederen« Werk zu gelten, auch dem »ausschweifenden« Leser. Was zugleich heißt, daß jene, die *lascivia* und *luxuria* nähren, »Leben« zum »immerwährenden Traum« machen, in noch größerem Maße schuldhaft handeln. Dies freilich in den Augen ihrer Erzieher, unter denen die Philosophen, nicht die »Anthropologen«, nun das Wort führen.

Wo »Kunst an die Stelle der Natur tritt und gemachtes Gesetz an die Stelle der lautern Empfindung«, schreibt Lessing in seinen Briefen, sei »die wahre Poesie ... tot, die Flamme des Himmels erloschen und von ihren Wirkungen nur ein Häufchen Asche übrig«. Winckelmann, der Kunsthistoriker des Altertums, hatte die epochale Wende gebracht, zweiundzwanzig Jahre bevor Bährens sein neuartiges Kriterium in die Diskussion einführte. Sie besteht darin, daß die Beschränkung der ästhetischen Theorie auf Empfinden und Fühlen durchbrochen und die Frage nach Wesen und Wahrheit von Kunst an die Griechen gerichtet wird. Nur: die Hinwendung zur alten Poesie war Flucht. Die Gegenwart, die man als Zukunft mit ihr stiften wollte – eine Wunschvorstellung. Aller Funktionen ledig, die sonstwo Gesellschaft, Staat, Kult, Institutionen setzen, schwingt sie sich auf zur »Verkünderin göttlicher Geheimnisse« (Schelling). Erinnerung auch hier? Tagtraum und Wunschtraum, dieser aus jenem sich speisend? Was die Psychologie über den Tagtraum zu sagen weiß, mag auch hier zutreffen. Beim normalen Erwachsenen nähmen Tagträume manchmal »einen gewissen Umfang« an, wenn ein größerer Zwiespalt zwischen Zielsetzungen und tatsächlichen Wirkungsmöglichkeiten bestehe, wenn die beruflichen oder sonstigen Aufgaben den Menschen nicht ausfüllten, wenn Konflikte äußerer oder innerer Art ein gewisses Maß überschritten, »wenn Ratlosigkeit, Zweifel oder gar Verzweiflung das normale Handeln blockieren, allgemein wenn Handlungsbereitschaft und Handlungsmöglichkeit in überdurchschnittlichem Ausmaß auseinandertreten« (W. Hehlmann). Kehrseiten, vielleicht, derselben Münze?

XII »Opiate, Phantasien und Fiktionen der Schriftsteller«

Eine Textauswahl

»Die lobhudelnden oder tadeltriefenden Briefe aus der Menge«, schreibt 1913 der Expressionist Albert Ehrenstein, »gebären immer wieder den mehr minder uninteressanten Alphabeten. Wer ist nun meistens dieser Alphabete? Ich fand – und ein Blick, geschickt in etwelche Leihbibliotheksräume, wird es jedem finden helfen – die Masse der Gewohnheitsleser besteht aus Unbefriedigten, aus Leuten, die im Leben zu kurz kamen, aus weiblichen oder weiblich veranlagten Naturen, ich gebrauche nicht ganz tautologisch gewählte Worte, wenn ich behaupte: sie besteht aus halbintelligenten Mädchen, Damen, jungen Juden und Literaten« (*Der Sturm*, 1913, S. 135). Der Bürger, »der robuste Normalmensch und Lebensmann«, meint Ehrenstein, lese nicht, lasse sich nicht »von den Opiaten, Phantasien und Fiktionen der Schriftsteller behelligen«. Wunschvorstellung oder Wirklichkeit?

Die Gartenlaube habe ihren Ursprung im »edlen deutschen Wesen«, versichert Eugenie Marlitt im Vorwort zu ihrem Roman *Reichsgräfin Gisela*, sie treibe »ihre Wurzeln tief in das Herz des deutschen Volkes« und ströme in »ihren Blättern, Blüten, Früchten den Segen einer sittlich reinen, von verknöcherten Dogmen und Formen sich lossagenden Weltanschauung« aus. Das eigene Werk baue sich über den »Grundideen der Humanität« auf, es versuche, »die Menschenliebe zu erwecken in Gemütern, die infolge angeborenen Hochmuts und falscher Erziehung völlig vergessen, daß sie einen himmlischen Schöpfer, ein Vaterland, ein Jenseits mit ihren Brüdern gemein haben, daß sie nur Glieder, mitnichten aber Störer und willkürlich Hemmende einer Kette sein sollen, deren Anfang und Ende in Gottes Hand liegen«. Auf die Liebe zu Gott und die Menschen beruft sich die Autorin, um ihrem hohen Lied bürgerlicher Tugendhaftigkeit die rechte Weihe zu geben, das *Delectare* durch ein *Prodesse* zu rechtfertigen. Was es im einzelnen mit diesem Anspruch auf sich hat, stellte die folgende skizzenhafte Analyse einiger Spitzenwerke der Kitschliteratur heraus. Sie bestätigt am Objekt Charakteristika einer Literatur, die wachsende Bedürfnisse eines Massenpublikums an Unterhaltung, Ablenkung und Affektlösung befriedigt, ohne deswegen als gesellschaftliche und damit menschliche Erscheinung gebührend gewürdigt zu werden. Es mag überraschen, daß die Kitschliteratur, um ihre Leser zu rühren, das heißt ihnen zu gefallen, gerade auf jene weltanschaulichen Klischees zurückgreift, mit deren (indirekter) Hilfe man sie und ihre »Niedrigkeit« zu erledigen suchte. Hier muß das letzte Wort dem Psychologen vorbehalten bleiben.

Die Schule der Unschuld

Das zu seiner Zeit berühmteste und meistgelesene Werk Heinrich Claurens war der Roman *Mimili*. Wilhelm Hauffs »Controverspredigt« über den *Mann im Mond* hat die Erinnerung daran wachgehalten. Es ist nicht geklärt, ob Hauff im Sinne hatte, den Erfinder der Mimili-Manier lächerlich zu machen. Jedenfalls soll unter den Zeugen Einigkeit darüber geherrscht haben, daß Hauff zu Beginn nicht eine Parodie, sondern eine Nachahmung Claurens beabsichtigte. Es sei ihm um Ruhm durch einen Erfolg beim Publikum gegangen: *»vox populi, vox dei«*. In seinem *Rückblick auf mein Leben* 1829–49 erwähnt Karl Gutzkow, was Menzel ihm über ein Gespräch mit Hauff berichtete: »›Schämen Sie sich denn nicht?‹ sagte ich ihm. ›Wollen Sie denn auch dem Berliner Postrat nachahmen? Können Sie denn nicht höher fliegen?‹ Nach einer Weile milderte ich meinen Ton und fuhr fort: ›Kehren Sie den Spieß um, tragen Sie das Claurensche Kolorit noch viel stärker auf, lassen Sie dann das Buch unter Claurens Namen erscheinen, und jeder wird sagen: Sie haben eine köstliche Satire auf Clauren geschrieben.‹ Richtig, Hauff befolgte den Rat.« Doch die Satire wurde keineswegs als solche aufgenommen. In der Erzählung sah man »das Beste, was der berühmte H. Clauren bisher geschrieben«. Der Rezensent des *Morgenblattes* findet »in der Tat alle die bekannten Reize Claurens … nicht nur wieder, sondern übertroffen«.

Mit der Erwähnung des »lärmenden Paris«, der »sogenannten Hauptstadt der Welt«, beginnt Claurens empfindsame Liebesgeschichte. Eine Schilderung der Berge, des Paradieses, beendet sie. Zwischen beides fügt sich eine Folge ineinanderfließender, auf (Reiz-)Wirkung angelegter Tableaus, deren Montage an die von Laurence Sterne in *Sentimental Journey* (1768) angewandte Erzähltechnik erinnert. Das seit Gellert in der deutschen Literatur übliche »lebende Bild«, in dem die Bewegung des Gemüts sich fängt, war mit den Sterne-Nachahmungen in zunehmendem Maße zum stabilisierenden Handlungsträger geworden.

Der Held, der preußische Major Wilhelm, ist »müde«, »erschöpft« vom »herrlichen Feldzug«, will »ausruhen und sich selbst ... gehören«. Dienst am Vaterland und Heimkehr; Leistung und Lohn. Aus den französischen Städten, wo »man auf jeder Straße von Gassenbuben umringt (ist), die zu den schönsten Mamsells zu führen, sich an den Fremden drängten«, geht der Weg in die Berge, wo »der Sennhirten schuldlose Kinder ... die Pracht der Täler weisen wollen«. Französische Stadt gegen germanisches Land, französische (Mode-)Kleider gegen »Brüstli« und »Miederchen«, Laster gegen Tugend, die Wasserspiele von Versailles gegen Bergbäche. In der Konstruktion der Gegensätze liegt die nationalistische Denunziation, die eine gesellschaftliche zudeckt.

»Wunderwelten« sieht Wilhelm; er »schlürft die würzige Atmosphäre mit vollen Zügen ein«. Gott ist ihm »nie näher« gewesen. Dann begegnet ihm die Halbwaise Mimili. »Das schwarze Lockenköpfchen schirmte ein großer italienischer Strohhut, an dem ein Strauß von frischen Wiesenblumen schwankte; zwei lange blaßblaue Bänder flatterten von der breiten Krempe bis zur Hüfte herab. In den großen blauen Augen spiegelte sich die sanfteste Freundlichkeit, die argloseste Kindlichkeit, die fromme Liebe selbst. Herrlich wölbten sich, über diesen stillen Sprechern der Seele und des Herzens, die schwarzen Bogen der Augenbrauen, und die langen seidenen Wimpern brachen den Feuerstrahl ihres glühenden Blickes. Jugend und Gesundheit blühten im Grübchen der Wange, auf den Purpurlippen und in der Fülle ihres ganzen schönen Körpers.« Sie vereint in ihrer »himmlischen Erscheinung« »die frische Kräftigkeit der unverdorbenen Alpenbewohnerin« mit dem »Anstand«, der »Haltung der gebildeten Städterin«: Sie hat unter anderem Haller und Geßner gelesen; ihr Wissen, vor allem auf dem Gebiet der Geographie, ist imposant. Als Verkörperung von Schönheit und Unschuld ist sie die Natur selbst.

Wilhelm umschlingt »das schöne Mädchen, und drückt ihr, berauscht von dem Entzücken der Abendfeier, den ersten Kuß auf die süßen Lippen. Sie aber sank schweigend an seine Brust, und lispelte leise: ›so haben die Alpen noch nie mir geglüht‹«. Natur als Reflektor und Verstärker der eigenen Empfindungen. Mimili und Wilhelm sind jetzt »untereinander als Bruder und Schwester«, verstehen sich »ohne Worte«: »Die Liebe bedarf keiner Laute.« »Trianon, Versailles, St. Cloud«, fragt der Autor, was sind sie neben dem »freundlichen«, »friedlichen« Schlafgemach in der Sennhütte? Nun kann die eigentliche »Prüfung« beginnen. Es ist, »als sei die ganze große Runde dem Himmel noch näher gerückt; als sei sie heiliger geworden, seit das Mädchen in ihrem Luftkreise stand«. Wilhelm fühlt, daß er »hier oben besser geworden« ist. Doch »ganz schlackenrein« war sein »sündhaftes Wesen noch nicht«! Mimili ist ein Naturkind, dessen Schmiegsamkeit und Arglosigkeit auf die Zeit vor dem Sündenfall verweisen. Um so schlimmer für unseren aus dem verdorbenen Frankreich kommenden Ritter. Sein Eisernes Kreuz wirkt als Amulett. Es erinnert den Träger an seine Verpflichtung als deutscher Offizier, gewährt dem Menschen Schutz. Der »selige Tantalus« lernt die »unendliche Gestalt der Tugend« kennen. Da der Vater sicher sein will, daß »Gott Euch auserwählt hat für mein Kind«, wird ein Probejahr vereinbart, nach dessen Ablauf Wilhelm den »Engel« als sein »holdes Weib« heimführen darf. Inzwischen folgt der Prätendent »den Fahnen seines Königs von neuem«, kämpft gegen die »Reihen der Verruchten«, »die böse Rotte, über die Gott im Himmel ergrimmt ist«, haut »vor sich nieder, was der Hölle gehörte«, und fällt. Die Geliebte stirbt an gebrochenem Herzen. Angeblich. Beides ist Gerücht. Auf den Tod folgt die Auferstehung. Die Blässe kleidet Wilhelm »nicht übel«.

Ist Wilhelm ein strammer Patriot, männlich, pflichtbewußt, so Mimili ein »tieffühlendes« Weibkind, »mit einem Rosenmund«, »würzigen Purpurlippen«, einer Stimme »wie der Lust der Silberglocke«. Die Welt dieses »Engels« mit »Wangen von Pfirsichsammet« ist ein »Paradies«, wo ihr Klavier- und Gitarrenspiel »sich in unendlichen Räumen der Harmonie« verliert. »Ich stand – die Melancholie ihres letzten Adagios im Herzen – auf, und ging zu ihr. Sie hatte Tränen in den großen blauen Augen. – ›Was weinst du?‹ fragte ich leise, und küßte die kunstfertige Hand, die den harten Saiten solche weiche Töne entlockt hatte … Sie schüttelte den Kopf, und lächelte durch die Tränen mit freundlicher Wehmut.« In ihren (keuschen) Armen findet der müde Krieger Erlösung; sie ist der Lohn, den er, nach Tod und Auferstehung, für seine Taten empfängt. Anklänge an Trivialmythen? Säkularisierung der Welt des Märchens?

Kitsch beruft sich auf Zeitgenossenschaft; die Kulissen, die er aufbaut, um Wirklichkeit »einsehbar« zu machen, geben sich realistisch, sind aber antirealistisch und zeitlos (W. R. Langenbucher). Journalisierung der Ewigkeit. Die Realität wird in der Stimmung neutralisiert. Diminutiv und Hyperbel dominieren. So heißt es von Menschen, sie seien zu gut für diese Welt. Oder der Erzähler jubelt: »Mir fiel eine ganze Million Granitblöcke vom Herzen.« Furchtbares erscheint verharmlost, faßbar; man »schwatzt vom Kriege«, »von unserem treuen Volke, wie es überall mutig und kräftig aufgestanden war, das fremde Joch vom deutschen Nacken zu schütteln«, von unseren Truppen, wie sie »oft ohne einen Schuß zu tun, mit gefälltem Bajonett, dem Tod in den Rachen gegangen; wie unter ihren Kolben ganze Reihen der feindlichen Scharen schmachvoll geendet«. Lebloses erscheint gestimmt: »Ich zog die Himmelsseligkeit von ihren Lippen. Schäkernde Lüftchen, in den Blütenkelchen der Matten geboren und vom leisen Westwinde zu uns herüber getragen, spielten mit ihren Locken, mit ihren Bändern, mit den Säumen des fest überspannten Battisthemdchens und mit den Zipfeln ihrer bunten Kniegürtel, und säuselten mir ganz vernehmlich ins Ohr, ein Gleiches zu tun.«

Diese zum Kitsch bis hart an die Grenze zum Schund verflachte empfindsame Prüfungserzählung nutzt die nationalistische Woge, um den bekannten Gegensatz Bürgertum-Adel, Kultur-Zivilisation, Deutschland-Frankreich etc. als Spannungsfeld zu öffnen und erbaulicher Tugend- und Naturschwärmerei einen dekorativen Rahmen zu bieten. Die Reihung lyrisierender Reize zu kumulativer Wirkung, deren auf totale Suggestion gerichtete Montage, schafft eine Kitschwirklichkeit, die so beliebig wie einschaukelnd ist. »Je mehr Reiz, desto mehr Leben«, schreibt W. Killy, nicht ohne hinzuzufügen: »das ist der Trugschluß, der den Kitschautor zu seinen Kumulationen führt«. Es ist zugleich letzter Ausläufer einer Tradition: Ich fühle, also bin ich.

Heinrich Clauren: Mimili
Ohne Worte

In dem Augenblick fiel ein schwerer Donnerschlag, der in dem unermeßlichen Gebirge langsam widerhallte, und durch die stillen Abendlüfte weit, weit fortrollte, bis in die fernsten Thäler und Schlünde. Ein Silberstrom brach sich von einer gegenüberstehenden Alpe los, und stürzte, umfunkelt von blinkendem leichtem Schneegewölb, immer tiefer und tiefer, unter dem grausen Tosen eines furchtbaren Ungewitters, in die Gründe hinab.

Vom Schrecken ergriffen, sprang ich hoch von dem Moossitze auf, und schlug die Hände über den Kopf zusammen. Ich glaubte, die alten Alpen brächen wie morsche Zähne in einander.

Der Boden bebte unter uns, und Trillionen von Schneejuwelen flogen im Schimmer des Abendlichts wie leiser Nebel weit umher und bis zu uns herüber!

»Was war das? um Gottes willen was war das, Mimili!« rief ich, und suchte mit den Blicken den Weg, auf dem wir am kürzesten hinabfliehen könnten in die sichern Thäler.

»Das ist mir lieb, Herr Ritter, daß Ihr das gesehen habt,« entgegnete, gleichfalls erschüttert, aber lächelnd das Mädchen, »das ist mir um vieles lieb. Es ereignet sich zwar in unsrer Runde fast alle Tage, aber man sieht es doch nicht allemal so nahe und so deutlich, wie wir es jetzt sahen. Nicht wahr, das ist ein großes, prächtiges Schauspiel? das war eine Lauwine!«

»Das eine Lauwine! die sollen ja aber so gefährlich sein!«

»Die Sommer- oder Staublauwinen, wie wir sie nennen, sind es nicht: die fallen nur in unsern höchsten Gebirgen, wo kein Mensch hinkommt; aber die Schlaglauwinen, die am Ende des Winters fallen, die richten oft Unglück an. Wenn das Thauwetter eintritt, da ist es schlimm in unsern Thälern zu reisen. Von der leisesten Erschütterung der Luft, oft vom bloßen Schellengebimmel der Saumrosse bricht so ein maßleidiges Ungeheuer los, reißt alles vor sich nieder, verschüttet Hütten und Dörfer, zertrümmert Blöcke und Felsen, zerquetscht die höchsten Schnelli [Dämme], und knickt die ältesten Lerchenbaumwälder in einander, wie eine Handvoll Zahnstocher. Hört Ihr es noch puwern in der Ferne?«

Und wirklich zitterte die Abendstille noch im bebenden Nachhall!

Aber jetzt senkte die Sonne sich am wolkenlosen Abendhimmel tiefer hinter den Saum des westlichen Hochgebirges, und nun begann das eigentliche Glühen der Alpen. Die Luft war milde und rein. Der ganze Himmel, aus dessen Räumen der große Riesenball des ewigen Lichtes eben entrollt war, glühte wie ein unermeßliches Feuermeer. Es war, als hätte sich der Vorhang der jenseitigen Verklärung aufgerollt; als sei die Sonne vor der Milde ihres Schöpfers, auseinander geschmolzen; als verlöre sich der Blick des Sterblichen in dem Allerheiligsten des höchsten Gottes.

Diese ganze unaussprechliche Purpurglut strahlte auf den himmelhohen blinkenden Eiswänden der Jungfrau, und in den meergrünen Spitzzacken ihrer Nachbargletscher prachtvoll wieder. In dem glühenden Äther erschienen die ungeheuern Schneemassen fast als durchsichtig, und es war als saugten die Spiegel des ewigen Eises das Feuer des nahen Himmels in sich, als verglühten in den unerreichbaren Höhen, des Westens liebliche Zephyre, Schnee und Sonnenstrahlen durch unbegreifliche Wunder in einander.

Mimili aber stand vor dem Zauberbilde der Natur in stillem Staunen verloren, und betete, die Hände vor der Brust gefaltet, zu dem Ewigen.

»Das ist ein himmlischer Abend«, flüsterte sie leise, und die sanfte Glut im Abend, und die himmelreine Höhe der Jungfrau spiegelten sich in ihren dunkelblauen Augen, und die schwanenweiße Brust drängte sich wogend aus dem samtenen Mieder! da gewältigte mich ihr namenloser Liebreiz, ich umschlang das schöne Mädchen, und drückte ihr, berauscht von dem Entzücken der Abendfeier, den ersten Kuß auf die süßen Lippen. Sie aber sank schweigend an meine Brust, und lispelte leise: »so haben die Alpen noch nie mir geglüht!«

So, glaube ich, haben sich die ersten Menschen im Paradiese geküßt; so fromm und so schuldlos. Es war nichts Böses, nichts Irdisches mehr in mir; ich hätte, vor überschwenglicher Seligkeit, in Mimilis Armen sterben, mit ihr auf den Purpurfittichen des Abendrots hinüberfliegen mögen in die Rosenschimmer der vor uns dämmernden Lichtwelt!

Ich küßte den Pfirsichsammet ihrer Wangen, die Purpurwürze ihrer Lippen, das Lilienweiß ihres schönen Halses. Sie hielt mich schweigend mit beiden Armen umschlungen, und das süßeste Verlangen der keuschesten Liebe funkelte in der veilchenblauen Tiefe ihres schmachtenden Blickes.

»Laßt uns gehen,« sagte sie endlich, nach der seligsten Pause meines Lebens, wie aus einem Traume erwacht; und ich stand schweigend auf, und ging an ihrem Arme in die stillen Thäler hinab. Wir konnten beide eine lange Weile nicht sprechen, so wohl, so unaussprechlich wohl war uns. Wir waren jetzt unter einander als Bruder und Schwester. Wir hatten uns ohne Worte verstanden. Die Liebe bedarf keiner Laute.

»Wonnetraum aus Flucht und Ferne«

Zahllos sind die Ausgaben, Übersetzungen und Bearbeitungen, die Gabriel Ferrys zweibändiger, 1850 in Paris erschienener Roman *Der Waldläufer* erfuhr. Das Werk wurde zu einem der größten literarischen Erfolge des 19. Jahrhunderts. Sein Verfasser, 1809 in Grenoble geboren, hieß in Wirklichkeit Eugène Louis Gabriel de Bellemore und gilt als Schöpfer des Modells für den wohl berühmtesten Indianer der deutschen Literatur. Die Bearbeitung des *Waldläufers*, die ein Stuttgarter Verlag 1879 als Jugendbuch veröffentlichte, war das Werk eines damals noch unbekannten Schriftstellers namens Karl May. Nach dem Vorbild von Ferrys Commanchen-Häuptling gestaltete der junge Autor dann die Figur seines Winnetou. Auch Karl Mays Kolportageroman *Das Waldröschen* ist dem Franzosen verpflichtet.

Was Ferrys Roman seinem Leser bietet, ist Fluchthilfe: Lösung aus dem Geflecht sozialer Alltagsrealität, Ausbruch ins Fremde und Geheimisvolle, in eine schwarz-weiß gehaltene Traumwelt von Männerfreiheit und totaler Selbsterfüllung.

Gabriel Ferry: Der Waldläufer
Tiburcio und Rosarita

Nachdem er sich in sein Zimmer zurückgezogen hatte, erwartete Tiburcio mit Ungeduld die Stunde des Stelldicheins, welches Rosarita ihm gewährt hatte. Aus seinem Fenster warf er einen zerstreuten Blick auf die schlummernde Landschaft. In den glänzenden Strahlen des Mondes erschien die

Straße, die er geritten war, wie ein langes Band, welches sich in Schlangenwindungen durch die Ebene hinzog und sich mitten in dem angrenzenden Walde verlor. Der Wald selbst war in das tiefste Schweigen versunken, und nur die silberglänzenden Wipfel der Bäume bewegten sich leise im nächtlichen Luftzuge. Die Quellen, welche er barg, waren den Gästen des Waldes überliefert und von Zeit zu Zeit verriet ein dumpfes Gebrüll die Angst irgendeines Stieres, welcher den scharfen Geruch der nächtlichen Raubtiere witterte. Diese Töne in Verbindung mit den Akkorden einer Mandoline, die sich im Inneren der Hacienda hören ließ, störten allein die melancholische nächtliche Stille.

Die Stunde war ebenso günstig für verliebte Gedanken wie für ernste Betrachtungen, und beide zogen durch den Geist Tiburcios.

Wie alle diejenigen, welche in der Einsamkeit gelebt haben, besaß er in seinem Herzen einen Schatz träumerischer Poesie, welche sich bei ihm mit der Tatkraft des Mannes verband, der in der Einsamkeit von Gefahren umringt war. Seine gegenwärtige Lage stand daher im Einklang mit seinem inneren Wesen. Seine Liebe war bedroht, die Kälte Rosaritas sagte es ihm deutlich genug; andererseits verkündete ihm ein geheimes Vorgefühl, daß er von Feinden umringt war.

Mitten in seinen traurigen Betrachtungen zog eine Erscheinung seine Aufmerksamkeit auf sich. Ein Lichtschein erglänzte in der Ferne aus dem Waldesdunkel. Dieser Lichtschein, der durch die Helligkeit der Mondstrahlen teilweise abgeschwächt wurde, zitterte geheimnisvoll durch die vom Winde bewegten Blätter, ging aber tatsächlich immer von derselben Stelle aus. Er verkündete demnach, daß Reisende dort ihr Nachtlager hielten.

»So nahe bei der Hacienda!« sagte er zu sich, indem er bei diesem Anblicke den Gang seiner bisherigen Betrachtungen unterbrach, »was will das heißen? Warum bittet man nicht hier um Gastfreundschaft? Haben diese Reisenden einen Grund, sich fernzuhalten? Sind es unbekannte Freunde, welche der Himmel zuweilen dem schickt, der ihrer bedarf? Cuchillo, Don Estévan, der anmaßende Senator sind alle mir feindlich gesinnt und wohnen unter diesem Dache. Warum sollten jene Männer mir nicht freundlich gesinnt sein, welche das Laubdach der Bäume vorziehen?«

Indessen schritt die Zeit vorwärts; Tiburcio hüllte sich in

seine Sarape, steckte das Messer in seinen Gürtel – es war die
einzige Waffe, die er besaß – und machte sich bereit, das
Zimmer geräuschlos zu verlassen. Er befand sich in großer
Aufregung; sollte doch sein Schicksal sich in wenigen Minuten entscheiden. Bevor er aus dem Zimmer schritt, warf er
noch einen Blick auf jenen Lichtschein, der noch immer an
derselben Stelle erglänzte.

(…)

Ein schwaches Licht strömte aus dem offnen Fenster Donna
Rosaritas und erstarb auf dem Sande des Gartens. Hinter
starken Eisenstangen stand das junge, weiß gekleidete Mädchen aufrecht in einer Stellung voller Anmut und vornehmer
Nachlässigkeit; in dem Rahmen des Fensters hob sie sich von
dem erleuchteten Hindergrunde ab wie eine geheimnisvolle,
reizende Erscheinung.

In der stillen, dufterfüllten Nacht erschien sie womöglich noch
verführerischer als in dem Salon der Hacienda. Ein seidener
Schleier umhüllte ihren Kopf und wallte in weichen Falten auf
Hals und Schultern herab. Das bis auf den Fußboden rei-
chende Fenster verbarg nichts von ihrem eleganten Wuchse
und ließ sogar den zierlichen Schuh sehen, der ihren hübschen
Fuß umschloß. Tiburcio stützte die Stirn gegen das Gitter und
schien gebeugt von der Härte eines unwiderruflichen Urteils-
spruchs oder einer verzweifelten Überzeugung.

»Ach!« sagte er, »ich habe nicht wie Sie, Rosarita, den Tag
vergessen, an dem ich Sie zum erstenmal in dem Walde sah.
Die Dämmerung war schon so stark, daß ich von Ihrer Person nichts unterscheiden konnte, als einen verführerischen
Schatten, der mir wie der Genius des Waldes erschien. Schon
damals schien mir Ihre Stimme mit einem Reize begabt, den
ich noch nie an andern Stimmen wahrgenommen hatte.«

»Ich habe den Dienst nicht vergessen, den Sie uns damals
leisteten, Tiburcio,« sagte das junge Mädchen; »aber wozu
soll es nützen, eine lang vergangene Zeit zurückzurufen?«

»Eine lang vergangene Zeit! Für mich ist diese Zeit keine
längst vergangene; mir erscheint sie wie gestern.«

Dann entblätterte er schwermütig alle seine Erinnerungen,
wie man einen Strauß entblättert, den man von einer Unge-
treuen erhielt, wobei jedoch jede Blume, die man zerstört,
ein Bedauern wach ruft.

»Als die Flamme des Feuers Ihre Gestalt erhellte,« fuhr Tiburcio fort, »da erschienen Sie mir in strahlender Schönheit;

aber diese Schönheit hatte ich schon vorher aus dem Klange Ihrer Stimme, aus dem Schauer erraten, der mich bei diesem Klange überrieselte.«

Hätte Tiburcio seine Augen auf Donna Rosarita gerichtet, während er sprach, anstatt dieselben niederzuschlagen, so würde er in ihrem Blicke, auf ihrer Stirn die Erregung gesehen haben, die vielleicht nicht bis zu dem Herzen dringt, welche aber bei jeder Frau eine leidenschaftliche Stimme hervorbringt, wenn sie einen Hymnus auf ihre Schönheit singt.

Ganz versunken in die süßen und bittern Erinnerungen, die er allein bewahrt zu haben schien, fuhr Tiburcio mit sanfterer und bewegterer Stimme fort: »Auch die Blüten der Lianen habe ich nicht vergessen, die ich für Sie pflückte und die mir frischer, duftender erschienen, als sie den Duft Ihrer Haare eingesogen hatten. War denn dieser süße Duft nur ein feines Gift, das in meine Adern eindrang und in meinem Herzen eine unheilvolle Liebe hervorrief? Tor, der ich war! Diese Blumen sprachen zu mir: ›Berausche dich, aber hoffe!‹ Und ich berauschte mich und hoffte. Ist es möglich, Rosarita, daß Sie diese Erinnerungen nicht bewahrt haben, die mich bis jetzt am Leben erhielten?«

Donna Rosarita schwieg einen Augenblick, als habe ihr rebellisches Gedächtnis wirklich die Einzelheiten vergessen, welche Tiburcio erwähnte.

»Nein,« sagte sie endlich mit leiser Stimme, vielleicht, um ein leichtes Zittern nicht zu verraten; »aber wir waren ja damals zwei Kinder ... Heute ...«

»Heute ist alles vergessen, weil ein galanter Mann aus Arispe kam und Sie in seine ehrgeizigen Pläne einzuschließen geruhte.«

Die melodische Stimme Rosaritas zitterte durch die nächtliche Ruhe, und ihre rosigen Nasenflügel bebten geringschätzig, denn Tiburcio hatte, anstatt den Vorteil zu verfolgen, welchen die alten Erinnerungen ihm gaben, ihren Stolz verletzt.

»Mich in seine ehrgeizigen Pläne einzuschließen!« sagte sie. »Und wer sagt Ihnen denn, daß nicht er, sondern im Gegenteil ich es bin, die ihn in ihre ehrgeizigen Pläne einzuschließen geruht?«

»Dieser Fremde,« nahm Tiburcio wieder das Wort, »dieser Don Estévan, den ich noch mehr verabscheue als den Senator, hat Ihnen von den Vergnügungen in Madrid, von jenen fabelhaften Ländern erzählt, die jenseits des Meeres existieren sollen, und nun wünschen Sie, dieselben mit eigenen Augen zu sehen.«

»Ich gestehe es,« sagte Rosarita, »obwohl ich in diesen Wüsten geboren bin, erscheint mir doch das Leben darin für die Zukunft recht traurig. Eine Stimme in mir ruft mir laut zu, daß ich nicht geschaffen bin, um zu sterben, ohne meinen Anteil an dem Glanze einer Welt zu haben, in die man mich hat einen Blick tun lassen. Ach! warum konnten Sie nicht ... meinem Vater ... bieten ...«

»Ich verstehe, Rosarita. Arm, verwaist, unglücklich sein gibt keinen Anspruch auf die Liebe der Frauen,« sagte Tiburcio bitter.

»Sie sind ungerecht, Tiburcio. Fast immer sind es im Gegenteil solche, durch welche sich die Frauen angezogen fühlen; aber die Väter teilen nur selten die Ansichten der Kinder.«

In den letzten Worten lag etwas wie ein stilles Geständnis. Aber Tiburcio verstand es ohne Zweifel nicht, denn er fuhr fort, sich über Hals und Kopf in einen Strom bitterer Anschuldigungen zu stürzen, welche dem jungen Mädchen einen schnell unterdrückten Seufzer darüber erpreßten, ihre Andeutungen nicht verstanden zu sehen. Es trat ein Augenblick des Schweigens ein.

»Ohne Zweifel lieben Sie ihn, diesen Senator!« nahm Tiburcio mit dem nicht abzuschreckenden Ungeschick des Neulings wieder das Wort. »Sprechen Sie mir doch nicht von Gewalt, die man gegen Sie anwenden will ...«

»Wer spricht denn von Gewalt?« sagte das junge Mädchen, indem sie über diese Voraussetzung in Bezug auf einen Mann, den sie heute Abend zum erstenmal gesehen hatte, lachte. »Ich habe nur davon gesprochen, daß mein Vater seinen Willen erklärt hat und daß vor diesem Willen die Hoffnungen, die Sie etwa hatten fassen können, zu eiteln Träumen werden.«

»Soll dieser Wille allein genügen, um Sie in die Arme eines heruntergekommenen Verschwenders zu werfen, der in dem Besitze Ihrer Person nur ein Mittel sieht, um sein verschwendetes Vermögen wieder zu ersetzen, um seine ehrgeizigen Wünsche zu befriedigen? Sagen Sie, Rosarita, sagen Sie mir, ist Ihr Herz nicht der Mitschuldige dieses Willens? Ach, wenn die Gewalt allein Sie zwänge, wie glücklich sollte es mich da machen, Sie diesem Nebenbuhler zu entreißen! Aber, Sie antworten nicht! Rosarita, Sie lieben ihn! ... und ich! ... ach! warum hat man mich nicht sterben lassen, als Fieber und Durst mich schon dem Tode nahe gebracht hatte?«

So weit war Tiburcio gekommen mit seinen Vorwürfen, als hinter dem Orangendickicht, welches Don Estévan und Cuchillo verbarg, ein kaum vernehmbares Rauschen sich hören ließ. Das junge Mädchen rief: »Still! hörte ich nicht ein Geräusch?«

Lebhaft drehte sich Tiburcio um; sein Auge flammte; er war glücklich, den dumpfen Zorn, der in ihm grollte, über jemand ausgießen zu können; aber die Strahlen des Mondes beleuchteten nichts als das Laub der Orangenbäume; alles war ruhig. Bald nahm er daher seine traurige, nachdenkliche Stellung wieder ein; und der Schmerz ergriff aufs neue seine Seele, welche der Zorn nur wie ein Blitzstrahl den düsteren Himmel durchbrochen hatte.

»Es war vielleicht der Geist eines armen, vor Verzweiflung gestorbenen Verliebten, der in jenen Bäumen seufzte,« sagte er schwermütig.

»Jesus! Sie machen mir bange,« rief das junge Mädchen, indem es seinen nackten Arm unter dem Rebozo hervorzog, um eilig das Zeichen des Kreuzes zu machen. »Glauben Sie denn, daß man davon sterben kann?« fragte sie naiv.

Ein trauriges Lächeln spielte um Tiburcios Lippen.

»Vielleicht!« sagte er. Dann fuhr er fort: »Hören Sie, Rosarita! Sie sind ehrgeizig, sagen Sie. Nun wohl! Wenn ich selbst nun imstande wäre, Ihnen alles das zu geben, was man Ihnen versprochen hat? Hören Sie,« fuhr er fort, »ich zog es bis jetzt vor, nur als armer, verwaister Tiburcio um Ihre Liebe zu werben; jetzt will ich um sie werben als Tiburcio Arellanos, der davor steht, reich und mächtig zu werden; auch den Adel werde ich erringen, denn ich will Ihnen einen berühmten Namen anbieten können.«

Mit Zuversicht erhob Tiburcio bei diesen Worten seine Stirn gen Himmel, auf welcher der Stolz eines alten Geschlechts wieder aufzuleben schien.

Zum erstenmale seit dem Anfange dieser Unterredung hatte Tiburcio aufgehört, unvernünftige Reden zu führen; das junge Mädchen lieh ihm aufmerksamer das Ohr.

(...)

Tiefe Ruhe herrschte, und die Nacht war hell, wenn auch dunstig. Plötzlich fuhr Fabian zusammen und blieb stehen, wie der verirrte Wanderer, wenn er ein Gespenst zu sehen glaubt, das vor ihm aus der Erde emporstieg. Über der Lücke in der Umfassungsmauer schien eine schlanke, weiße Gestalt sich abzuzeichnen.

Einen Augenblick schien die anmutige Erscheinung vor den Augen Fabians zu zerfließen, aber es war nur eine Täuschung seiner Augen, die sich unwillkürlich mit einem Schleier umhüllten. Die Erscheinung war immer noch an derselben Stelle. Sobald er die Kraft dazu fühlte, ging er vorwärts; die Erscheinung verschwand nicht.

Das Herz des jungen Mannes war nahe daran zu brechen, denn ein schrecklicher Gedanke fuhr durch seine Seele; er glaubte, nur der Schatten Rosaritas stehe vor ihm ... und tausendmal lieber wäre es ihm gewesen, zu wissen, daß sie lebte, wenn sie ihn auch grausam verschmähte, als sie, die Tote, wenn auch als anmutige Erscheinung vor sich zu sehen.

Eine Stimme, deren lieblicher Klang in seinen Ohren wie ein vom Himmel kommender Ton zitterte, vermochte seine Täuschung nicht zu verscheuchen, denn diese Stimme sagte: »Sind Sie es, Tiburcio? Ich erwarte Sie.«

Gehörte nicht der Scharfblick eines Geistes aus der andern Welt dazu, um seine Rückkehr aus so weiter Ferne vorauszusehen?

»Sind Sie es, Rosarita?« rief Fabian außer sich, »oder ist es eine Erscheinung, die mich täuscht, um wieder zu verschwinden?«

Und Fabian blieb wie angewurzelt stehen, so sehr fürchtete er, das süße Bild verschwinden zu sehen.

»Ich bin es, gewiß, ich bin es,« sagte die Stimme.

»O! mein Gott! Die Probe wird noch schrecklicher, als ich zu glauben wagte,« sagte Fabian zu sich.

Und er machte einen Schritt vorwärts; aber er blieb wieder stehen. Der arme junge Mann hoffte nichts mehr.

»Durch welches Wunder des Himmels finde ich Sie wieder an diesem Orte?« rief er.

»Ich komme jeden Abend hierher, Tiburcio,« antwortete das junge Mädchen.

Jetzt ließ Liebe und Hoffnung Fabian noch stärker erzittern.

Rosarita würde, wie wir gesehen haben, bei ihrem früheren

Zusammentreffen mit Fabian lieber gestorben sein, als ihm zu sagen, daß sie ihn liebe. Seit einiger Zeit hatte sie so viel gelitten, so viel geweint, daß dieses Mal die Liebe stärker war als die jungfräuliche Scham.

»Kommen Sie, Tiburcio,« sagte sie, »hier ist meine Hand.«

Mit einem Sprunge war Fabian zu ihren Füßen, krampfhaft drückte er die Hand, die sie ihm reichte; aber vergeblich versuchte er zu sprechen.

Das junge Mädchen heftete auf ihn einen Blick besorgter Zärtlichkeit.

»Lassen Sie mich sehen, wie sehr Sie sich verändert haben, Tiburcio,« fuhr sie fort. »Ach ja, der Schmerz hat seine Spuren auf Ihrer Stirn zurückgelassen, aber der Ruhm hat sie veredelt. Sie sind ebenso tapfer wie schön, Tiburcio; mit Stolz habe ich gehört, daß Sie vor keiner Gefahr erblaßt sind.«

»Sie wissen, sagen Sie?« rief Fabian; »aber was wissen Sie?«

»Alles, Tiburcio, selbst Ihre geheimsten Gedanken. Ich habe alles gewußt, auch daß Sie heute Abend hier sein würden ... und hier bin ich!«

»Bevor ich es wage, Sie zu verstehen, Rosarita – denn dieses Mal würde eine Täuschung mein Tod sein –«, erwiderte Fabian, den diese Worte und die zärtliche Miene des jungen Mädchens bis auf den Grund der Seele aufgeregt hatten, »antworten Sie mir ... auf eine Frage ... darf ich sie an Sie richten?«

»Sie dürfen, Tiburcio,« antwortete zärtlich Rosarita, deren reine, keusche Stirn der Mond beleuchtete; »ich bin hierher gekommen, um Sie zu hören.«

»Es ist nun sechs Monate her,« sagte der junge Graf, »da hatte ich zugleich den Tod meiner Mutter und den Tod des Mannes zu rächen, der mir als Vater gedient hatte, des Marcos Arellanos; denn wenn Sie alles wissen, so wissen Sie auch, daß ich nicht mehr ...«

»Für mich sind Sie immer noch Tiburcio,« unterbrach ihn Rosarita; »Don Fabian de Mediana habe ich nicht gekannt.«

»Der Unglückliche, welcher sein Verbrechen sühnen sollte, der Mörder des Marcos Arellanos, Cuchillo bat mich, ihm das Leben zu schenken. Ich konnte es ihm nicht gewähren; aber er rief: ›Ich flehe um mein Leben im Namen Donna Rosaritas, die Sie liebt, denn ich habe gehört …‹ Der Bittende stand am Rande eines Abgrundes; ich war im Begriff, ihm aus Liebe zu Ihnen zu verzeihen, da stieß ihn einer meiner Gefährten in den Abgrund. Hundertmal, in der Stille der Nacht, ist mir diese flehende Stimme in Erinnerung gekommen, und ängstlich habe ich mich gefragt: ›Was hat er wohl gehört?‹ Heute Abend, Rosarita, frage ich Sie danach.«

»Einmal, ein einziges Mal hat mein Mund das Geheimnis meines Herzens verraten, hier, an dieser nämlichen Stelle, als Sie unser Haus verlassen hatten. Ich werde Ihnen wiederholen, was ich gesagt habe.«

Das junge Mädchen schien alle ihre Kräfte zu sammeln, um es zu wagen, einem Manne zu sagen, daß es ihn liebe, es ihm in klaren, leidenschaftlichen Worten zu sagen; dann wandte sie Tiburcio ihre keusche Stirn zu mit den Worten: »Ich habe zuviel unter einem Mißverständnis gelitten, als daß ein solches noch zwischen uns bestehen sollte; ich werde Ihnen also, Hand in Hand, Auge in Auge, wiederholen, was ich gesagt habe. Sie flohen mich, Tiburcio; ich wußte, daß Sie fern waren; ich glaubte, daß Gott allein mich höre, und da rief ich: Komm zurück, Tiburcio! komm zurück! dich allein liebe ich!«

Ein »klägliches Machwerk«?

»Zuletzt noch hab ich in der Hast von 3 Wochen (schnelle Arbeiten sind die besten) einen Roman geschrieben: Wally, die Zweiflerin«, heißt es in einem Brief Karl Gutzkows an Georg Büchner. Der Hinweis auf die »Hast« dürfte sich aus Gutzkows schwierigen Lebensverhältnissen erklären. Als Berufsschriftsteller stand er ständig unter Produktionszwang. Dennoch wurde der Roman *Wally, die Zweiflerin* zu Unrecht als »klägliches Machwerk« bezeichnet. Es ist bekannt, daß das Werk Anlaß war für Menzels Denunziation und das Verbot der Jungdeutschen Schriften als unsittlich und gotteslästerlich. Gutzkow verarbeitete darin den Selbstmord der Charlotte Stieglitz und setzt sich mit dem Problem der Religiosität auseinander. Wally und ihr Freund Cäsar repräsentieren das Großbürgertum, das aus der damaligen Unmöglichkeit »aktiv zu handeln« in ein privates Naturidyll flieht und der Langeweile und Skepsis verfällt.

Karl Gutzkow: Wally, die Zweiflerin
Nicht alltägliche Bitte um eine Gunst

Der Abend kam heran. Die Tür zu Wallys Gemächern öffnete sich. Beide saßen sich stumm gegenüber. Cäsar, der von Wally nicht erwartet hatte, daß sie sich in ein schwärmerisches schwarzes Kleid werfen würde: Wally, welche nach einem Blicke in Cäsars Mienen geizte, der verzeihend, warm und siegend auf sie wirkte.

Liebenswürdig war es von diesem grenzenlosen Leichtsinn, daß er Tränen am Auge hängen hatte. Cäsar schwamm in Entzücken. Er war auf eine Komödie gefaßt und fand eine tragische Szene, die ihn erschütterte. Alles, was sie sprachen, war nur, um den Erklärungen, die sie sich machen wollten, zu entgehen. Cäsar mochte in seiner Eitelkeit übertreiben; Wallys Bescheidenheit lag wohl nur darin, daß sie glaubte, Cäsar um Verzeihung bitten zu müssen. Alles übrige aber dichtete seine Phantasie hinzu.

Sie hielten ihre Hände ineinander und sprachen recht eifrig über Dinge, auf welche gar nichts ankam in ihrer Lage. Sie sprachen von der Erfindung des Schießpulvers, vom Gesetz der Schwere, vom Kompaß und der Magnetnadel, worüber sie schnell abbrachen, um nur immer wieder auf Neues zu kommen. So verrann die Zeit, aber das Entzücken Cäsars stieg. Wallys Hand nahm er und legte sie sanft auf die Lehne des Sofas, um sie als Kopfkissen zu brauchen. Sie lächelte dazu und warf ihm das ganze Polster ihres elastischen Körpers, sich selbst in aller ihrer Anmut nach. Sie hielt ihn umschlungen, während sie unwillig glaubte, daß er es täte. Ihre nur leis' aufgesteckten Locken nestelten sich los und küßten Cäsars brennende Wangen. Die langen Augenwimpern senkten sich majestätisch sanft auf die bläulichen Ultramarinringel, welche unter dem Auge so viel Leidenschaft verraten. Dieses Herablassen des Vorhangs, dieser Fensterladenschluß der Weiblichkeit, diese Verhüllung ist das reizende Gegenteil dessen, was sie scheint, weil sie nur allmähliche Entwaffnung ist. Es ist das Sinken des Tages, der aufsteigende Stern, dessen feuchte Strahlen die Kronen der Blumen auflockern und die Kelche erschließen, während die Kelche zu schlafen scheinen. Cäsar umarmte Wally mit glühendem Entzücken und rief aus: »O Wally, ich will nicht grausam sein! Ich eile allem zuvorzukommen, was sich auf deiner

Lippe zu Tode ängstigt und gern sprechen möchte. Ich dringe nicht auf den Besitz dieses göttlichen Leibes, dessen Seele mich stets umhauchen wird. Aber – o Gott!« –

»Was ist? Cäsar! Sprich! Fordre! Alles, alles!«

Cäsar sann und war wie von einem unbekannten Gefühle ergriffen. Er strich mit der Hand über seine Stirne und sagte dann leise mit sanften und zärtlichen Worten zu Wally: »Sie werden reisen: ich auch. Wir werden uns in vielen Jahren nicht wiedersehen. Da gibt es ein reizendes Gedicht des deutschen Mittelalters, der ›Titurel‹, in welchem eine bezaubernde Sage erzählt wird. Tschionatulander und Sigune beten sich an. Sie sind fast noch Kinder: ihre Liebe besitzt die ganze Naivität ihrer jugendlichen Torheit. Ich spreche nicht von Tschionatulanders Tod, weder vom treuen Hunde, der aus der Schlacht die tragische Botschaft bringt, nicht von Sigunens Klage, wie sie den Leichnam des Geliebten im Arme haltend unterm Baume sitzt, wo Parzifal an ihr vorüber kömmt im Walde, nicht von dem Edelstein unserer deutschen mittelalterlichen Dichtkunst. Nur jener Zug ist so meisterhaft schön, wo Tschionatulander, als er in die Welt hinausmuß und sein treues Windspiel klug zu den beiden Liebenden hinaufsieht, Sigunen anfleht um eine Gunst –«

Cäsar stockte und sprach dann leise, mit fast verhaltenem Atem: »daß Sigune, um durch ihre Schönheit ihn gleichsam fest zu machen, wie der magische Ausdruck der alten Zeit ist, um ihm einen Anblick zu hinterlassen, der Wunder wirkte in seiner Tapferkeit und Ausdauer – daß Sigune – in vollkommener Nacktheit zum vielleicht – ewigen Abschiede sich ihm zeigen möge.«

Wally betrachtete Cäsar einen Augenblick. Dann erhob sie sich stolz und verließ, ohne ein Wort zu sprechen, das Zimmer. An ihre Rückkehr war nicht zu denken.

Cäsars Antlitz zeigte einen schmerzhaften Ausdruck. Er hatte das Höchste bewiesen, dessen seine Seele fähig war, die kindlichste Naivität, eine rührende Unschuld in einer Forderung, die empörend war; aber die Scham, die erst in ihm aufglühte, verschwand vor seinem Stolze, so edel und rein erschien er sich.

»Sie ist ohne Poesie, sie ist albern, ich hasse sie!« stieß er heftig heraus, trat zornig mit dem Fuße auf, lauschte und verließ, da er nichts als den Schlag der Pendeluhr im Nebensaale vernahm, mit unwillkürlichem Geräusch das Zimmer und das Hotel. Er schwur, es niemals wieder zu betreten.

»Sie hat nicht mich, sie hat die Poesie beleidigt. Sie ekelt mich an!« rief er und malte sich Wally mit den gräßlichsten Farben, daß es ihm keine Freude machen mußte, noch an sie zu denken. Wenn sie ihm noch einfiel, so geschah es nicht, ohne daß er mit dem Fuße etwas von sich stieß.

... und nähre Dich redlich!

In dem »Frauenzimmer« stecke »was von dem göttlichen Funken«, lobt Gottfried Keller die sechs Jahre jüngere Zeitgenossin: »Das ist ein Zug, ein Fluß der Erzählung, ein Schwung der Stimmung und eine Gewalt der Darstellung dessen, was sie sieht und fühlt, – ja, wie sie das kann, bekommen wir alle das nicht fertig.« Lobesworte, ohne Ironie, denen die Persönlichkeit des sonst eher zurückhaltenden Spenders besonderes Gewicht verleiht. Andere teilen seine Meinung: So bestätigt der Literaturwissenschaftler L. Schücking der Autorin, sie sei »in manchen Dingen wirklich groß.« Namentlich in zweien: »in der Psychologie des Frauenherzens und in dem, was ich Kolorit nenne.« Tatsächlich hatte Eugenie Marlitt, die Starautorin der *Gartenlaube*, künstlerische Ambitionen. Was sie aber vor allem hatte: Erfolg.

Dennoch: Charakterisierung sucht Eugenie Marlitt durch Montage von Klischees zu erreichen. Psychologische Differenzierung erstickt in der Trivialität, wenn sie überhaupt intendiert wird. Auch bei ihr dominiert das Überschaubarkeit garantierende dualistische Prinzip: Sind die einen kalt, herzlos, frivol und geistreich, so die andern um so wärmer, herzlicher, gesittet und (natürlich) klug. Geschickt bedient sich die Autorin vorhandener Assoziationsgefälle, Signalmechanismen, um ihre Projektion zur Wirkung zu bringen: So singt sie das Lob des sich rechtschaffen in der Heimat nährenden Bürgers, setzt Arbeit, Redlichkeit, Land, Bürgertum und Deutschland in eins, um ihm, durch Andeutungen freilich und Suggestion, die schwarzhaarige, espritgesättigte Unmoral, Langeweile und Rastlosigkeit gegenüberzustellen. Arbeit, Pflichterfüllung, Selbstbescheidung erscheinen als das einzig Erstrebenswerte.

Über dem Roman *Die zweite Frau* von Eugenie Marlitt könnte als Motto der Satz stehen: »Diese drei schönen Menschen bildeten eine Gruppe, wie man sie zur Verkörperung des häuslichen Glückes, der süßesten Eintracht nicht anmutiger zusammenstellen könnte.« Wieder geht es darum, eine Prüfung zu überstehen. Die Trauerzeit der »fürstlichen Coquette« ist abgelaufen. Nun wäre die Herzogin des kleinen deutschen Staates frei für den Jugendfreund, dessen Liebe sie einst der Macht, verkörpert in dem Landesfürsten, vorgezogen hatte: »nun endlich durfte auch das Glück kommen, nun durften die Flammen der Leidenschaft rückhaltlos aus den Augen brechen. Doch der reiche Baron Mainau, Witwer geworden inzwischen, will sie nicht mehr. Der »launenhafte Sonderling«, »grausam«, »verdorben«, übt »Revanche«. Als Werkzeug dient ihm dabei die anmutige, völlig unverdorbene Gräfin Trachenberg: Er heiratet sie.

Juliane kommt aus einer verarmten Adelsfamilie. Längst war die »Sequestration« über sämtliche Güter der Trachenbergs verhängt worden. Zwar träumt die Gräfinmutter vom alten Glanz, beruft sich auf »den Vorrang der hohen makellosen Geburt«; aber ihre Kinder, (bürgerlich) weltoffen und fortschrittlich, sind längst über solche Denkschablonen hinaus. Dank ihrem Fleiß, ihrem Phantasiereichtum nährt sich die Familie redlich, wenn auch »wenig standesgemäß«: »Retter ... war – die Arbeit gewesen.« Man fertigt »künstliche Blumen«, stellt »vortrefflich präparierte Sammlungen einheimischer Pflanzen« zusammen, verfaßt Bücher und illustriert sie. »Ein Odem von behaglicher Traulichkeit durchweht« wieder »den erst so kalten Salon«. Als Sinnbild der Tüchtigkeit erscheint Magnus, Sohn und »Erbherr«, Wehrdienstverweigerer und »stiller menschenscheuer Gelehrter«, der in den Augen der Mutter freilich eine »Schlafmütze«, ein »Mensch ohne alle Energie« ist.

Der Graf von Mainau konfrontiert seine junge Frau Juliane »völlig unvorbereitet den widerwärtigsten Verhältnissen«. Unter den »Zinnen und Mosaikdächern« des von der Aura »mittelalterlicher Romantik« umgebenen Schlosses wohnen Bosheit, Unmenschlichkeit und Dämonie. Des Grafen Onkel, der Hofmarschall, ein glatter, arbeitsscheuer Höfling, der stets ein »impertinentes« Lächeln zeigt und Bosheit mit Geist zu Verschlagenheit verbindet, tut alles in seinen Kräften stehende, um der jungen Frau das Leben zur Hölle zu machen. Unterstützt wird er dabei vom Schloßkaplan, einem ränkevollen, die Seelen knebelnden Jesuiten, der, als sein Werben zurückgewiesen wird, auf Rache sinnt. Beide Figuren stehen für das Kräftefeld der verrotteten Tradition von Residenz- und Kirchenintrige, innerhalb dessen Mainau, der leichtsinnige Weltmann, verdorbener, grausamer Egoist, sein auf Genuß gerichtetes Leben lebt. Der vielfach als »frivol«, »kaltlächelnd« geschilderte Mainau leidet an »deutscher Langeweile«, die ihn immer wieder hinaustreibt in die Welt, wo der Rastlose Zerstreuung und Abenteuer sucht. Dem »liebreizenden« Mädchen mit dem »Loreleihaar« gelingt es, seine Liebe zu gewinnen: Sie setzt sich durch gegen Bosheit, Mitleidslosigkeit und Intrige – besteht die Prüfung.

Mit Juliane siegt das bürgerliche Prinzip, Tugend und Fleiß. »Du scheinst vergessen zu haben«, sagt sie zu ihrem Mann, »daß ich eine ganz andere Lebensschule durchmachen mußte, als die meisten meiner Standesgenossinnen ... Wir haben wirklich nie Zeit gehabt, in aristokratischer Weise unsere Nerven zu berücksichtigen und zu verhätscheln; wir haben uns derb abgearbeitet, wie es diejenigen müssen, die innerlich unabhängig bleiben und ihre geistige Bewegung ungehemmt sehen wollen.«

»Derbe« Abhärtung gegen Verweichlichung, Schlaffheit. Statt zärtlicher Rücksicht die kraftvolle Tüchtigkeit des »biderbe man«, des Biedermanns, der dem Bürger ethisches Leitbild war. »Der Hang, in stiller, friedensvoller Häuslichkeit zu leben, den engen Kreis seiner Lieben, so viel man vermag, zu beglücken und darin selbst das eigene Glück zu finden«, ist eines der Charakteristika der »letzten Trachenbergs«. Sie sind, wie Juliane sagt, »unruhige Köpfe, die gern mitarbeiten und vorwärts wollen«. Es versteht sich, daß dieses bürgerliche Streben in den Augen des an seiner Bosheit und Liederlichkeit untergehenden Adels sich als »spießbürgerlich« und »sentimental« darstellt.

So sind die alte Gräfin Mainau und der Hofmarschall sich einig in der Verachtung von Arbeit, »Sentimentalismus« und »Gelehrtenkram«. Beide gestehen der »sentimentalen Liebe« keine »Berechtigung« zu. Wie Schiller in der Figur des Marquis Posa den bürgerlichen Wunsch nach Freiheit inkarniert hat, die adlige Hülle nur mehr zur Konkretisierung einer Vorstellungsschablone dient und den utopischen Aspekt zum Ausdruck bringt, so stehen Marlitts »bürgerliche Grafenkinder« für einen Wunschtraum: die Verwirklichung bürgerlichen Geistes in vorgegebener adliger Erscheinungsform. Es ist, als hätte die Autorin ihre Feder in den Dienst von John Lockes Pädagogik gestellt. Denn der englische Philosoph fordert die Adligen auf, ein Handwerk zu lernen. Sein Ideal ist der »adlige Bürger«, ein

Mensch, der bürgerliche Tatkraft mit aristokratischem Äußeren und entsprechenden Manieren verbindet. Freilich lebt der kühne Entwurf aus dem 18. Jahrhundert hier lediglich in der Form von Versatzstücken weiter; der Traum von Fortschritt und sozialem Aufstieg, von »Humanität« genügt sich in der bürgerlich-behaglichen Saloneinrichtung.

Eugenie Marlitt: Die zweite Frau
Die Ausnahme

»Ich bin's, Juliane«, sagte Mainau unter dem blauen Behange hervortretend. ... Ich bin's – als ob das nicht noch erschreckender für sie gewesen wäre! – Seit dem Momente, wo er sie zur Trauung abgeholt, hatte er ihre Zimmer nicht wieder betreten. – Sie sprang auf und griff nach der Klingelschnure.
»Weshalb?« fragte er, ihre Hand erfangend.
Unter glühendem Erröthen schüttelte sie das Haar nach dem Nacken zurück und suchte es zu verbergen, indem sie mit dem Rücken hart an die Wand trat. »Ich brauche Hanna für einen Augenblick«, sagte sie kurz und grollend.
Er lächelte. »Du vergissest, daß unsere heutige Damenwelt in dieser Haartracht selbst auf der Promenade erscheint – und dann, wozu diese Etikette? Habe ich nicht das unbestrittene Recht, ohne Anmeldung hier eintreten und nach meiner kranken Frau sehen zu dürfen, wann ich will?« – Er strich langsam über das seidenglänzende Haargewoge, das sich trotz aller Bemühungen der jungen Frau doch wieder über Schulter und Arm ergoß, und wie eine Tunika aus Goldgewebe das weiße Kleid bedeckte. – »Welche Pracht!« sagte er.
»Eine etwas verblaßte Schattirung der Trachenberg'schen Familienfarbe«, versetzte sie bitter lächelnd, während ihre Linke mit einer kalten Gebärde hinabglitt, um seine Hand abzuwehren.
Er stand einen Augenblick betroffen, wobei seine Wangen sich leise färbten – an Ton und Ausdruck mußte er erkennen, daß sie nur einen seiner rücksichtslosen Aussprüche wiederhole; er sann offenbar darüber, wo sie ihn gehört haben könne. »Ich habe den Arzt mitgebracht, Juliane,« sagte er nach momentanem Schweigen rasch über eine sichtlich unan-

genehme Empfindung hinweggehend. »Darf er hereinkommen?«

»Ich möchte ihn nicht bemühen. In Rudisdorf waren wir nicht gewohnt, den Arzt um jeder Kleinigkeit willen zu consultiren – er wohnte viel zu entfernt und –« sie brach ab, wozu denn abermals bekennen, daß sie zu arm gewesen und Ersparniß zum Selbstarzt geworden seien! »Das frische Brunnenwasser hat seine Schuldigkeit vollkommen gethan«, setzte sie rasch hinzu.

»Er soll Dich auch nicht durch eine Untersuchung der Hand belästigen – zu meiner großen Beruhigung sehe ich ja, daß sie Dir zu schreiben gestattet«, antwortete er mit einem Blicke auf die Schreibutensilien und den daneben liegenden angefangenen Brief an Ulrike. »Ich will nur den Folgen der Gemütsbewegung vorgebeugt wissen – ich habe eben gesehen, daß Dich eine Art Nervenschauer schüttelte.«

Er hatte also schon länger hinter der Portière gestanden und sie beobachtet ... Warum mit einem Male die Besorgniß, nachdem er bei dem Vorfalle selbst und auch später die verletzendste Kälte und Theilnahmlosigkeit an den Tag gelegt? – »Deshalb?« betonte sie mit halbem Lächeln, den Kopf über die Schulter nach ihm wendend. »Du scheinst zu vergessen, daß ich eine ganz andere Lebensschule durchmachen mußte, als die meisten meiner Standesgenossinnen – ich müßte nicht Ulrikens Schwester, nicht meines Bruders ›Famulus‹ gewesen sein! Wir haben wirklich nie Zeit gehabt, in aristokratischer Weise unsere Nerven zu berücksichtigen und zu verhätscheln; wir haben uns derb abgehärtet, wie es Diejenigen müssen, die innerlich unabhängig bleiben und ihre geistige Bewegung ungehemmt sehen wollen ... Ich bitte Dich, den Doctor schleunigst zu entlassen – er wartet doch wohl draußen?« Sie sprach die letzten Worte hastig, aber mit Nachdruck – er konnte nicht mißverstehen, daß sie auf diese Weise seinen »Krankenbesuch« abzukürzen wünsche.

»Er wartet nicht draußen, und wenn auch, er könnte sich das ruhig gefallen lassen – der gute Mann sitzt drüben im Gartensalon und läßt sich seine Flasche Burgunder schmecken«, versetzte er spöttisch und trat tiefer in das Zimmer – seine Augen glitten über die Wände hin. »Ach sieh da! Das blaue Boudoir – aufrichtig gestanden, meine ganze Antipathie – ist merkwürdig wohnlich und traulich geworden. Die mattweißen Elfenbeingruppen vor den blauen Atlasbehängen machen einen malerischen Eindruck; sie beleben das Zimmer, wie die weißen Azaleenbäume dort im Fenster ... Und daß hier auch einmal ein Tisch steht! – Ja, siehst Du, das ist's gewesen, was mich immer so angewidert hat – dieses stundenlange, sybaritische, faule Versinken Valerie's in diesem gleißenden Polsterwerke.«

Er warf einen Blick durch die weit zurückgeschlagene Thür des anstoßenden Salons. »Und wo malst Du denn, Juliane? Ich sehe keinerlei Arrangements – doch nicht in der Kinderstube?«

»Nein, ich habe mir das Cabinet neben meinem Ankleidezimmer dazu eingerichtet.«

»Den engen, kleinen Winkel, der, wie ich mich erinnere, nicht einmal eine vortheilhafte Beleuchtung hat? Wie kommst Du auf diese merkwürdige Idee?«

Sie sah ihm fest und voll in das Gesicht. »Ich glaube, Die, welche die Kunst in ihrer Heiligkeit erfassen, haben einige Fühlfäden mehr in der Seele – sie sind sehr empfindlich in unsympathischer, feindlicher Atmosphäre –«

»Und ziehen sich beleidigt zurück – das geht gegen meine Ansichten vom Damendilettantismus. Ich habe doch Recht, wenn ich auch heute dahin bekehrt worden bin, daß es Ausnahmen giebt ...

Endlich das Glück

Er war schon bei Beginn seiner Beichte einmal rasch nach dem Fenster zugeschritten – dort stand er noch – kein Blick war auf die junge Frau gefallen. Jetzt wandte er den Kopf nach ihr. Mit der Rechten die Augen bedeckend, tastete sie nach dem neben ihr stehenden Sessel – sie schien vor Bestürzung in sich zusammensinken zu wollen.

»Soll der Wagen vorfahren?« fragte er, näher an sie herantretend, mit entfärbten Lippen, in athemloser Spannung. »Oder hat Juliane mich gehört und will selbst entscheiden?«

Sie verschlang krampfhaft die Finger ineinander und ließ die Hände sinken – stürzte nicht die Decke auf sie nieder bei diesem jähen Umschwunge?

»Nur ein Ja oder Nein – mache der Qual ein Ende! – Du bleibst bei mir, Juliane?« –

»Ja.« – Dieses »Ja« kam freilich wie ein zitternder Hauch von ihren Lippen, und doch übte es eine wahrhaft berauschende Wirkung auf den Mann. Mit einem stummen Aufblicke, als werde die Marter einer tödtlichen Angst von ihm genommen, hielt er die bebende Frau in den Armen – dann löste er den Reisemantel von ihren Schultern und schleuderte ihn weithin auf den Boden.

Er küßte sie auf den Mund. »Das ist die Verlobung, Juliane – ich werbe um Dich in tiefer, inniger Liebe«, sagte er feierlich ernst. »Nun mache aus mir, was Du willst! Du sollst Zeit und Gelegenheit haben, Dich zu prüfen, ob Du mich dereinst auch wirst lieben lernen, die Du jetzt nur in echt weiblicher Milde und Barmherzigkeit verzeihst ... Wer mir noch vor einem halben Jahre gesagt hätte, daß ein Frauencharakter mich bezwingen würde! ... Nun, Gott sei Dank, noch bin ich jung genug, um mein Lebensschiff zu wenden und glücklich zu werden! Sieh, so wie ich Deine schmiegsame Gestalt jetzt halte, wie sie mich nicht mehr zurückweist mit Händen und Augen, so hingebend bist Du nun auch meine – Liane.«

Er führte sie in das blaue Boudoir. »Himmel, wie magisch!« rief er. Sein Blick flog über die glänzenden Wände, um dann wie trunken auf dem lieblichen Antlitze seiner jungen Frau zu ruhen. »Ist das wirklich das verhaßte Zimmer mit den penetranten, erstickenden Jasmindüften und den Polstern der Faulheit?«

Auf dem Tische brannte nur eine Lampe unter rothem Schleier – ein rosiger Schein färbte schwach die Atlasfalten. Mainau hatte früher dieses Zimmer ganz anders, ja feenhaft beleuchtet gesehen – Liane wußte von Leo, daß die Appartements der »ersten Mama« stets in einem Lichtmeer geschwommen hatten. Mit stürmisch klopfendem Herzen sagte sie sich, daß es nur die Morgenröthe der neuen Glückseligkeit sei, die dem Mann an ihrer Seite plötzlich Alles verkläre. War ihr doch auch, als flimmere es magisch um jeden weißen Azaleenkelch in der dunkelnden Fensternische, ja, als müsse ein Flüstern von dort ausgehen, ein seliges Flüstern der kleinen Blumenseelen, die sie, umstürmt von Kämpfen aller Art, dennoch treu gepflegt, und die nun ihr verschämt schweigendes Glück sehen konnten, ...

Umbesetzung des antiaristokratischen Affekts:
der Windbeutel aus Frankreich

1868, gut hundert Jahre, nachdem die zweite, »triviale« deutsche Literatur sich zu etablieren begonnen hatte, erschien Eugenie Marlitts Roman *Reichsgräfin Gisela*. Stereotypen dominieren; die Requisiten sind bekannt, affirmieren Überlieferung. Bürgertum bezwingt Adel, Reformwillen behauptet sich gegenüber Ausbeutertum; vor Frankreich wird gewarnt. Eine Liebesgeschichte bildet den Mittelpunkt; im zu überwindenden Standesunterschied deutet sich Tendenz an. Eine aufklärerische, fraglos. Auch wenn sie französischen Geist als einzigen Gegner übrigläßt.

Ein Brief des totgeglaubten früheren prinzlichen Leibarztes dient als analytisches Vehikel. Der sechzehn Jahre zuvor nach Brasilien Ausgewanderte bestellt, reich und kinderlos, einen der Söhne seines früheren Freundes zum Erben. Und Rächer. Zum Zeugen eines Verbrechens geworden, hatte er fliehen müssen. Über die Sache ist zwar längst Gras gewachsen, die Geliebte des Prinzen und vom Volk gehaßte Betrügerin tot, aber ihr Helfershelfer, der Baron Fleury, nach wie vor an der Macht. Als Lohn für seine Mittäterschaft zum Minister avanciert, regiert er, absolutistisch gesinnt und jeglichem Fortschritt abhold, das thüringische Land mit eiserner Hand. Er ist nicht nur ein lasterhafter Adliger, ein »schwacher Charakter« mit »hierarchischen Gelüsten« – was vielleicht schwerer wiegt, er ist ein »fremder Eindringling«, ein »notorischer Spieler«, ein französischer »Windbeutel«, wie Lessing ihn einst spielerisch in die deutsche Literatur einführte. Was den aus der »Pandorabüchse« von Paris Gekommenen und seinesgleichen charakterisiert, sind Kälte, Hochmut, Frivolität, Genußsucht, ein verächtlicher Ton, Impertinenz, der »Eispanzer der Konvenienz«, das »Bewußtsein der höheren Abkunft« und schließlich das eigensinnige Beharren auf den Vorrechten der egoistischen Kaste. Erklärter Gegner des Geistes der Toleranz, des Gedankens der Demokratie, tut er, darin anderen Vertretern seiner Klasse gleich, jegliche fortschrittliche Ideen als »Schwärmerei« ab. Demgegenüber »goldtreues Gemüt«, »blindes Vertrauen« im bürgerlichen Lager. »Hofluft« gegen Ursprünglichkeit; kalte Selbstbeherrschung gegen echten, unverstellten Gefühlserweis.

Dazwischen die Reichsgräfin Gisela, Enkelin jener »Erbschleicherin« und Intrigantin, deren Ränke das Romangeschehen in Gang brachten. In ihrer Verbindung mit dem elf Jahre nach Empfang des Briefes unerkannt aus Brasilien Zurückgekehrten deutet sich die Wunsch- und Zukunftsperspektive an. Gisela übt »Selbstkritik«, verdammt ihre »Impertinenz« und bekennt sich an der Seite ihres energischen, fortschrittlichen und redlichen Bürgers zu den in den Augen der anderen »Schlechtgesinnten«, zur »Demokratie«. Sie gehört nun zu den »Menschen, die wahrhaft Menschen sind«, einer Klasse, ausgezeichnet durch »Standhaftigkeit« und »Gesinnungstreue«. Der »schlaffe«, »teuflische« Eindringling aus Frankreich wird schließlich als Verkörperung des bösen Prinzips entlarvt. Mit ihm fallen jene, die sich durch »Kriecherei und Heuchelei fette Stellen erschlichen«, und wird jener »feigen, erbärmlichen Empfindung« das Urteil gesprochen, »welche die Menschenseele entwürdigt und die, seit die menschliche Gesellschaft durch selbsterfundene Schranken sich trennt und zersplittert, zahllose Tränen schwergekränkter und beleidigter Herzen verschuldet hat«.

Quod erat demonstrandum: »Draußen herrscht und regiert fort und fort der unbegrenzte Egoismus«, lautet einer der letzten Sätze des Romans, »und eine Kaste sucht der anderen auf den Nacken zu steigen; hier aber waltet die Liebe, und man erhält den unwiderleglichen Beweis, daß sich das Musterbild der Menschheit, wie es die oft verlachte Humanität anstrebt, in der Tat verwirklichen läßt. Der Mann im Waldhause sieht glückliche, zufriedene Gesichter, wohin sein Blick sich wendet. Das lächerliche Jagen nach Ämtern und Orden dringt nicht herein – dafür kommt das höchste Streben, das die Menschenseele erfüllen soll, das Streben nach innerer Entwicklung und Befreiung um so besser zur Geltung.« In der idyllischen Einsamkeit des »Waldhauses«: Dort erwartet den Helden, wie Knigge ausmalt, »sehnsuchtsvoll die treue Gattin ... Sie empfängt ihn liebreich und freundlich; die Abendstunden gehen unter frohen Gesprächen, bei Verabredungen, die das Wohl ihrer Familie zum Gegenstand haben, im häuslichen Zirkel vorüber, und man wird einander nie überdrüssig«.

Eugenie Marlitt spricht von der »verlachten Humanität«. Sie greift damit ein »Schlüsselwort« auf, das für Europa »das geistige Vermächtnis des griechisch-römischen Altertums und Bemühen um dessen lebendige Bewahrung umfaßt«. Ciceros Prägung des Humanitas-Ideals gewann für die gesamte spätere Tradition Verbindlichkeit. Die Momente, die der Begriff für ihn umfaßt, sind längst verendlicht und trivialisiert. Wie die Tradition, die das einst glanzvolle Wort evoziert. Das hohe Lied der Marlitt auf bürgerliche Wertvorstellungen, Erbauungsliteratur im Dienste von »Humanitas«, speist sich aus tagtraumhafter Konvention statt aus Leben. Eine große Idee erwacht in ihm zu falschem Glanz.

»Was soll ich Ihnen sagen«, schrieb am Tage der Beerdigung Eugenie Marlitts ein Leser an den Bruder der Autorin, »wie lieb mir die Dichterin war, wie sie es doch recht verstand, zum Herzen zu sprechen und armen niedergedrückten Gemütern Lebensodem einzuhauchen, damit sie weiterarbeiten können in der Alltäglichkeit ... Und wenn ich als verheirateter Mann mich manchmal in meinen Mußestunden durch das Lesen ihrer schönen Erzählungen über die Sorgen und Mühen des täglichen Lebens zu erheben suche, so ruft sie stets: hoffe! Und wie ist es der Dichterin stets gelungen, dem Guten, Edlen und Schönen zum Siege zu verhelfen!«

Eugenie Marlitt: Die Reichsgräfin
Das Ende vom Lied

Während die junge Reichsgräfin Sturm das weiße Schloß und den aristokratischen Boden für immer verließ, ging der Minister in seinem Arbeitszimmer auf und ab – es sah aus, als zermartere der Mann sein Gehirn nach einem einzigen klaren Gedanken. Das Haar, das sonst einen glatten Bogen über der Stirn beschrieb, fiel wirr durcheinander – die Hand fuhr dann und wann, ganz gegen die Gewohnheit des eine tadellose Außenseite streng festhaltenden Diplomaten, in grimmiger Hast durch die parfümierten, graugesprenkelten Strähnen.

Endlich warf er sich erschöpft an den Schreibtisch und begann zu schreiben. Die schöne, junge Braut mit den großen Taubenaugen und den Feldblumen in den Händen lächelte fort und fort von der Wand hernieder auf den Mann, dem allmählich leichte Schweißperlen auf die wachsbleiche Stirn traten, während die Zähne wie im Fieber hörbar zusammenschlugen und die Hand, die sonst einem eisernen Willen auch in eisern starren, festen Linien gehorchte, krause, unsichere Hieroglyphen auf das Papier warf.

Schon nach wenigen Zeilen schleuderte er die Feder weit von sich, nahm den Kopf zwischen die Hände und rannte abermals in unbeschreiblicher Aufregung hin und her ... War es doch, als scheue er sich vor dem zierlichen Tisch dort vor dem Fenster, der einen kleinen Mahagonikasten auf seiner runden Platte trug. Das Tischchen stand immer auf derselben Stelle, seit Baron Fleury das weiße Schloß sein eigen nannte und nach seinem Geschmack eingerichtet hatte, und der Mahagonikasten war der unzertrennliche Reisebegleiter Seiner Exzellenz und befand sich auch im Büro des Ministerhotels zu A. stets in seiner Nähe. Während aber jetzt sein Fuß dem unscheinbaren Möbel sichtbar auswich, glitten die scheuen Augen immer wieder hinüber, als zucke aus dem kleinen Kasten ein magnetisch bezaubernder Schlangenblick ...

Und mit jeder vorüberrollenden Viertelstunde, welche die Uhr mit feinem silbernen Klange unerbittlich pünktlich anzeigte, verdoppelten sich die Schritte des Auf- und Abwandernden, bis er plötzlich wie mittels eines gewaltsamen Ruckes, halb atemlos vor dem Tischchen stehenblieb und mit hastigen, unsicher tappenden Händen den Kasten aufschloß ... Er sah nicht hinein in das kleine, elegant ausgestattete Viereck – seine Augen irrten über den türkischen Fenstervorhang, wie wenn sie die orangegelben Arabesken zählen müßten, während seine Rechte einen Gegenstand ergriff und in die Brusttasche gleiten ließ.

Diese einzige Bewegung gab plötzlich der haltlos zusammengebrochenen Erscheinung des Mannes einen Anschein von Entschlossenheit zurück ... Er schritt nach der Tür. Auf der Schwelle wandte er sich noch einmal um – durch die klaffende Tür und das schräg gegenüberliegende geöffnete Fenster fuhr der Nachtwind und jagte die Flamme aus der auf dem Schreibtisch stehenden Kugellampe – sie züngelte nahe am Vorhang hin.

Der Minister stieß ein leises, hämisches Lachen aus; er verfolgte einen Augenblick die Flammenzunge, wie sie sich reckte und streckte und, um wenige Linien zu kurz, vergeblich an dem Stoff zu lecken versuchte – unwillkürlich streckte er die Hand aus, als müsse er ihr zu Hilfe kommen – bah, wozu? Das Schloß war zu einer enorm hohen Summe versichert, und die drunten tanzten, waren längst entflohen, bis die Flammen an den Deckenbalken fraßen und die Kronleuchter hinunterschleuderten! ...

Er schloß die Tür leise und glitt auf den Zehen durch mehrere anstoßende Zimmer. Vor dem Gemach seiner Gemahlin blieb er stehen und drückte das Ohr an die Türspalte – leise Klagelaute drangen heraus ... Jetzt kam die namenlose Verzweiflung, die er bisher noch niedergedrückt und verbissen hatte, zum Ausbruch und packte und schüttelte den lauschenden Mann. Die Frau, die da drin so schmerzlich weinte, war sein Abgott, das einzige Wesen, das er je geliebt und das ihn, den alternden Mann, noch jetzt mit ungeminderter, glühender Leidenschaft erfüllte.

Bis zur Unkenntlichkeit entstellt in seiner Erscheinung drückte er geräuschlos die Tür auf und blieb auf der Schwelle stehen.

Da lag die schöne Titania auf ein Ruhebett hingestreckt. Sie hatte das Gesicht tief in die Kissen eingewühlt, über Busen und Rücken wogte das entfesselte, nachtschwarze Haar, und die weißen, bis an die Schultern entblößten Arme hingen wie leblos über die atlasgepolsterte Lehne des Ruhebetts hinab – nur die kleinen Füße hatten offenbar nichts von ihrer Energie eingebüßt; sie standen auf dem zu Boden geschleuderten brillantenen Fuchsienkranz und schienen ihn in Atome zertreten zu wollen.

»Jutta!« rief der Minister.

Bei diesen markerschütternden Lauten fuhr sie empor wie von der Tarantel gestochen. Mit einer wilden Gebärde schüttelte sie das niederflutende Haar aus dem Gesicht und stand plötzlich auf ihren Füßen – das Bild einer entfesselten Furie.

»Was willst du bei mir?« schrie sie auf. »Ich kenne dich nicht! Ich habe nichts mit dir zu schaffen!« Sie deutete nach der Richtung des Salons, wo sie den Fürsten wußte, und stieß ein grauenhaftes Gelächter aus. »Ja, ja, die Wände haben Ohren gehabt, mein Herr Diplomat, und ich genieße das Vorrecht, das große Staatsgeheimnis um einige Stunden früher zu wissen als das staunende Publikum! ... Die Hölle kann ihre Qualen nicht raffinierter ersinnen, als ich sie dort drüben hinter der Tür durchlitten habe!« Ihre Mundwinkel bogen sich in vernichtendem Hohne niederwärts. »Exzellenz, es war mir sehr überraschend zu hören, daß Sie das Fürstenhaus so reizend getäuscht haben! ... Und da liegt die Herrlichkeit« – sie stieß mit dem Fuße verächtlich nach dem Fuchsienkranz – »mit der Sie ›Ihren Abgott‹ zu schmücken beliebten! ... Wie sie wohl alle jubeln und triumphieren werden, die boshaften Neider, bei der unschätzbaren Entdeckung, daß sich die Diamantenfee in lächerlicher Unwissenheit mit Rheinkieseln und böhmischem Glas bestreut hat!«

Die kleinen Hände der halb wahnwitzigen Frau wühlten in den Haarmassen, die von den Schläfen niedersanken.

Der Minister ging schwankenden Schrittes auf sie zu – sie floh und stieß mit den Händen nach ihm.

»Du wirst dich nicht unterstehen, mich zu berühren!« drohte sie. »Du hast keine Rechte mehr auf mich! ... O, wer mir die verlorenen elf Jahre zurückgäbe! ... Ich habe meine Jugend, meine Schönheit an einen Dieb, an einen Fälscher, an einen Bettler verschleudert!«

»Jutta!«

In diesem Augenblick fand der Mann seine Haltung wieder. Es war noch einmal die überlegene Ruhe des allmächtigen Ministers, mit der er Schweigen gebietend der Frau die Rechte entgegenstreckte.

»Du bist wieder einmal sinnlos vor Leidenschaft«, sagte er streng. »Ich habe dich in solchen Momenten stets wie ein verzogenes, unartiges Kind behandelt, dem man Muße läßt, sich auszuschreien. Dazu bleibt mir jetzt keine Zeit.« – Er verschränkte mit scheinbarer Gelassenheit die Arme über der Brust. »Wohl, du hast recht«, fuhr er fort, »ich habe gefälscht und betrogen – ich bin ein Bettler! Es bleibt uns nicht einmal das Kopfkissen, um das Haupt darauf zu legen, wenn sie alle kommen werden, die verbriefte Rechte an mich haben ... Nie hast du einen Vorwurf, ein Bedenken von mir gehört; aber wenn du diese Stunde lediglich dazu benutzest, mich zu schmähen, dann muß ich dir auch sagen, für wen ich mich ruiniert habe ... Jutta, denke zurück und überzeuge dich, daß du mit jedem Jahr unserer Ehe mehr deine Ansprüche bis ins Maßlose gesteigert hast – selbst die Fürstin konnte zuletzt mit deinem glanzvollen Auftreten nicht mehr Schritt halten ... Ich habe ohne Widerrede stets herbeigeschafft, was du begehrtest – ich habe deine Hände buchstäblich im Gold wühlen lassen. Meine unselige, blinde Liebe zu dir hat mich zum gefügigen Werkzeug deiner schrankenlosen Verschwendungssucht gemacht ... Es klingt geradezu kindisch und lächerlich, wenn du die elf Jahre unserer Ehe als verloren beklagst; sie haben dir Gelegenheit gegeben, das Leben mit seinen Genüssen bis auf die Neige auszukosten; und daß du das gründlich verstanden hast, kann ich dir mit meinem Soll und Haben erschöpfend beweisen.«

Die Baronin hatte bis dahin mit abgewendetem Gesicht in einer fernen Fensternische gestanden. Jetzt fuhr sie herum; die dämonisch schönen Augen funkelten in tiefster Gereiztheit und Rachsucht.

»Ach, du kannst es ja ganz vortrefflich, das alte Lied, das auch die zuvorkommende Welt stets anstimmt, wenn ein Haus zusammenbricht: ›Die Frau ist schuld!‹« lachte sie auf. »Schade, mein Freund, daß ich so oft zugegen war, wenn du in Baden-Baden oder in Homburg oder wie sie alle heißen mögen, die verführerischen grünen Tische, Unglück zum Verzweifeln hattest! ... Ich habe mich bei dergleichen Gelegenheiten stets mit Befriedigung überzeugt, daß auch deine Hände vortrefflich im Golde zu wühlen verstanden; oder willst du etwa leugnen, daß du zu allen Zeiten ein notorischer Spieler gewesen bist?«

»Es fällt mir nicht ein zu leugnen oder auch nur noch eine Silbe zu meiner Verteidigung zu verlieren ... Wer, wie ich, im Begriff ist, einen dunkeln Weg anzutreten –«

»Jawohl, dunkel, dunkel!« unterbrach sie ihn und trat um einen Schritt näher an ihn heran. »Mit der Exzellenz ist's freilich aus und vorbei«, zischte sie. »Baron Fleury steigt herab von seiner Höhe und betritt den einzigen Weg, der ihm übrig bleibt, die Laufbahn des – Croupiers!«

»Jutta!« stieß er hervor. Er ergriff die weißen Arme, die die Wonne seiner Augen gewesen, und schüttelte sie.

Sie riß sich los und flüchtete nach einer Tür, aber ihre zurückgewendeten Augen hingen mit unverhohlenem Abscheu an den Händen, die sie zum erstenmal schonungslos gepackt hatten.

»Du sollst mir nicht mehr nahekommen – mir graut vor dir!« rief sie hinüber. »Du fängst es schlau an! Indem du mir die Schuld aufbürdest, willst du mich zwingen, in Gemeinschaft mit dir ihre Folgen zu tragen! ... Aber täusche dich nicht! Ich werde dir niemals in die Schande, die Dunkelheit und den Mangel folgen! ... Ich habe dir gegenüber keine Pflichten mehr – sie sind erloschen in dem Augenblick, da du als ehrlos entlarvt wurdest ... Wenn etwas in diesen furchtbaren Stunden mich mit Genugtuung erfüllt, so ist es das Bewußtsein, daß ich dir geistig niemals verwandt gewesen bin – ich habe dich nie geliebt!«

Das war der letzte Schlag für den von der Sonnenhöhe einer beneideten Lebensstellung, eines angemaßten Glückes in den tiefsten Abgrund hinabstürzenden Mann – es konnte keiner mehr kommen; aber auch keiner konnte sich in der Wirkung mit den letzten wenigen Worten messen, die der rote Frauenmund so unbarmherzig hinwarf.

Der Minister taumelte nach der Tür zu, als wolle er das Zimmer verlassen, allein die Füße schienen ihm treulos zu werden – er lehnte sich mit bedecktem Gesicht an die Wand.

»Du hast mich, trotz aller deiner Schwüre und Beteuerungen, nie geliebt, Jutta?« fragte er nach einem minutenlangen tödlichen Schweigen in das Zimmer zurück.

Die Frau schüttelte mit einer Art von wildem Triumph energisch den Kopf.

Er stieß ein bitteres Hohnlachen aus.

»O Weiberlogik! ... Diese Frau setzt sich hoch auf den Richterstuhl strenger Tugend; sie stößt den Betrüger erbarmungslos von sich und gesteht dabei mit liebenswürdiger Naivität ein, daß sie ihren Mann auf die empörendste Weise elf Jahre lang betrogen und – am Narrenseil herumgeführt hat! ... Geh, geh, auch du wirst Karriere machen! Noch liegen einige gerettete Jahre der Jugend und Schönheit vor dir; aber das Ende dieser Karriere – nun, ich will diskreter sein als du und diesen Wänden nicht erzählen, wie die Karriere der Frau Baronin Fleury, Exzellenz, schließlich verlaufen wird!«

Er ging zur Tür hinaus; aber beim Schließen derselben warf er noch einen Blick in das eben verlassene Zimmer. Die Frau hatte sich wieder auf das Ruhebett geworfen – sie sah geknickt, innerlich zerbrochen aus; nie war sie hinreißender gewesen als in diesem Augenblick. Das glühende Gefühl für das schöne Weib überwog alle anderen Leidenschaften, die im Innern dieses gefährlichen Mannes wühlten; er vergaß, daß in den wunderbaren Körperformen dort eine erbärmliche Seele wohnte, er vergaß, daß dieses begehrliche, unersättliche Herz nie für ihn geschlagen hatte – er kehrte stürmisch in das Zimmer zurück.

»Jutta, gib mir deine Hand und sieh mich noch einmal an«, sagte er mit brechender Stimme.

Sie verschränkte die Arme fest unter dem Busen und drückte sie und das Gesicht tief in die Polster.

»Jutta, sieh auf – wir gehen für immer auseinander!« –

Die Gestalt regte sich nicht – kaum daß man das Heben und Sinken der atmenden Brust sah.

Er biß in wildem Schmerz die Zähne zusammen und verließ das Zimmer. Wie vorher auch, glitt er geräuschlos durch den Korridor, dann stieg er die Treppe hinab.

Der Minister schritt mit rückwärts gekreuzten Händen durch die Alleen des Schloßgartens ... Das gellte und jubelte und schmetterte aus dem Saal hernieder, und die Kerzen flammten, die man noch angezündet hatte auf den Wink des Mannes, der jetzt als Bettler heimatlos drunten umheririrrte.

Und nun rollte der fürstliche Wagen vor. Mit möglichster Vermeidung alles Geräusches und Aufsehens erschien die schmächtige Gestalt des Fürsten, umgeben von den flüsternden Herren seines Gefolges, in der Halle.

Bei diesem Anblicke ballte der tiefgefallene Mann in der dunklen Allee die Fäuste und schlug sie wild und wiederholt gegen die Brust.

Der Wagen rollte davon, und die Musik droben machte auch eine Pause – es wurde für einen Augenblick totenstill im ganzen weiten Garten. Noch einmal scholl das donnernde Gepolter der fürstlichen Equipage herüber – sie fuhr über die Brücke – das war das Ende der »glänzenden Genugtuung«, die der Fürst seinem Günstling »den Schreiern« gegenüber geben wollte ...

Seltsam – hatte der gewandte, elegante Kavalier seine schwierige Mission doch nicht mit der gewohnten Meisterschaft durchgeführt, oder war die tanzende Menge da oben bereits zu aufgeklärt, um sich eine »Hoflüge« aufbinden zu lassen? ... Wagen auf Wagen fuhr vor, und die geschmückten Gestalten schlüpften scheu und eilig hinein, als gelte es Flucht, schnelle Flucht ...

Die Klänge des Orchesters erbrausten abermals – sie hallten fast schauerlich von den Wänden des geleerten, mächtigen Saales wider, und die wenigen tanzenden Paare flogen an den Fenstern hin wie die letzten verlorenen Seelen eines bacchantischen Festes, die sich an der überschäumenden Lust nicht satt trinken können.

Der Minister schritt weiter und weiter. Sein Fuß verirrte sich immer tiefer in die abgelegenen Bosketts des Schloßgartens, die in künstlich erhaltener Wildnis die tiefste Ruhe atmeten, kaum daß ein aufgescheuchter, schlaftrunkener Vogel durch die Zweige flatterte, oder der Nachtwind hoch oben durch die Ulmenkronen strich ... Jetzt wurde es lebendig in dieser Todeseinsamkeit – ächzende Seufzer entflohen den Lippen eines furchtbar aufgeregten Menschen; in wilder Hast wühlte er sich durch pfadloses Gebüsch, die gewaltsam niedergebogenen Zweige knackten und schlugen rauschend zurück in das Gesicht des nächtlichen Störers ...

Halbverloren taumelten noch einzelne Klänge der Ballmusik herüber, dann verstummten auch sie, und jetzt mit dem letzten zwölften Schlag, den das Neuenfelder Turmglöckchen zitternd verhallen ließ, rollte und donnerte es noch einmal von ferne – das war der letzte Wagen, der von dannen fuhr.

Das Auge des Ministers richtete sich starr auf den feurigen Würfel des Schlosses, der noch einen kurzen Moment feenhaft durch das flüsternde Laub flimmerte ... Da sanken die Kronleuchter des Saales, und geschäftige Hände löschten Kerze um Kerze, die einem schauerlich gestörten Fest geleuchtet hatten. Die langen, strahlenden Linien der Korridore verschwanden spurlos in der Nacht – ein Licht um das andere versank – dort huschte noch eins hin und her, es lief mit dem Feuerwächter, der seine Runde machte ... da erlosch es – und mit ihm fiel ein Schuß in den abgelegenen Bosketten des Arnsberger Schloßgartens ...

»Da wildert einer«, sagten die aufgeschreckten Schläfer in Neuenfeld, drehten sich um in ihren Betten und schliefen weiter den Schlaf des Gerechten ...

Winkt in der Ferne das Spießeridyll ...

»Habe viele Romane gelesen, Reisebeschreibungen. Cooper, Marryat, Möllhausen, Gerstäcker. Habe gedacht. Alles Schwindel. Aber doch anders«, heißt es in Karl Mays Roman *Das Waldröschen*. Balduin Möllhausen, geboren 1825 in Bonn, im Alter Mitglied der Tafelrunde des Prinzen Friedrich Karl von Preußen, war tatsächlich einer der bekanntesten und meistgelesenen deutschen Autoren in der 2. Hälfte des 19. Jahrhunderts. Der einstige Landwirtschaftseleve nahm als Topograph und Zeichner teil an diversen Amerika-Expeditionen und betreute schließlich als Kustos die Bibliotheken in den Schlössern von Potsdam. Seine Romane und Erzählungen handeln vom Aufbruch in die exotische Ferne des Wilden Westens, einem Aufbruch jedoch, der nicht als Ausbruch, Protest gegen die Alte Welt zu verstehen ist, sondern als Suche nach dem Ort, wo sich das (ach so deutsche) »Glück im Winkel« bewährt.

Balduin Möllhausen: Die Mandarin-Waise
Das Wiedersehen

Am zweiten Abend nach meiner Zusammenkunft mit dem Oberstleutnant brachte Anton mir die Nachricht, daß jener mich in kürzester Frist erwarte.

Die entscheidende Stunde war also da; ich sollte Johanna sehen und sprechen, um zugleich auf ewig Abschied von ihr zu nehmen.

Obgleich ich für meine Person auf das Wiedersehen vorbereitet war, obgleich eine schmerzliche Freude mich erfüllte, noch einmal Johannas süße Stimme zu hören, noch einmal für ihre unerschütterliche Liebe und Treue danken zu dürfen, schwebte ich doch in einer angstvollen Spannung, wie derjenige sie wohl empfinden mag, der auf seinem letzten Gange der nächsten Zukunft gedenkt.

Erst als ich mich wieder bei meinem Vormunde in der Stube befand und die ernste, feierliche Entschlossenheit in seinen Zügen gewahrte, gewann ich neue Fassung und die überlegene Ruhe, die zu dem gewagten Schritt notwendig war.

Keines Wortes mächtig, reichte ich dem Oberstleutnant die Hand.

»Es hat sich eher gemacht, als ich glaubte«, sagte er, mich umarmend. »Meine Lisette ist eben zur Abendmesse gefahren, das Hausgesinde habe ich ihr nachgeschickt, und außer mir befindet sich nur noch Johannas Wärterin im Hause. Niemand ahnt unser Vorhaben, die beiden Priester sind in gewohnter Weise hier gewesen und sogar von mir im Vorbeigehen begrüßt worden, und wenn ich nicht irre, gedenken sie nach der Messe noch einmal hier vorzusprechen. Sie sind nicht blind dafür, daß meiner armen guten Johanna Auflösung in jeder Stunde erfolgen kann. Nun, nun, fasse dich, mein Junge«, fügte er mit bebender Stimme hinzu, als er gewahrte, daß ich erbleichte, »du mußt dich ins Unvermeidliche fügen und auch bedenken, daß die Pfaffen, so Gott will, mein Haus zum letzten Mal betreten haben.«

Sobald er dann Anton angewiesen, wieder seinen alten Platz am Ofen einzunehmen, mir aber behilflich gewesen war, mein Aussehen durch einige von mir auf der Försterei zurückgelassene Kleidungsstücke meiner früheren Erscheinung möglichst ähnlich zu machen, begab er sich in Johannas Gemach, um die Wärterin zu entfernen. Nach einigen Minuten kehrte er zurück, und mich am Arm ergreifend, zog er mich schweigend mit sich fort.

Nachdem wir die beiden anstoßenden Gemächer durchschritten hatten, gelangten wir auf einen schmalen Gang, den eine kleine Lampe matt erhellte.

»Hier ist sie«, sagte der Oberstleutnant, auf eine geschlossene Tür weisend, »warte, bis ich dich rufe, und fasse allen Mut zusammen, du wirst ihn gebrauchen.«

Gleich darauf trat er ein, die Tür nur anlehnend, so daß ich jedes in dem Gemach gewechselte Wort deutlich verstehen konnte. –

»Bringst du mir den versprochenen Trost?« fragte Johanna ihren näher tretenden Onkel mit matter Stimme.

»Er wartet vor der Tür auf dich«, entgegnete der Oberstleutnant, »ich wollte dich nur fragen, meine liebe Tochter, ob du sonst noch Wünsche hast, damit ich euch nachher nicht zu stören brauche.«

»Onkel, teuerster Onkel, wenn du doch den göttlichen Lehren dein Ohr nicht verschließen wolltest«, versetzte Johanna unbeschreiblich traurig, »hast du nur einmal mit mir vereinigt gebetet, so wird dein Herz sich erweichen, du wirst deine Irrtümer einsehen –«

»Schon gut, schon gut, mein Kind, ich will mit dir beten«, unterbrach sie der Oberstleutnant, »mit dir und mit dem, der vor der Tür auf die Erlaubnis zum Eintreten harrt.«

»O Gott, wie gut du bist«, rief Johanna inbrünstig aus, »du hast mir vergönnt, meinen teuren Onkel bekehren zu dürfen; o, lasse doch auch deine Güte und Gnade über meinen armen verlassenen Gustav walten!«

»Auch dein Gustav soll mit dir beten«, versetzte der Oberstleutnant tief ergriffen.

»Gustav Wandel? mein armer verlassener Gustav?« fragte Johanna, und ihr Atem schien zu stocken.

Der Oberstleutnant antwortete nicht mehr, er war bereits aus der Tür getreten, und im nächsten Augenblick kniete ich vor Johanna, von meinen Gefühlen überwältigt, mein Gesicht auf ihren Knien bergend. –

Totenstille umgab uns; ich wagte nicht, aufzuschauen, weil ich das Schrecklichste befürchtete. Da fiel etwas neben mir auf die Erde, es war das Kruzifix, und gleichzeitig fühlte ich, daß zwei zarte Hände schmeichelnd, wie sie so oft getan, sich auf mein Haupt legten.

»Armer, armer Gustav, sogar deine schönen Locken haben sie dir geraubt«, hauchte sie über mich hin, indem sie sich mühsam zu mir niederneigte und einen Kuß auf meine Stirne drückte.

O, es war ein Augenblick, so unendlich süß und doch wieder so namenlos bitter, daß ich glaubte, vor Schmerz und Wehmut vergehen zu müssen.

Zögernd schaute ich endlich empor; Johanna blickte mir in die Augen, worauf sie die Hände zurückzog und damit, wie um eine Vision zu verscheuchen, nach beiden Seiten über ihre fast durchsichtigen, blaugeäderten Schläfen strich.

»Gustav, bist du es wirklich?« rief sie dann laut aus, »bist du es wirklich, du mein einziger, mein eigener Gustav?«

»Johanna, ich bin gekommen, um mit dir zu leben und zu sterben!« sagte ich leise, noch immer kniend und meine Arme um ihre hinfällige Gestalt schlingend.

Da entstürzten Tränen ihren milden blauen Augen, ihre Arme legten sich um meine Schultern, und ihr Haupt sanft auf das meinige stützend, schluchzte sie heftig.

»Gustav, du heiß und ewig Geliebter«, flüsterte sie mit tiefinnigem Ausdruck, »ach, wie habe ich gelitten; nun aber ist alles gut; ich bin krank gewesen, ich bin es noch, aber tröste dich, mein guter Gustav, ich werde genesen, und du wirst nicht wieder von mir gehen, oder ich begleite dich bis an der Welt Ende. Oh, welch schreckliche Dinge haben sie mir erzählt, oder habe ich es geträumt – so gräßlich, daß es alle Beschreibung übersteigt. Ich sah Männer mit schwarzen Augen und entsetzlichen Blicken, du weißt ja, den Herrn Bernhard am Gesundbrunnen; und sie hatten eine eiserne Kette um meine Brust gelegt, und wenn sie sprachen, dann zog sich die Kette, mir namenlose Schmerzen bereitend, immer enger zusammen. Auch von dir habe ich geträumt, von dir, meinem Gustav; ich wußte, wo du warst, wußte, daß du deine arme Johanna noch immer treu und aufrichtig liebtest, aber ich fürchtete mich, von dir zu sprechen, mir war, als ob bei der Erwähnung deines Namens die sengenden Augen mich ins Herz getroffen hätten. Doch ich bin kindisch, ich vergesse, daß alles nur ein Traum, ein krankhafter Zustand gewesen ist«, fügte sie unter Tränen lächelnd hinzu.

»Johanna, meine arme Johanna, schone dich«, stotterte ich, ohne eigentlich zu wissen, was ich sagte, der Tod hatte den holden bleichen Zügen und den eingefallenen zarten Wangen sein Zeichen so deutlich aufgedrückt, daß mich bei ihrem Anblick eine wilde Verzweiflung ergriff.

»Ich mich schonen, Geliebter?« fragte sie lächelnd, »jetzt brauche ich mich nicht mehr zu schonen. Bis vor wenigen Minuten noch wurde mir das Atmen schwer, aber jetzt, höre doch, wie laut und kräftig ich spreche, meine Brust ist frei, der Bann, der meine Brust so schmerzhaft einzwängte, ist gebrochen, und ich werde mich bald, sehr bald wieder erholen. – Lieber, lieber Gustav, du bist mein Arzt gewesen, ich fühle es, denn seit deinem Eintritt befinde ich mich so wohl, ach so wohl. Oh, mein Gott, niemals hätte ich geglaubt, daß mir des Lebens Freuden noch einmal lächeln würden!« rief sie entzückt aus, und dann mich zu sich emporziehend und krampfhaft umarmend, weinte sie lange an meiner Brust.

Auch ich weinte so bitterlich, wie ich es seit meiner Kindheit nicht getan, doch während mir ein tiefer Seelenschmerz die Brust zusammenschnürte, waren es Freudentränen, die unaufhaltsam über Johannas zarte Wangen rannen.

Nach einer Weile richtete sie sich wieder empor, und sich zurücklehnend, betrachtete sie mich lange sinnend.

»Bist du es denn wirklich, mein Gustav?« fragte sie, »ja, das sind deine lieben treuen Augen, deine liebe kluge Stirn; aber nicht so traurig darfst du blicken, denn die Spuren, die die schwere Kerkerhaft dir aufgedrückt hat, werden unter meiner Pflege bald, sehr bald schwinden, und vor allem der schmerzliche Zug um deinen Mund. Oh, laß mich nur etwas gekräftigt sein, denn vorläufig bedarf ich ja selbst noch einiger Pflege«, fügte sie mit einem holden Lächeln hinzu, mit einem Lächeln, so rührend und hoffnungsvoll, daß es mir in die Seele schnitt und mir vor unbeschreiblichem Weh aufs neue unbewußt Tränen in die Augen drangen.

»Arme, schwer geprüfte Johanna!« sagte ich halblaut, ihre schmalen Hände mit heißen Küssen bedeckend.

In demselben Augenblick bemerkte sie den Oberstleutnant, der leise in die Stube getreten war und mit schlaff niederhängenden Armen und gefalteten Händen, ein Bild des Grames, zu uns herüberschaute.

»Schone dich, mein Herzchen, schone dich und strenge dich nicht zu sehr an«, sprach er, mir heimlich einen bezeichnenden Blick zusendend.

»Laß mich doch sprechen; seit meine Brust freier ist, fühle ich die Neigung, immerwährend zu erzählen – nur müde bin ich noch; eine halbe Stunde möchte ich so recht ruhig und ungestört schlafen – an deiner Brust ruhen, Gustav, setze dich zu mir – und Onkel, gib du mir deine Hand«, sagte sie plötzlich leise, fast flüsternd, und zugleich wich die letzte Spur von Röte aus ihren Wangen.

Schnell holte ich einen Stuhl herbei, und als ich mich neben sie niederließ, lehnte sie mit einem glückseligen Lächeln ihr teures Haupt an meine Brust.

Ich schloß sie in meine Arme, der Oberstleutnant, der vor ihr auf einem Schemel saß, hielt ihre Hand, und angstvoll hafteten unsere Blicke an den lieben treuen Augen, die sich geschlossen hatten.

Nach einigen Minuten hoben sich ihre Lider mit den langen seidenen Wimpern noch einmal zur Hälfte empor; »nur eine halbe Stunde«, flüsterte sie, ihr schönes Lockenhaupt fester an meine Brust lehnend, »weckt mich nicht, ich bin so müde, und Gustav – an deinem Herzen ruht es sich so schön – schön – so süß, daß ich ewig so schlafen möchte.«

Ihre Augen schlossen sich wieder; eine heiße Träne rollte mir über die Wange und fiel ihr gerade auf die Stirn.

Johanna lächelte, wie im Schlaf; ihr Atem wurde leiser und leiser, bis ich ihn zuletzt nicht mehr hörte; das süße Lächeln thronte aber noch immer auf dem engelschönen, bleichen Antlitz.

Minuten verrannen; die Lampe brannte trüber, ihr matter Schein spiegelte sich in einem Tropfen, der an der äußersten Spitze von meines Vormundes Schnurrbart zitterte; ich sah es, als ich, nach Fassung ringend, ihn fragend und Trost von ihm erhoffend anschaute.

Ein kaum bemerkbares Beben erschütterte die zarte Gestalt in meinen Armen; ihr Haupt sank noch schwerer und tiefer auf meine Brust hinab, ihre Arme erschlafften, und die zarten Finger, die in meiner und meines Vormundes Händen ruhten, verloren die Spannkraft.

»Um Gotteswillen, sie stirbt«, flüsterte ich, von grenzenloser Verzweiflung ergriffen, dem Oberstleutnant zu.

»Mein Sohn«, antwortete dieser hohl und dabei doch mit eigentümlicher Entschiedenheit, »ich kenne solche Zeichen, ermanne dich und gedenke deiner armen Johanna hinfort als eines dieser Welt entrückten Engels.«

Ich wollte, ich konnte die schreckliche Kunde nicht glauben. Trotzdem ich auf das Schlimmste vorbereitet war, hielt ich es doch nicht für möglich, daß die guten, aufrichtigen Augen sich nicht mehr öffnen sollten, ihr treues Herz zu schlagen aufgehört habe. Schmückte doch noch immer das selige Lächeln ihr marmorbleiches Antlitz, das Lächeln, das ihr meine Träne entlockt und der Tod dann festgebannt hatte.

Sogar als ich, der Aufforderung des Oberstleutnants taumelnd Folge leistend, mit ihm die teure Tote nach ihrem seit Wochen nicht mehr berührten Lager hintrug, bezweifelte ich noch immer, daß sie wirklich ihrem letzten Schlummer in die Arme gesunken sei.

Wie ich sie dann aber vor mir sah, so still, so bleich und dabei doch so himmlisch-schön, wie der lächelnde Zug sich gar nicht mehr verändern wollte und ihre lieben Hände regungslos so liegen blieben, wie wir sie hinlegten, da erst brach sich mein verhaltener Jammer über den entsetzlichen Verlust, den ich erlitten hatte, Bahn.

»Johanna!« rief ich, von namenloser Verzweiflung ergriffen aus; »Johanna!« rief ich noch lauter, und mit unwiderstehlicher Gewalt zog es mich auf die Knie nieder, und mein Kopf sank auf die erkaltende Hand der geliebten Toten.

Doch Johanna hörte nicht mehr, sie fühlte nicht die Tränen, die sie benetzten.

Düsterer brannte die Lampe, der Oberstleutnant durchmaß das Gemach mit so festen Schritten, daß sie unheimlich widerhallten, ich aber betete inbrünstig zu Gott, daß er mich angesichts meines vernichteten irdischen Glücks, ebenfalls zu sich nehmen möge. –

Längere Zeit verstrich; schwach kämpfte die Lampe um ihr Leben und laut dröhnten die festen Schritte auf dem Fußboden.

Plötzlich verstummte das Geräusch dicht hinter mir, und des Oberstleutnants Hand legte sich auf meine Schulter. Der alte Krieger mit seiner eisernen Natur war wieder vollständig Herr seiner selbst geworden.

»Mein Sohn, ich habe dir Zeit gelassen, sie zu beweinen, jetzt aber ist es Zeit, auch an dich selber zu denken«, sagte er mit seiner gewöhnlichen, rauhen, nur etwas heiserer klingenden Stimme.

Ich gab keine Antwort, ich war mir nicht einmal bewußt, daß er nur zu mir gesprochen haben könne.

Was galt mir jetzt noch meine Sicherheit? Was kümmerte es mich, daß die Häscher vielleicht auf meiner Spur waren? Ich hatte mit allem abgeschlossen, denn meine Johanna war ja tot.

Der Oberstleutnant, das Vergebliche seiner Bemühungen einsehend, setzte seinen Gang wieder fort. Er öffnete das Fenster und lauschte in die Nacht hinaus; er begab sich an die Haustür und kehrte zurück; ich dagegen kniete noch immer vor meiner armen Johanna.

Abermals hatte er sich an die Haustür begeben, als er nach längerem Lauschen plötzlich mit hastigen Bewegungen in das Sterbegemach stürzte.

»Wenn auch nicht deinetwegen, so mußt du dich wenigstens um meinetwillen ermannen!« rief er mit gepreßter Stimme aus, indem er mich mit kräftigem Griff emporzog. »Ich höre den Wagen, der mir meine Lisette bringt, fort also, keine Minute ist zu verlieren, oder dein alter Vormund hat auch noch den Kummer, sich deiner nur als eines in Fesseln schmachtenden Verbrechers erinnern zu dürfen.«

Mechanisch und schwankend folgte ich ihm bis in die Mitte des Gemaches; dann aber riß ich mich wieder los, und noch einmal vor Johanna hintretend, legte ich, von unsäglicher Qual gefoltert, meine Hand auf ihre weiße Stirn.

»Schlafe wohl, mein guter Engel, meine Johanna«, seufzte ich aus gebrochenem Herzen, »schlafe wohl und verzeihe mir den Kummer, den du um meinetwillen erduldet hast.«

Einen innigen Kuß drückte ich auf ihre bleichen, erkaltenden Lippen, ein letzter Blick traf das stille, selbst im Tode noch freundliche Antlitz, und dann trat ich an die Seite meines Vormundes.

»Ich bin bereit«, sagte ich ruhig, indem wir uns schnell auf den Hof begaben, wo Anton meiner harrte, »ich habe jetzt nur noch Ihre letzten Anordnungen und Ratschläge entgegenzunehmen.«

»Mein Segen begleite dich auf allen deinen Wegen«, sagte der Oberstleutnant, mich umarmend, »mein Rat und meine

Wünsche sind, daß du so schnell als möglich diese Gegend verlässest. Schreibe mir, sobald du in Sicherheit bist, und vergiß nicht, mir die Adresse anzugeben, unter der ich dir antworten kann. Fort, Junge, fort, sie kommen, Gott segne dich und erhalte dich auf den Pfaden der Ehre. Johanna ist in deinen Armen gestorben, die größte Gnade, die dir unter den obwaltenden Verhältnissen zuteil werden konnte, vergiß das nie und nun fort!«

Ich küßte meinem alten, väterlichen Freunde inbrünstig die Hand, und fast in demselben Augenblick, in dem der Wagen nach dem Hofe hinaufbog, verschwand ich auf der entgegengesetzten Seite der Landstraße mit Anton im Walde. Der treue Bursche hatte sich auf den Rat des Oberstleutnants mit meinen zurückgelassenen Kleidungsstücken beladen, um dadurch jeglicher Möglichkeit einer Entdeckung vorzubeugen.

Wie wir an jenem Abend in unser Versteck zurückgelangten, weiß ich nicht. Ich erinnere mich nur, daß ich auf meinem dürftigen Lager zu dem Bewußtsein einer grenzenlosen Vereinsamung und Verlassenheit erwachte. –

Die Nacht wich dem Tage, die niedrig stehende Sonne beschrieb ihren weiten Bogen von Osten nach Westen, und noch immer dachte ich nicht an meinen Aufbruch.

Wohl bat mich Anton mit tränenfeuchten Augen, dem Rate meines Vormundes zu folgen; wohl sprach er von der Verräterei und der List seines Bruders, wohl wies er darauf hin, daß er sich endlich einmal nach seinem Jakob umsehen müsse.

Daß seine lange Abwesenheit bei den Seinigen Mißtrauen erwecken müsse, begriff ich sehr wohl, ebenso, daß mit jedem Tage die Sehnsucht nach seinem Raben wuchs, und so riet ich ihm denn, sich noch an demselben Abend nach der Hütte seiner Mutter zu begeben, dort einige Erkundigungen einzuziehen und dann bei der ersten günstigen Gelegenheit zu mir zurückzukehren.

Er tat, wie ich ihm riet, doch bereits in der Mitte des folgenden Tages traf er wieder bei mir ein. Die Gelegenheit, das elterliche Obdach ohne Aufsehen zu verlassen, hatte sich nur zu schnell geboten. Trotzdem er seinem Bruder eine Anzahl vorgeblich auf der Landstraße erbettelter kleiner Münzen einhändigte, war er von diesem ungewöhnlich hart mißhandelt worden. Die Mißhandlungen hätte er wohl ertragen, als derselbe aber drohte, seinem Jakob den Hals umzudrehen, hatte er den Raben an sich genommen, und den günstigen Augenblick erspähend, war er davongelaufen.

Der Vogel, der seine Zunge nicht zu zügeln verstand, war allerdings ein gefährlicher Gast für mich; um alles in der Welt aber hätte ich es nicht vermocht, des braven, treuherzigen Burschen einzige Freude aus meiner Nähe zu bannen, um so mehr, da während meines Aufenthaltes in der Höhle kein fremder Mensch die abgelegene Schlucht betreten hatte und Anton, die mir drohende Gefahr nicht unterschätzend, bereitwilligst seinen vorwitzigen Jakob mittelst einer an seinem Fuße befestigten Schnur im Hintergrunde der Höhle gefangen hielt.

Entdeckungen, die vielleicht in Beziehung zu meiner Lage zu bringen gewesen wären, hatte er nicht gemacht. Nur einmal war er von seinem Bruder gefragt worden, ob er mich gesehen habe, und als er dies verneinte, hatte jener die Bemerkung hingeworfen, daß der Oberstleutnant schwerlich ohne fremde Hilfe das tote Fräulein von dem Stuhl auf das Bett getragen haben könne.

Anton fand in dieser Äußerung nichts Verdächtiges, ich dagegen erriet sogleich, daß jener Umstand jedenfalls zwischen Bernhard und dem wilden Andres zur Sprache gekommen war.

Auch die Stunde, in der die Beerdigung in dem nächsten Kirchdorf stattfinden sollte, hatte Anton sich gemerkt, und von ganzem Herzen billigte ich seinen Entschluß, ihr beiwohnen und mir demnächst einen Bericht über die Feierlichkeit abstatten zu wollen.

Ich gab ihm ein Sträußchen Blumen und grüne Farne mit, das einzige, was in dem Bereich meines Verstecks zwischen dem Gestein aufzufinden war, und erteilte ihm den Auftrag, das Sträußchen auf den Sarg zu legen und die liebe, teure Tote von mir zu grüßen, aber leise, ganz leise, so daß seine Worte nicht von den Umstehenden vernommen werden könnten.

Als er dann gegangen war, drangen mir Tränen der Wut in die Augen, und mit krampfhaftem Griff schälten meine Finger das graue Moos von den vor mir liegenden Felstrümmern.

»Oh, meine Rache wird euch erreichen«, stöhnte ich in mich hinein, und verzweiflungsvoll griff ich in die dornenreichen Brombeerranken, daß das Blut an mehreren Stellen aus der aufgerissenen Haut meiner Hände hervorquoll, »ja, sie wird, sie muß euch erreichen«, wiederholte ich in Gedanken, das Blut mit wilder Gier betrachtend und an meine Lippen führend.

Ein ferner gedämpfter Ton drang zu mir in mein Versteck.

Ich lauschte; derselbe Ton wiederholte sich wieder und immer wieder.

Die Stunde war gekommen; sie trugen meine Johanna zu Grabe, und feierlich läuteten dazu die Glocken in der abwärts gelegenen Kirche.

Sie läuteten meine Johanna zu Grabe und mit ihr auch meine Jugend. In tiefster Trauer, unter unsäglichen Schmerzen und Tränen überschritt ich die in meinem Leben scharfgezeichnete Grenze zwischen dem leicht erregbaren und an frohen Hoffnungen so reichen Jünglinge und dem ernsten, überlegenden Manne.

Die Glocken läuteten feierlich und friedlich, gerade wie damals, als ich, noch ein Kind, mit dankbarem Herzen ihren Tönen lauschte, mit dankbarem Herzen, weil ich glaubte, die freundlichen Glocken wären von dem lieben Gott beauftragt, die schönen Sonntage und Festtage und vor allen Dingen das liebe, liebe Christfest zu machen.

Meine Tränen waren versiegt, versiegt auf lange, lange Zeit, versiegt vielleicht auf ewig.

Kunstfiguren unter sich

Von Karl Mays »großem Enthüllungsroman über die Geheimnisse der menschlichen Gesellschaft« *Das Waldröschen*, erschienen im November 1882 die ersten Lieferungen. Das unter Pseudonym veröffentlichte umfangreiche Frühwerk des Autors bietet nicht nur exotische, zur Evasion einladende »Fluchtlandschaft« (W.-D. Bach), angeblich kann es auch als ungewolltes Spiegelbild des Wilhelminischen Obrigkeitsstaats gelten. Ob es jedoch bereits die Tendenz zur Gesellschaftskritik enthält, wie man ihm nachsagt, muß bezweifelt werden. Sein Thema sei »ein großes, allgemeines Menschheitsthema und ein Thema auch für jeden Einzelmenschen«, sagte Karl May in seiner berühmten Wiener Rede. »Die Menschheit soll empor in das Reich der Edelmenschen und jeder einzelne ebenso.« Daß Karl May sich Schillers Kunsttheorie zu Herzen nahm, konnte inzwischen nachgewiesen werden.

Er kam, und sie eilte ihm entgegen, um an seiner Brust zu liegen; aber nur einen einzigen Schritt, dann blieb sie halten mit vergebens ausgestreckten Armen. Der vor ihr stand, den durfte sie nicht berühren; sie wußte nicht warum, aber eine innere Scheu sagte es ihr. Das war nicht das Auge oder die Stimme eines Bruders; sein Angesicht war hart, und seine Worte klangen herzlos. Und dann, als sie ihn von Tag zu Tag beobachtete, gewahrte sie die Blicke, welche er auf seinen Vater warf. Ein jeder dieser Blicke sagte: »Ich laure nur auf Deinen Tod!« Es wurde ihr Angst, sie ahnte ein Geheimniß, und in dieser Todesangst schrieb sie – bat sie mich, an Sie zu schreiben, damit Sie kommen und helfen möchten.«

»Was ich thun kann, soll geschehen, wenn es angenommen wird«, versicherte er. »Die Operation soll morgen stattfinden?«

»Ja. Man wird sie auf keinen Fall länger hinausschieben.«

»Wann?«

»Ich hörte, daß sie um elf Uhr vorgenommen werden soll.«

»Werde ich vorher den Grafen sehen und sprechen dürfen?«

»Ja, wenn Sie sich bei der Contezza melden.«

»Wann wird sie mich empfangen?«

»Kommen Sie neun Uhr! Haben Sie bereits einmal den Stein operirt?«

Er lächelte ein wenig.

»Sehr oft, Sennora. Ich glaube sogar, daß man mich für eine Capacität auf diesem Felde hält.«

»Ist die Operation sehr gefährlich?«

»Um dies sagen zu können, muß man den Fall untersucht haben. Warten wir, bis dies geschehen ist!«

»Ja, warten wir! Ich habe zu Ihnen ein unerschütterliches Vertrauen. Nur Sie allein werden Rettung bringen, wenn Rettung möglich ist.«

Sie erhob sich, und er frug traurig:

»Sie wollen gehen, Sennora?«

»Ja; ich werde sehr leicht vermißt. Also neun Uhr kommen Sie?«

»Ich komme! Darf ich Sie nicht jetzt begleiten, Sennora?«

Sie besann sich erröthend und antwortete dann:

»Es ist dunkel, und man wird uns nicht sehen. Ja, kommen Sie bis zum Schlosse mit!«

Sie verließen das Häuschen, und er reichte ihr den Arm. So hoch und stark er war, so war er doch kaum um einen halben Fuß länger als sie, und wer sie jetzt hätte so nebeneinander dahin schreiten sehen, der hätte sie jedenfalls für ein ganz auserlesenes Paar gehalten.

Sie legten ihren Weg unter dem tiefsten Schweigen zurück, aber desto lauter waren die Stimmen ihrer Herzen. Er fühlte ihren Arm auf dem seinigen liegen, und er hätte es nicht gewagt, ihn fester an sich heranzuziehen. Es war ihm, als wandele ein überirdisches, unendlich höheres Wesen neben ihm her, ein Wesen, zu dem er anbetend emporschauen müsse, und als sie endlich vor dem Parkthore standen, um Abschied zu nehmen, da zuckte es ihm zwar heiß und verlangend durch die Seele, aber seine Arme blieben gesenkt, und als sie ihm die Hand entgegenstreckte, da zog er dieses kleine, warme Händchen wohl für eine ganz, ganz kurze Sekunde an seine Brust, wagte aber nicht, sie mit seinen Lippen zu berühren.

»Gute Nacht, Carlos«, sagte sie. »Ruhen Sie aus von Ihrer Reise!«

»Ausruhen?« fragte er. »Meine Seele ist ruhelos, bis sie die Ruhe des Grabes finden wird. Gute Nacht, Sennorita!«

Er wollte gehen, da aber faßte sie ihn abermals bei der Hand, trat nahe, ganz nahe an ihn heran und lehnte ihr Köpfchen an seine Schulter. Er fühlte ihren warmen, vollen Busen an seinem Herzen sich heben und senken, und er hörte ihre leise gesprochene Bitte:

»Mein Carlos, vergib mir, und sei nicht unglücklich!«

Da legte er doch die Hände um sie, zog sie innig an sich und flüsterte:

»Wie kann ich glücklich sein, wenn Du mir nicht aufgehen darfst, mein Licht, mein Stern, meine Sonne!«

»Nur unsere Körper werden getrennt sein, unsere Seelen aber haben sich gefunden und werden einander nie verlieren! Gott sei mit Dir!«

Sie trat von ihm zurück und schlüpfte in den Park. Er stand außen und lauschte, bis ihre leichten Schritte verklungen waren, dann aber blieb er noch lange an derselben Stelle. –

»Dann hörte sie die Saiten klingen«

Es war eigenthümlich, daß die regelmäßig im Parke unter-
nommenen Spaziergänge stets zu Vieren begonnen wurden
und doch zu Zweien endeten. Während der Graf auf der Ve-
randa die balsamische Luft genoß, lustwandelten die Anderen
zwischen Blumen. Da fand sich dann stets der Arzt zu Rosa
und der Lieutenant zu Amy, ein Umstand, dessen sogar der
Graf mit einem liebenswürdigen Scherze gedachte. Mariano
fühlte, daß die Liebe mächtig in ihm emporflammte, so daß er
sie unmöglich bewältigen konnte, und Amy sah in dem ritterli-
chen Jünglinge die Verwirklichung ihres Ideales, ohne weiter
und tiefer über die Gefühle nachzudenken, welche ihr Herz
beseligten.
So verging über eine Woche, ohne daß irgend ein Ereigniß von
außen der das Stillleben unterbrochen hätte. Man las, man
promenirte, man fuhr zuweilen aus, man musicirte, und überall zeigte sich Mariano als ein vollendeter Kavalier. Nur bei
der Musik schloß er sich von jeder Betheiligung aus. Er gestand aufrichtig, daß er nicht Pianino spielen könne.
Es war eines Abends zur Zeit der Dämmerung, der Arzt befand sich bei dem Grafen in dessen Zimmer, Rosa war mit
dem Bruder ausgefahren, und der Lieutenant hatte wieder,
wie oft, in der Gallerie vor dem Bilde gestanden, welches
ihm so ähnlich war. Er trat aus der Gallerie in die an dieselbe stoßende Bibliothek, in welcher es bereits ziemlich
dunkel war. Darum bemerkte er nicht, daß Amy sich in derselben befand.
Sie hatte, in einer Fensternische sitzend, vorher in einem Bu-
che gelesen und genoß jetzt die stille Dunkelstunde in jenem
Hinträumen, für welches die Dämmerung so sehr geeignet ist.
Sie hörte ihn eintreten und verhielt sich ruhig, weil sie glaubte,
daß er nur hindurchzugehen beabsichtige. Er aber that dies
nicht, sondern er trat an eins der anderen Fenster und blickte
hinaus in die Landschaft, von welcher das scheidende Tages-
licht zögernd Abschied nahm.
So vergingen einige Minuten in tiefer Stille, dann wendete er
sich um, vielleicht um zu gehen, aber sein Blick fiel dabei auf
eine spanische Guitarre, welche in der Nähe des Fensters an
der Wand hing. Er nahm sie herab und fand, daß sie gestimmt
sei. Rosa liebte dieses Instrument und hatte es am Nachmittag
gespielt. Er griff einige Akkorde und begann dann einen spa-

nischen Tanz, bei dessen rauschenden Klängen sich Amy unwillkürlich erhob.

Die Guitarre ist in Spanien ein sehr beliebtes Instrument;
sie ist fast in jeder Familie zu finden, und man trifft nicht
selten Leute, welche eine wirkliche Virtuosität erlangt haben. Auch Amy hatte solche Spieler gehört, so aber, wie
der Lieutenant, hatte noch Keiner gespielt. Darum schlug
sie, als das Spiel zu Ende war, die Hände zusammen und
rief:

»Bravo! Sennor! Das war ja ein Meisterstück! Und Sie sagen,
daß Sie nicht spielen können!«

Er war anfangs erschrocken, trat aber dann näher und
sagte:

»Ah, Sennora, ich wußte nicht, daß Sie anwesend waren.
Übrigens habe ich nur gesagt, daß ich nicht Pianino zu spielen verstehe.«

»Aber warum ließen Sie uns nicht wissen, daß Sie ein solcher
Künstler auf der Guitarre sind?«

»Weil ich meine eigene Ansicht über die Musik habe.«

»Und welche Ansicht ist dies, Sennor?«

»Die Musik ist vorzugsweise die Kunst des Gefühles, des
Herzens, und Niemand giebt seine Gefühle gern der Öffentlichkeit preis. Ich kann ein Concert anhören und mich daran
erfreuen, aber ich kann nicht meine eigenen Gedanken spielen, um sie hören zu lassen.«

»So sprechen Sie von Ihren eigenen Compositionen?«

»Ich habe niemals den Namen einer Note lernen mögen. Ich
spiele, was mir meine eigene Phantasie eingiebt, und das
spiele ich nur für mich und nicht für Andere.«

»O, Sie sind egoistisch. Singen Sie auch?«

»Ja.«

»Was?«

»Was mir der Augenblick eingiebt.«

»Sie sind also ein Improvisator! Und Niemand darf Sie
hören?«

»Niemand!«

»Gar, gar Niemand?« fragte sie langsam und mit verlegenem
Nachdrucke.

»Gar Niemand.«

»Auch – ich nicht, Sennor?«

Er schwieg. Da trat sie nahe an ihn heran, legte ihm das
kleine Händchen auf den Arm und sagte:

»Ich möchte Ihnen etwas sagen, was ich sonst Keinem sagen würde.«

»Bitte, sprechen Sie!«

Sie zögerte einige Augenblicke und dann sprach sie mit leiser Stimme:

»Sie können Alles, Sie wissen Alles; ich habe Sie beobachtet und bin stolz auf Sie gewesen. Aber eine Lücke fand ich doch, und das hat – ja, das hat mich geärgert.«

»Welche Lücke ist das, Sennora?« fragte er lächelnd.

»Sie waren nicht musikalisch. Ein Mann ohne Sinn für Töne kann kein Herz, kein Gemüth haben. Das ist es, was mich ärgerte. Ich wollte Sie so gern fehlerfrei sehen. Und nun ich jetzt bemerke, daß ich mich geirrt habe, sagen Sie, daß Niemand, gar Niemand Sie hören dürfe! Sennor, lassen Sie mich Ihre Vertraute sein, lassen Sie mich in dem Bilde, welches ich von Ihnen habe, jene Lücke ausfüllen, welche mich so schmerzte!«

Er hätte bei diesen Worten laut aufjubeln mögen. Sie gestand ihm, daß sie sich so viel mit seinem Bilde beschäftige; es hatte sie geärgert und geschmerzt, daß es etwas geben sollte, worin ihm Andere überlegen seien; das machte ihn so glücklich, daß er antwortete:

»Nun wohl, Sennora, ich werde Ihnen etwas vorsingen. Aber was?«

»Was singen Sie am liebsten?«

»Nichts und Alles. Ich lerne niemals ein Lied; ich improvisire nur.«

»Nun, so singen Sie –«

»Was?« fragte er, als sie zögerte.

»Singen Sie ein – Liebeslied.«

»Dann aber bin ich ja gezwungen, mir eine Dame zu denken, welcher ich diese Liebe und dieses Lied widme!«

»Natürlich!« meinte sie in einem jetzt heiteren Tone.

»Aber wenn ich nun keine solche Dame kenne?«

»Giebt es wirklich keine, der Sie ein Lied widmen könnten, Sennor?«

Er schwieg eine Weile, dann antwortete er:

»Ja, es giebt eine, und an diese will ich jetzt denken, wenn ich singe.«

Er führte sie zu dem Sessel, auf welchem sie vorhin gesessen hatte, und schritt ganz in den Hintergrund des Raumes zurück, wo er sich auf einen Divan niederließ. Dort herrschte bereits ein solches Dunkel, daß sie ihn nicht erkennen konnte.

Es verging eine Weile; sie ahnte, daß er jetzt an keine Andere, als nur an sie allein denke. Dann hörte sie die Saiten klingen, leise und mild, dann stärker, in einzelnen Accorden und Tönen, die sich suchten und endlich zu einer Melodie zusammenfanden. Und nun hörte sie seine Stimme:

»In Deiner Liebe ruht mein Glauben,
Ruht all' mein inniges Vertrau'n.
Will das Geschick Dich mir auch rauben,
Ich werde doch den Himmel schau'n,
In welchem Deines Auges Sonne
Mich grüßt so klar, so hell, so rein,
Voll Prophezeiung süßer Wonne,
Daß Du mein Eigen werdest sein.«

Als der erste Ton seiner Lippen erschollen war, war sie erschrocken zusammengezuckt. Das klang ja so süß, so unbeschreiblich mild, das konnte unmöglich die Stimme eines Mannes sein! So blieb es während des ganzen Verses. Nun aber leitete ein kurzes Zwischenspiel nach Moll hinüber, und es erklang lauter und bewegter die nächste Strophe:

»In Deiner Liebe ruht mein Hoffen,
Ruht meiner Zukunft Heil und Licht.
Steht solch ein Paradies mir offen,
So tret' ich ein und zaud're nicht.
Das Leid und Weh vergang'ner Zeiten
Sinkt in Vergessenheit zurück,
Und Gottes Segen wird uns leiten
Zu dieses Lebens höchstem Glück.«

Jetzt leitete ein abermaliges Zwischenspiel nach der Durtonart zurück; die Accorde wurden voller und kräftiger, die Melodie setzte sich aus festen, sicheren Tonmotiven zusammen, und auch die Stimme des Sängers erklang im vollen Brusttone:

»In Deiner Liebe ruht mein Leben,
Ruht meine ganze Seligkeit!
O laß, o laß nach Dir mich streben,
Und sei mein Eigen allezeit.
Treu meines Herzens sich'rem Schlage
Und meines Pulses heil'ger Macht,
Du bist die Sonne meiner Tage,
Und ohne Dich ist's um mich Nacht!«

Das Lied war verklungen, und lange Zeit herrschte in dem jetzt dunklen Raume das tiefste Schweigen. Dann aber kam er langsam aus dem Hintergrunde herbei, um das Instrument an seinen Platz zu hängen.

»Ist nun die böse Lücke verschwunden, Sennora?« fragte er.

»O, vollständig!« meinte sie. »Und dieses Lied gab es vorher nicht? Dieses Lied haben Sie erst jetzt gedichtet und improvisirt?«

»Ja.«

»Und die Melodie auch?«

»Ebenso.«

»Aber, Sennor, da sind Sie ja ein wirklicher, ein wahrhaftiger Dichter! Darf ich nun nur Eins noch erfahren?«

»Sagen Sie was, Sennora.«

»An wen war das Lied gerichtet?«

»An – – Sie!«

Kaum war das Wort erklungen, so fühlte sie sich von ihm umschlungen. Er zog sie an sich, legte ihr die Hand auf das schöne Köpfchen und sagte:

»Gott segne Sie, Miß Amy! Ich liebe sie unendlich, aber ich darf jetzt noch nicht davon sprechen. Doch später werde ich Sie in Mexiko oder in jenem Winkel der Erde aufsuchen, um mir das Glück zu holen, welches ich nur bei Ihnen finden will!«

Ein langer, inniger Kuß glühte auf ihren Lippen, welche sich nicht sträubten, und dann verließ er die Bibliothek. Sie hörte seine verhallenden Schritte und sank dann in den Stuhl, wo sie noch lange saß, vor Glück und Freude weinend und die glühenden Wangen in den Händen vergrub.

Ein Held

Weit draußen, mitten zwischen halb wilden, weidenden Pferdegruppen saßen die rauhen Vaqueros an der Erde und erzählten sich die Abenteuer ihrer jungen Herrin, die sich sehr schnell herumgesprochen hatten. Bärenherz saß schweigsam dabei. Er sagte kein Wort dazu, obgleich er Alles besser und wahrer hätte erzählen können. Die Beiden kamen und setzten sich mit zu den Anderen, welche sich nicht stören ließen, obgleich nun auch der zweite Held der Erzählung zugegen war. Dieser nahm zuweilen das Wort, und so entwickelte sich nach und nach eine jener fesselnden Unterhaltungen, welche man nur beim Lagern in der Wildniß zu hören bekommt.

Da drang ein zorniges Schnauben und Röcheln in das Gespräch hinein.

»Was ist das?« fragte Helmers, der sich bei diesem Geräusch schnell umdrehte.

»Es ist der Rappenhengst«, antwortete einer der Vaqueros.

»Was ist mit ihm?«

»Er soll verhungern, wenn er nicht gehorcht.«

»Verhungern? Warum?«

»Er ist unzähmbar.«

»Pah!«

»Pah? Sennor, zweifelt ja nicht! Wir haben uns alle Mühe mit ihm gegeben. Wir haben ihn nun schon drei Mal im Corral gehabt, um ihn zu zähmen, aber wir mußten ihn immer wieder frei geben. Er ist ein Teufel. Wir Alle sind Reiter, das könnt Ihr glauben, aber Alle hat er abgeworfen, außer Einem.«

»Wer ist dieser Eine?«

»Büffelstirn hier, der Häuptling der Tecalto. Er allein wurde nicht abgeworfen, aber dennoch hat er ihn nicht bezwungen.«

»Unmöglich. Wer nicht abgeworfen wird, der muß doch Sieger bleiben.«

»So dachten auch wir. Aber der Teufel von einem Rappenhengst ist mit ihm in das Wasser gegangen, um ihn herabzutauchen, und als dies nichts fruchtete, hat er ihn in den dichtesten Wald getragen und einfach abgestreift.«

»Donnerwetter!« rief Helmers.

»Ja«, nickte Büffelstirn. »Es ist eine Schande, aber es ist wahr. Und ich darf mich doch rühmen, daß ich schon manches Pferd todt gemacht habe, welches nicht gehorchen wollte.«

Der Vaquero fuhr fort:

»Es sind viele berühmte Reiter und Jäger hier auf der Estanzia gewesen, um ihre Kraft und Gewandtheit zu versuchen, aber immer vergebens. Sie Alle sagen, daß es nur Einen giebt, der den Hengst bezwingen kann.«

»Wer sollte das sein?«

»Das ist ein fremder Jäger, da oben am Red-River, der selbst den Teufel in die Hölle reiten würde. Dieser Mann ist mitten in wilde Pferdetrupps gerathen und von Kopf zu Kopf über die Thiere hinweggelaufen, um sich das Beste herauszuholen.«

Helmers lächelte belustigt und fragte:

»Hat er einen Namen?«

»Das versteht sich!«

»Welchen?«

»Wie er eigentlich heißt, das weiß ich nicht, aber die Rothen nennen ihn Itinti-ka, den Donnerpfeil. Es haben viele Jäger, die aus dem Norden kamen; von ihm erzählt.«

Helmers ließ es sich nicht merken, daß von ihm selbst die Rede sei, auch Bärenherz und Büffelstirn zuckten mit keiner Miene. Der Erstere aber fragte:

»Wo ist das Pferd?«

»Dort hinter jener Truppe liegt es.«

»Gefesselt?«

»Natürlich!«

»Alle Teufel, das ist ein Unrecht!«

»Pah. Sennor Arbellez hält große Stücke auf seine Pferde, aber dieses Mal hat er doch geschworen, daß der Rappe gehorchen oder verhungern soll.«

»So habt Ihr ihm auch das Maul verbunden?«

»Versteht sich.«

»Zeigt mir ihn.«

»So kommt, Sennor.«

Eben, als sie sich vom Boden erhoben, sahen sie den alten Arbellez mit seiner Tochter und Karja herbei geritten kommen. Es war der gewöhnliche Inspektionsritt, den er vor Nachts zu unternehmen pflegte. Die Vaqueros ließen sich nicht stören und führten Helmers zu dem Hengste.

Dieser lag, an allen Vieren gefesselt und mit einem Korbe vor dem Maule am Boden. Die Augen waren ihm vor Wuth und Aufregung mit Blut unterlaufen, jede einzelne Ader war zum Zerplatzen geschwollen, und aus dem Maulkorbe troff der Schaum in großen Flockentrauben.

»Alle Wetter, das ist ja die reine Sünde!« rief Helmers.

»Macht es anders, Sennor«, meinte der Vaquero, kaltblütig die Achseln zuckend.

»Das ist Thierquälerei. Das darf man nicht leiden. Auf diese Weise wird das edelste Pferd vollständig umgebracht.«

»Er hatte sich ganz in Extase hineingeredet. Da kam Arbellez mit den Mädchen an.

»Was giebt es, Sennor Helmers, daß Ihr Euch so ereifert?« fragte er.

»Ihr bringt den Hengst um!« antwortete dieser.

»Das will ich auch, wenn er nicht gehorchen lernt.«

»Er wird gehorchen lernen, so aber nicht.«

»Wir haben Alles vergebens versucht.«

»Gebt ihm einen tüchtigen Reiter auf den Rücken!«

»Hilft nichts!«

»Pah! Darf ich es versuchen, Sennor?«

»Nein.«

Helmers sah ihn erstaunt an.

»Warum nicht?« fragte er.

»Weil mir Euer Leben zu lieb ist.«

»Pah! Ich will lieber sterben, als dieses länger mit ansehen. Ein guter Pferdemann hält das nicht aus. Also, darf ich den Rappen reiten? Bitte, Sennor!«

Da drängte Emma besorgt ihr Pferd heran.

»Vater, erlaube es ihm nicht!« bat sie ängstlich. »Der Rappe ist zu gefährlich!«

Der Deutsche blickte ihr mit einem glücklichen Lächeln in das Gesicht. Diese ihre Angst war ihm ja ein Beweis, daß er ihr nicht gleichgültig sei; dennoch aber fragte er sehr ernst:

»Sennora, hassen Sie mich?«

»Hassen? Mein Gott, warum sollte ich das?«

»Oder verachten Sie mich?«

»Das ja noch viel weniger!«

»Nun, warum beleidigen Sie mich in dieser Weise? Nur ein Knabe unternimmt, was er nicht auszuführen vermag. Ich sage Ihnen, daß ich den Schwarzen ganz und gar nicht fürchte.«

»Sie kennen das Thier nicht, Sennor«, mahnte Arbellez. »Es sind Viele hier gewesen, welche behaupten, daß nur Itintika, der Donnerpfeil, es bändigen könne.«

»Kennen Sie diesen Itinti-ka?«

»Nein, aber er ist der beste Rastreator (Pfadfinder) und Reiter, der zwischen den beiden Meeren lebt.«

»Und dennoch bitte ich um den Hengst.«

»Ich warne Sie!«

»Ich bleibe bei meiner Bitte.«

»Nun wohl, ich muß sie Ihnen gewähren, denn Sie sind mein

Gast, aber es thut mir leid um die Folgen. Zürnen Sie mir später nur nicht!«

Da stieg Emma schnell vom Pferde und trat auf Helmers zu.

»Sennor Helmers«, bat sie, seine Hand ergreifend, »wollen Sie nicht doch um meinetwillen von dem Pferde ablassen? Mir ist so unendlich angst!«

Er erglühte vor Wonne, und sein Auge traf mit einem glühenden Strahle das ihrige.

»Sennora«, sagte er, »sprechen Sie aufrichtig: Ist es eine Ehre oder eine Schande für mich, wenn ich erst behaupte, daß ich mich nicht fürchte, und dann doch zurücktrete?«

Sie senkte den Kopf; sie sah ein, daß er recht hatte, daß er vor den Anderen, die Alle gute Reiter waren, nicht zurück konnte. Darum fragte sie kleinlaut:

»Sie wollen es also wirklich wagen?«

»O, Sennorita Emma, für mich ist das kein Wagniß!«

Er blickte ihr dabei mit einer so offenen, heiteren Zuversichtlichkeit in die Augen, daß sie zurücktrat und an die Möglichkeit des Gelingens glaubte.

»Wohlan, nun gilt's!«

Mit diesen Worten trat er an den Hengst heran. Er wies die Vaqueros zurück, welche ihm helfen wollten, die Fesseln abzunehmen. Das Thier wälzte sich noch immer schnaubend und stöhnend am Boden. Er nahm ihm den Korb ab und zog das Messer. Nur das Ende eines Lasso war dem Pferde um das Maul gebunden. Helmers nahm diesen Riemen in die Linke, schnitt mit dem Messer die Fesseln erst der Hinter-, dann auch der Vorderbeine durch und saß, als der Rappe emporschnellte, wie angegossen auf dessen Rücken.

Jetzt begann ein Kampf zwischen Reiter und Pferd, wie ihn noch keiner der sich vorsichtig zurückziehenden Zuschauer gesehen hatte. Der Hengst ging vorn und hinten in die Höhe, bockte zur Seite, schlug und biß, warf sich zu Boden, wälzte sich, sprang wieder empor – immer blieb der Reiter über ihm. Es war zunächst ein Kampf der menschlichen Intelligenz gegen die Widerspenstigkeit eines wilden Thieres, dann aber wurde es ein Kampf allein der menschlichen Muskeln gegen die thierische Kraft. Das Pferd schwitzte förmlich Schaum, es schnaubte nicht, sondern es grunzte, stöhnte; es strengte den letzten Rest seines Willens an, aber der eisenfeste Reiter gab nicht nach; mit stählernem Schenkeldrucke preßte er das Pferd zusammen, daß diesem der Athem auszugehen drohte, und nun erhob es sich zum letzten Male mit allen Vieren in die Luft, dann – schoß es davon, über Stock und Stein, über Graben und Büsche, daß man es mit seinem Reiter in einer halben Minute nicht mehr erblickte.

»Donnerwetter, so etwas habe ich noch nicht gesehen!« gestand Arbellez.

»Er wird den Hals brechen«, sagte einer der Vaqueros.

»Nun nicht erst«, meinte ein Anderer. »Er hat gesiegt.«

»O, war es mir angst!« gestand Emma. »Aber ich glaube nun wirklich, daß keine Gefahr mehr vorhanden ist. Nicht wahr, Vater?«

»Sei ruhig. Wer so fest sitzt und solche Stärke zeigt, der stürzt nun nicht erst herab. Das war ja gerade, als ob der Teufel gegen Teufel kämpfte. Ich glaube, dieser Itinti-ka könnte es auch nicht besser machen!«

Da trat Büffelstirn heran und sagte:

»Nein, Sennor, er kann es nicht besser machen, sondern ganz genau so.«

»Wieso? Ich verstehe nicht.«

»Dieser Sennor Helmers ist ja Itinti-ka, der Donnerpfeil.«

»Was?« fuhr Arbellez auf. »Er? Der Donnerpfeil?«

»Ja. Fragt hier den Häuptling der Apachen.«

Arbellez richtete einen fragenden Blick auf den Genannten.

»Ja, er ist es«, sagte dieser einfach.

»Ja, wenn ich das wußte, so hätte ich keine solche Angst ausgestanden«, erklärte der Haziendero. »Es war mir wahrhaftig so, als ob ich selbst auf dem Thiere säße.«

Emma blickte still vor sich hin, aber in ihrem Auge brannte ein glückliches, inniges Licht. Er hatte recht gehabt; er konnte nicht zurück; es hatte sich um seine Ehre gehandelt, und nun wußte sie, daß er ein noch viel größerer Held sei, als sie bisher gedacht hatte.

Voller Erwartung blieben Alle halten, und Keiner ging von dem Platze fort. So verging über eine Viertelstunde; da kehrte er zurück. Der Rapphengst war zum Zusammenbrechen müde, aber der Reiter saß lächelnd und frisch auf seinem Rücken. Emma ritt ihm entgegen.

»Sennor, ich danke Euch!« sagte sie.

Ein Anderer hätte gefragt: »Wofür?« Er aber verstand sie und lächelte ihr glücklich zu.

Die Freundschaftsbeziehung zwischen Winnetou, dem »roten Gentleman«, wie er im Titel einer frühen Ausgabe des dreibändigen Abenteuerromans genannt wird, und dem weißen Jäger Old Shatterhand ist eine aus bürgerlich-humanistischer Tradition schöpfende, doch ins sentimental Kitschige gewendete Wunschvorstellung, die, so wir Arno Schmidt folgen, unterschwellig homoerotischer Art ist.

Ich wandte mich Winnetou zu und kniete neben ihm nieder.
»Wo ist mein Bruder getroffen?« fragte ich.
»Ntsàge tche – hier in die Brust«, antwortete er leise, die Linke auf die rechte Seite der Brust legend, die sich von seinem Blut rötete.
Gedankenschnell riß ich das Messer heraus und schnitt ihm die Saltillo-Decke, die sich heraufgeschoben hatte, kurzweg herunter. Ja, die Kugel war ihm in die Lunge gedrungen. Mich erfaßte ein Schmerz, wie ich ihn in meinem ganzen Leben noch nicht gefühlt hatte.
»Noch wird Hoffnung sein, mein Bruder«, tröstete ich.
»Mein Freund lege meinen Kopf in seinen Schoß, daß ich den Kampf erkenne!« bat er.
Ich tat es, und nun konnte er sehen, daß alle Indsmen, sobald sie sich in der Spalte blicken ließen, sofort der Reihe nach in Empfang genommen wurden. Unsere Leute kamen nach und nach alle herab. Die Gefangenen wurden von ihren Fesseln befreit und erhoben laute Rufe der Freude und Dankbarkeit. Das kümmerte mich nicht. Ich sah nur den sterbenden Freund, dessen Wunde aufhörte zu bluten. Ich ahnte, daß er sich innerlich verbluten werde.
»Hat mein Bruder noch einen Wunsch?« fragte ich ihn.
Er hatte die Augen geschlossen und antwortete nicht. Sein Kopf ruhte in meinen Armen, und ich wagte nicht die geringste Bewegung.
Der alte Hillmann und die anderen Settlers, die von ihren Banden befreit waren, griffen zu den umherliegenden Waffen und drangen in die Spalte ein. Auch das beachtete ich nicht, denn mein Blick hing nur an den bronzenen Zügen und den geschlossenen Lidern des Apatschen. Später trat Spürauge zu mir, der auch blutete, und meldete:

»Sie sind alle ausgelöscht!«

»Dieser wird auch auslöschen!« entgegnete ich. »Sie alle sind nichts gegen diesen einen!«

Noch immer lag der Apatsche bewegungslos. Die braven Railroaders, die sich so wacker gehalten hatten, und die Settler mit den Ihrigen bildeten um uns stumm und tief ergriffen einen Kreis. Da endlich schlug Winnetou die Augen auf.

»Hat mein Bruder noch einen Wunsch?« wiederholte ich.

Winnetou nickte und bat leise:

»Mein Bruder Scharlih, führe die Männer in die Gros-Ventre-Berge! Am Metsur-Fluß liegen solche Steine, wie sie suchen. Sie haben es verdient.«

»Was noch, Winnetou?«

»Mein Bruder vergesse den Apatschen nicht. Er bete für ihn zum großen, guten Manitou. – Können diese Gefangenen mit ihren wunden Gliedern klettern?«

»Ja«, meinte ich, obgleich ich sah, wie die Hände und Füße der Settlers unter den schneidenden Fesseln gelitten hatten.

»Winnetou bittet sie, ihm das Lied von der Königin des Himmels zu singen!«

Ich trug den Männern die Bitte des Apatschen vor, und sogleich winkte der alte Hillmann. Sie erklommen einen Felsenabsatz, der zu Häupten Winnetous hervorragte, um den letzten Wunsch des Sterbenden zu erfüllen. Seine Augen folgten ihnen und schlossen sich dann, als die Männer oben standen. Er ergriff meine beiden Hände und hörte nun das ›Ave Maria‹ beginnen:

»Es will das Licht des Tages scheiden;
nun bricht die stille Nacht herein.
Ach könnte doch des Herzens Leiden
so wie der Tag vergangen sein!
Ich leg' mein Flehen dir zu Füßen;
o trag's empor zu Gottes Thron,
und laß, Madonna, laß dich grüßen
mit des Gebetes frommem Ton:
Ave Maria!«

Als nun die zweite Strophe anhob, öffneten sich langsam seine Augen und richteten sich mit mildem, lächelndem Ausdruck zu den Sternen empor.

Dann zog Winnetou meine Hände an seine matt atmende Brust und flüsterte:

»Scharlih, nicht wahr, jetzt kommen die Worte vom Ster-
ben?«
Ich konnte nicht sprechen. Ich nickte weinend, die dritte
Strophe begann:

> »Es will das Licht des Lebens scheiden;
> nun bricht des Todes Nacht herein.
> Die Seele will die Schwingen breiten;
> es muß, es muß gestorben sein.
> Madonna, ach in deine Hände
> leg' ich mein letztes, heißes Flehn:
> Erbitte mir ein gläubig Ende
> und dann ein selig Auferstehn!
>   Ave Maria!«

Als der letzte Ton verklungen war, wollte Winnetou sprechen
– es ging nicht mehr. Ich brachte mein Ohr ganz nahe an seinen Mund, und mit der letzten Anstrengung der schwinden-
den Kräfte flüsterte er:
»Scharlih, ich glaube an den Heiland. Winnetou ist ein
Christ. Leb wohl!«
Es ging ein Zucken und Zittern durch seinen Körper, ein
Blutstrom quoll aus seinem Mund. Der Häuptling der Apatschen drückte nochmals meine Hände und streckte seine
Glieder. Dann lösten sich seine Finger langsam von den mei-
nigen – er war tot – –

Triumph der Pose

Vieles von dem, was Karl May sich ausdenken oder anlesen
mußte, war für Ernst von Wildenbruch erlebte Realität. Der in
Syrien geborene, in exotischer Umgebung aufgewachsene Dra-
matiker der Wilhelminischen Zeit schrieb auch Erzählungen,
Lieder und Balladen. Die an seinen Geschichtsdramen geta-
delte »Sprunghaftigkeit«, ihre »männliche Überkraft« und
»verschwenderische Fülle« belasten als Zuchtlosigkeit und
Flachheit auch seine erzählerischen Werke. Nach H. M. Elster,
dem Herausgeber der Werke Wildenbruchs, besiegt in *Vice-
Mama* (1901) das »Evangelium der Liebe« noch einmal »alle
tückischen Mächte« im Schicksal der Heldin und ihres Kindes.
Ob die Erzählung freilich »stets zu den schönsten Werken deutscher Epik zählen« wird, steht gewiß auf einem anderen
Blatt.

Verschmäht!

Er hatte es durchgesetzt, er ging nach Berlin, und als er mit
gemessenen Worten und heißen Augen von ihr Abschied
nahm, sah dieser Abschied wie ein Versprechen aus, das über
die augenblicklich bevorstehende Trennung hinweg auf eine
Zeit hinüberdeutete, wo Wiederfinden sein und aus dem
Wiederfinden Zusammenbleiben und dauernde Vereinigung
werden würde.
Und aus dieser, für liebende Menschen so schmerzlich-süßen
Zeit der Trennung stammten nun die Briefe her, die jetzt wie
verwelkte Blätter, wie Schuttbrocken eines Palastes vor der
einsamen Frau lagen. Nicht der Herbst hatte diese Blätter im
gemächlichen Schicksalsgange der Zeit vergilben lassen – der
Frost hatte sie verbrannt; der Palast, der da in Trümmern vor
ihr lag, war nie unter Dach gekommen, war eingestürzt, bevor er fertig geworden war. Täuschung und Enttäuschung –
das war es, was aus diesen Blättern wie mit dumpfer, klagen-
der, beinah heulender Stimme ihr entgegentönte, was ihre
Hände mit krallenden Fingern ins Haar greifen ließ und die
Tränen vergiftete, die auf die Blätter fielen. Soviel ersehnt,
erwartet, erhofft – und nichts daraus geworden. Nicht das
mindeste! Nichts!
Wie der Mann zu schreiben gewußt hatte! Wie diese ersten
Briefe klangen, die ihr damals von Berlin zugegangen waren!
Noch heute, indem sie die längst verhallten Worte wieder las,
war es ihr, als käme der Rausch über sie dahergefahren, so
daß ihr alt gewordenes, vergrämtes, verbittertes Herz zu zittern begann, als könnte es den Überschwall des Glücks nicht
mehr ertragen. Und nach den ersten Briefen die folgenden,
alle wie jene, funkelnd von Geist, sprühend von Leben und
atmend von Sehnsucht und Liebe, wie Küsse, unter denen
man wie unter Blumenduft erstickt.
Dann aber, noch kaum mit Gedanken begriffen, nur wie eine
Ahnung kommenden Unheils mit tastendem Gefühl empfunden, das erste Anzeichen, daß etwas sich vorbereitete,
etwas Böses: die erste längere Pause im Schreiben. Gleichzeitig damit ein anderer Ton in den Briefen, ein Ton, der an
das Flügelschlagen eines flügelgelähmten Vogels erinnerte,
ein Versuchen, sich zu der einstigen Wärme und Lebendig-
keit wieder aufzuschwingen, ein Versuchen und Nichtmehr-

können, ein Erkalten, ein Erlahmen und Dahinsinken von einem zum andern Mal. Dazu die Briefe immer kürzer, die Pausen immer länger. Und nun wie das halbverblaßte Bild eines bösen Traumes, der uns einstmals gequält hat, stieg die Erinnerung an die Zeit wieder auf, die schlimme Zeit, als sie das alles zu bemerken, als sie zu fühlen begonnen hatte, daß sich ein Wolkenschatten vor die Sonne in ihrem Herzen schob, als sich der Wolkenschatten zum Gewölk ballte, zu der Ahnung, daß in ihrem Leben etwas anders kommen könnte, als sie geglaubt hatte, als die Ahnung zum Bewußtsein, das Bewußtsein zur Gewißheit wurde, daß alles anders, daß statt Freude und Glückseligkeit, Kummer und Verzweiflung kommen würde. Der schreckliche Augenblick alsdann, als die Briefe plötzlich ganz verstummten; der noch schrecklichere, als auch keine Antwort mehr kam, auf ihre angstvollen, flehenden, beinah bettelnden Briefe keine Antwort mehr. Und dann endlich die furchtbare Kunde, der Donnerschlag, der auf sie herabfiel und ihr Leib und Seele zertrümmern zu wollen schien, die Nachricht: Georg von Drebkau hat sich verlobt!

Noch jetzt, indem sie daran zurückdachte, trieb es die einsame Frau in der nächtlichen Stube vom Sitze empor, daß sie stöhnend, wie eine Rasende, im Zimmer hin und her ging, in das Kleid greifend, als wollte sie es aufreißen, um Luft zu bekommen, Luft.

Verlobt! Und mit wem verlobt? Mit einem reichen Mädchen! Einer Jüdin! Mit der Tochter eines jüdischen Bankiers in Berlin! Daß sie das damals ertragen hatte, daß sie nicht gestorben und zugrunde daran gegangen war, darüber wunderte sie sich noch heute, wunderte sich – beklagte es beinah. Ja, armer, »braver, anständiger« Hauptmann von Carstein, es muß gesagt sein, beklagte es! So also sah er in Wirklichkeit aus, der strahlende Held, der »schneidige, bedeutende Mann«, der »elende Streber«, der »schlechte, schlechte Kerl«, der Georg von Drebkau. Für so eine war sie drangegeben und vertauscht worden, für die Tochter eines Halsabschneiders, sie, das adlige Mädchen! All die liebende Glut in ihrem Herzen, ihre herrlichen Glieder, ihr schönes Gesicht und leuchtendes Haar, dahingeworfen wie ein Haufen Kehricht für ein schmutziges Bündel stinkender Bankaktien!

Oh die Tränen, die sie damals geweint hatte, die schrecklichen Tränen, die so schrecklich waren, weil nicht der

Schmerz allein sie erpreßte, sondern der wütende Ekel, der Ekel darüber, daß sie nichts war als ein armes Mädchen. Das hatte er aus ihr gemacht, daß sie, die sich wie eine Königin vorgekommen war, wie eine Göttin, sich an sich selbst ärgerte, an sich selbst verzweifelte, weil alles das, worauf sie bisher stolz gewesen war, ihr zusammenschrumpfte zu einem lächerlichen Nichts? So ganz mit Leib und Seele hatte sie sich dem Manne in Gedanken hingegeben, daß sie sich jetzt, da er nichts mehr von ihr wissen wollte, wie geschändet vorkam, wie ein wertloses Stück Ware, das man in den Winkel stellt, irgendwohin, bis daß vielleicht ein anderer Käufer kommt, an den man es losschlägt, verschachert um jeden Preis.

Heimat, o Heimat

Der idyllisierende Realismus von Ganghofers Heimatromanen hat sich als Erfolgsrezept bewährt. In vielen Millionen sind die alpinen Melodramen des optimistischen Routiniers verbreitet. Die Hochgebirgswelt wird von dem Lieblingsautor Wilhelms II. zu pseudotragischer Schicksalslandschaft verklärt. Kulisse und Klischee bestimmen ein Geschehen, das sich widerstandslos im einmaligen Lesen erschöpft. Wie heißt es doch in Ganghofers *Lebenslauf eines Optimisten*? »Als das größte unter den schönen Wundern des Lebens erscheint mir dieses eine: daß alles Wertvollste auch immer ein Überhäufiges und Alltägliches ist.«

*Ludwig Ganghofer: Gewitter im Mai**
Träumerei

Wie schön das war: dieses stille Rasten, fern von aller Unruh da draußen, nach langen Jahren wieder in der Heimat, an solchem Morgen, in der linden Maiensonne!
Ohne sich zu regen, die gebräunten Hände im Schoß, an die weißglänzende Mauer gelehnt, und wunschlos träumenden Glanz in den blauen Jünglingsaugen, saß er zwischen Tür und Fenster auf der Hausbank und trank mit tiefen, ruhigen

* Ludwig Ganghofer: Gewitter im Mai, München 1984. Abdruck mit freundlicher Genehmigung der Droemerschen Verlagsanstalt Th. Knaur Nachf. GmbH & Co., München.

Atemzügen alle Schönheit in sich, die der Mai seiner Heimat um ihn verschüttete.

Über dem vorspringenden Hausdach, dessen Ränder sich in der Sonne wie goldflimmernde Linien vom zartblauen Himmel abhoben, zwitscherte ein Schwalbenpärchen, das vom Nestbau ein wenig ruhte. Lockende Finkenrufe klangen im Garten von den Ulmen her, deren weitgespannte Zweige schimmerig übersät waren mit den jungen Blättchen, mit tausend kleinen, blaßgrünen Herzen, die sich zitternd sehnten, in die große Sommerfreude ihres kurzen Lebens hineinzuwachsen. Und manchmal hörte man einen süßen Amselschlag in der schwarzgrünen, von zahllosen jungen Trieben licht übersprenkelten Fichtenhecke, die wie eine hohe lebende Mauer den Hof und Garten des Forsthauses umzog, als wär' das eine abgeschlossene Welt für sich. Alles, was über der Hecke draußen war, schien ferner zu sein, weil es halb versunken lag: das ganze Dorf umher, die Nachbarhäuser, von denen man nur die rotbraunen Dächer mit den rauchenden Schornsteinen sah, die Kronen der blühenden Apfelbäume, die wie weiße Schneehügel über die Hecke hereinlugten, und die breite, zierlich ausgezahnte Wipfelreihe des Waldes, der zwischen Dorf und Bergen das Tal erfüllte. Nur der Kirchturm streckte lang seinen roten Hals und guckte von oben herab über die Hecke her, wie ein Neugieriger, der alles sehen will. Und in weitem Kreis der ergrünenden Berge, über deren höchsten Wäldern und Felsen der Schnee noch lag, übergossen vom Duft des Morgens, eine blau erstarrte Riesenwoge neben der anderen – und je weiter sich die Höhen hinausschwangen in die Ferne, um so blauer wurden sie, bis sie ganz mit dem Himmel verschwammen, als wäre das letzte Felsgewand in durchsichtige Luft verwandelt.

Rufende Stimmen klangen aus dem Dorf, Gebell der Hunde, Wagengerassel und der rastlose Hammerklang einer Schmiede, doch all diese Laute nur halb verständlich bei dem sanften Rauschen des jungen Laubes und bei dem spielenden Geplätscher, mit dem der glitzernde See seine kleinen, vom Morgenwind geschürten Wellen dicht vor der Hecke des Forsthauses an das kiesige Ufer spülte. Dieses gaukelnde Klingen der Wellen war wie die Trällerstimme eines Sängers, der sich bei schönem Wandern eines heiteren Liedes halb erinnert, immer wieder von vorne beginnt und das Ende nicht finden kann.

Und der ganze, weite See schien trunken von Sonne. Das Spiel seiner Wellen war wie ein Zaubertanz von Millionen weißer Flämmchen. Jeden anderen hätte dieses Glitzern und Gleißen geblendet. Doch der lächelnde Träumer dort an der leuchtenden Mauer sah mit ruhigem Blick über all das strahlende Geflimmer hinaus, denn seine Augen waren gewöhnt an den brennenden Glanz des Wassers. Und da lachte er plötzlich auf, als hätte ihn irgend etwas belustigt – irgend etwas an diesem lieblichen Gezitter und Geglitzer, mit dem sich der See in die blaue Ferne dehnte.

Die Handvoll Wasser da – und das Meer!

Wieder lachte er.

Dieses kindliche Getändel der kleinen Wellen – und der Taifun bei Madagaskar, gegen den sein Schiff drei Tage hatte ringen müssen, bis er mit rasierten Masten unter dem Notsteuer den Hafen gewann! Und sieben Mann waren über Bord gegangen – mit ihnen sein bester Kamerad, Fritze Radspeeler, der Sohn eines Rostocker Reeders.

»Min leiwer Jung!«

Dem lachenden Träumer grub sich eine ernste Furche in die braune Stirn. Und während er hinausblickte über das sonnige Spiel der Wellen, stiegen die Bilder aller Gefahr vor ihm auf, die er überstanden hatte, da draußen in fernen Welten. Der Schiffbruch an der kalifornischen Küste – auf seiner ersten Fahrt als Leichtmatros. Sieben Tage im Boot! Und nach der Rettung das gelbe Fieber. Und das Jahr darauf, als er schon die volle Heuer hatte, die Revolte im chinesischen Theater zu Hongkong – die tausend bezopften Zuschauer in schreiender Wut gegen die vier deutschen Jungen, die beim Anblick dieser absonderlichen Kunst ein bißchen lustig und übermütig wurden. Wollten sie nicht erschlagen werden, so mußten sie sich mit dem blanken Messer einen Weg bahnen! Und die Tigerjagd in Indien, auf die der Prinz den jungen Försterssohn als Büchsenspanner mitgenommen hatte! Als der angeschossene Tiger, gereizt durch die Feuerbrände und den Paukenlärm der Treiber, dem Elefanten, der den Prinzen trug, auf die Schulter sprang, da hatte es gegolten, in allem Aufruhr einen sicher treffenden Schuß zu tun! – Und im Garten der Navigationsschule jener böse Sturz vom Top des Flaggenmastes! Und dieses traurige halbe Jahr auf dem Krankenbett! Und die Freude der Genesung! Dazu noch der Stolz auf die goldene Borte, als ihn Fritze Radspeelers Vater als dritten Offizier für die ›Denderah‹ angemustert hatte! Und gleich auf der ersten Fahrt wieder die furchtbarste aller Gefahren – jene grauenvolle Nacht im Kanal, auf brennendem Schiff ...

So stieg ein Bild um das andere vor ihm auf – doch alles mit gemildertem Schatten, alles in die linde Sonne dieses Morgens getaucht, der das vergangene Dunkel so schön und blau machte wie die Berge da draußen.

In verklärendem Glanz und mit heiterem Geflimmer, wie die spielenden Wellen im See, glitt alles an seinen Augen vorüber, was er erlebt hatte in diesen sieben Jahren, seit ein unüberwindlicher Widerwille gegen die Schulbank den Fünfzehnjährigen aus der Heimat fortgetrieben und dem Seemannsberufe zugeführt hatte. Und jetzt die stolze Freude: so heimzukehren, mit der Offiziersborte, als gemachter Mann, der einen schönen Lebensweg vor sich hat – und eine Stellung, die was trägt!

Vom Zitat zur Parodie

Kritische Parodie zielt auf Vernichtung durch spielerische Übertreibung. Am Abbild werden die Schwächen des Urbildes herausgestellt. Je eindeutiger sich die »Machart« eines Werkes zu erkennen gibt, auf ein »Rezept« rückführbar ist, desto leichter läßt es sich parodieren. Im Falle der Trivialliteratur, die ihres »Zitatcharakters« wegen ohnehin der Parodie nahesteht, führt Parodierung zu einer Art »Parodie der Parodie«. Julius Stinde, der Verfasser komisch-satirischer Romane um die Berliner Kleinbürgerfamilie Buchholz sah sich gerade dadurch aufgefordert, die Überziehung noch weiter zu überziehen. Sein »Parodistischer Kolportage-Roman« *Emma, das geheimnisvolle Hausmädchen oder Der Sieg der Tugend über die Schönheit* ist in diesem Sinne »literarische Karikatur«. Durch ihre »Übertreibung des Charakteristischen« enthüllt sie dieses zugleich.

Julius Stindl: Emma, das geheimnisvolle Hausmädchen
Warum?

Die vier andalusischen Rapphengste in blitzendem Silberge-
schirr und Sielen aus echt japanischem Lackleder flogen wie
weiße Möven durch die Straßen Berlins, jenes großen modernen Babels, wo die Tugend neben dem Laster wohnt und
die Konzerthalle neben dem Kriminalgebäude klingt, wo die
Lokomotive der Stadtbahn in die Sonntagsruhe pfeift und
das Auge des Gesetzes wacht.
Diese Rosse von edelstem Wuchse und herrlichster kasta-
nienbrauner Farbe zogen eine Kutsche, deren Inneres mit
echtem Goldplüsch ausgepolstert war, auf dem ein
Frauengeschöpf von überirdischer Schönheit sich wiegte.
Der feingeschwungene Mund, diese lächelnden Brauen, die
feine Rundung der Wangen, das zarte Rosa des Halses verei-
nigten sich mit dem Wohllaut des sprechenden Auges zu einer bezaubernden Mosaik menschlicher Reize. Und
doch ...
Und doch war die Besitzerin solcher Schätze, die einen
Sultan mit sechs bis sieben Roßschweifen zu ihrem Sklaven
gemacht hätten, wäre einer dagewesen, nicht glücklich. In
ihrem Auge perlte eine Thräne, tausendmal schöner als die
nußgroßen Perlen, die ihren mondscheinweißen Nacken um-
schlangen, strahlender als die echten Riesenbrillanten, die in
Gestalt eines Diadems das üppige aschblonde Haar krönten,
das, nach der neuesten Mode gemacht, noch geschmackvol-
ler war als das Reichstagsgebäude.
Warum diese Thräne? Warum?
Das Gefährt hielt. Dampfend gehorchten die feurigen Tra-
kehner dem festen Zügelgriffe des Kutschers. Sie spürten
seine Gewalt und standen. Aber sie sahen nicht den tückischen Blick ihres Bändigers, den er auf die aussteigende
Schönheit warf. Sie vernahmen nicht, wie er leise höhnisch
murmelte: »Nun ist sie auf ewig verloren.«

XIII   Sechs Thesen zum »manipulierten Lesen« – und ein Epilog

Kitsch bietet seinen Lesern Affirmation: Wiedererkennen und Bestätigung (Montage von Versatzstücken, Gebrauch von Schema, Formel, Klischee in Sprache und Motiv [Zitat, Parodieelement]), vermittelt das Gefühl von Sicherheit, Geborgenheit und Behaglichkeit durch Wiederholung, durch Reproduktion von Bekanntem, d. h. der »gültigen Norm«.

Kitsch macht die »Realität« überschaubar (Maximalorientierung, dualistisches Weltbild) bei gleichzeitiger »Ökonomie« der Aussagen und Redundanz des Leibnahen; Zufall, Schicksal beherrschen die von Überraschungen und Motivationen freie, d. h. selektiv gefügte Kitschrealität (»falsche« Realität).

Kitsch eröffnet Möglichkeiten zur Realitätsflucht (Eskapismus), bietet Abwechslung, (fiktive) Berührung (Kontakt), Konsolation durch Illusion (»Aufschönung«), Harmonisierung (poetische Gerechtigkeit).

Kitsch erweitert lustvoll Wissenshorizont (Information) und Empfindungsradius (Affektbindung, -besetzung, -abfuhr) des Lesers, bietet »Ersatz« an für nicht Gelebtes bzw. Erfahrenes.

Kitsch bietet auf »Totalität« gerichtete Reizkonstellation (»Effektkumulation, Synästhesie, Repetition, Preziosität, Konditionalismus), zur Absättigung emotionaler Bedürfnisse.

Kitsch liebt klare, übersichtliche d. h. lineare (schwarz-weiße) (Charakter-)Darstellung (»schöne Seele«, »ganzer Mensch«), um maximale Identifikation zu ermöglichen; er tendiert zur Typisierung und Idealisierung (Menschen) bzw. Stilisierung (Landschaften).

Indem *Kitsch* konkrete gesellschaftliche Konflikte verschleiert, die gesellschaftlichen Widersprüche überspringt, ja aus ihrem Fortbestehen sich geradezu rechtfertigt, liegt es im Interesse seiner Produzenten, die Widersprüche aufrechtzuerhalten, damit das Evasionsbedürfnis fortbesteht, der Kitschkonsument bei der Stange gehalten wird. In diesem Sinn ist der *»explizite Leser«* zugleich auch der *»manipulierte Leser«*.

Blicken wir zurück und fassen zusammen: Ende der siebziger Jahre setzen die Angriffe ein auf die »Empfindsamkeit« genannte »Tendenz« in der Aufklärung, als deren Höhepunkt die Zeit zwischen 1770 und 1780 gilt. Dies sind zugleich die Jahre beginnender Trivialisierung und Subjektivierung der Literatur. In knapp anderthalb Dezennien, von 1773 bis 1787, stieg die Zahl der deutschen Schriftsteller von dreitausend auf sechstausend. Um 1785 setzt der Kampf gegen die Trivialliteratur ein. Die Abgrenzung zielt auf eine Buchproduktion, die nach 1750 auch über die Leihbibliotheken und Lesegesellschaften den Konsumenten erreicht. Sie weist den Kitsch als historische Folgeerscheinung der Empfindsamkeit aus.
Hatte die Reformation der Sektenbildung Tür und Tor geöffnet, so befreite die Aufklärung nicht allein das Denken, sondern auch das Fühlen, als »Tendenz« in ihr. Nur daß die Aufwertung, die Entbindung der Gefühlskomponente unübersehbare, in den historisch-soziologischen Gegebenheiten begründete Folgen hatte. Widersprüche brachen auf. Entlassung in die Mündigkeit, Lockerung des Griffs geistlicher und weltlicher Obrigkeit auf der einen Seite, Propagierung nationalpädagogischer Sendung, Aufrichtung neuer Schranken auf der anderen. Von einer Orientierung an der Natur des Menschen, einem Abbau der Leibfeindlichkeit, einer Humanisierung der Sinnlichkeit im Gefolge der empiristisch-sensualistischen Ideen wie in anderen Ländern konnte in Deutschland kaum die Rede sein. »Das Wort Aufklärung«, warnt Adolf von Knigge, »wird in unseren Zeiten oft sehr gemißbraucht und bedeutet nicht sowohl Veredelung des Geistes als Richtung desselben auf grillenhafte, spekulative und phantastische Spielwerke. Die beste Aufklärung des Verstandes ist die, welche uns lehrt, mit unsrer Lage zufrieden und in unseren Verhältnissen brauchbar, nützlich und zweckmäßig tätig zu sein. Alles übrige ist Torheit und führt zum Verderben.«
Knigges Kritik orientiert sich an einem Ideal: der Harmonie

von Gefühl und Verstand, und gilt dem Exzeß des Gefühls. In diesem Zustand fangen »die Gegenstände« an, schreibt A. H. Niemeyer, »in täuschenden Farben vor uns zu spielen, wir verlieren die richtigen Verhältnisse der Dinge, dünken uns am Ziel zu seyn, wenn wir noch so weit davon sind«. Die kritische Perspektive faßt Empfindsame und Schwärmer in eins: als Seelenkranke. »Schwärmer« und »Ketzer« sind Synonyme. »Die Orthodoxie bediente sich des Wortes, um antiorthodoxen Revisionismus und jede dissentierende Haltung ideologisch und gesellschaftlich zu brandmarken.« Verteufelung des Abweichlers im Namen der Rechtgläubigkeit. Ch. F. Timme wirft den Empfindlern Übereilung, Torheiten und Vergehungen vor, »ein Schicksal, das allen Schwärmern zu allen Zeiten begegnet ist, denen wir Märtyrer, Ketzer, Religionskriege, Bluthochzeiten Inquisitionen und Scheiterhaufen zu danken haben«. Das Wort »Schwärmerei« wird denn auch als Bezeichnung solcher »Handlungen« verwendet, »welche nur Instinkt zur Ursache ihrer Entstehung haben« (S. Höchheimer). Damit ist der Übergang zur (niederen) Sinnlichkeit gegeben, kann Empfindsamkeit zu dieser abgewertet werden. Subjektivität, Partikularität des Gefühls als unterste Stufe des Geistes, die vom Menschen aufgehoben, Schlaffheit, die überformt werden muß.

»Schwärmerei ist Nahrung für die Seele«, rechtfertigt J. M. Miller, der Verfasser des erfolg- und tränenreichen *Siegwart*, den Zustand, »wenn die Gegenwart, und das, was um uns her ist, uns nicht nähren kann«. Sechs Jahre vor dieser Äußerung hatte Wieland an Jacobi geschrieben: »Aber so ist nun die Welt, mein Lieber, und wir haben kein anderes Mittel, als uns in die besseren Welten zu flüchten, die wir uns selbst schaffen können, so oft uns die wirkliche unerträglich wird« (25. 1. 1771). Rückzug, Flucht aus dem bedrückenden Zustand von Langeweile und Handlungshemmung. Sah sich im Frankreich Ludwigs XIV. die völlig entmachtete, vom politischen Leben ausgeschlossene Aristokratie auf die Beschäftigung mit der Literatur verwiesen, so konnte der Umgang mit Büchern beim deutschen (Mittelstands-) Bürgertum Bedeutung für die nicht verwirklichte Lebenspraxis gewinnen. Die neuen Ideen hatten ihm Befreiung verheißen, doch die politisch-gesellschaftliche Realität spottete des Versprechens.

Der Schritt vom Subjekt zum Objekt, den die klassische Ästhetik im Umgang mit der Kunst fordert, bleibt Wunsch. Baumgartens Ästhetik trat zwar ein für das Recht der Sinnlichkeit, aber sie schreckt davor zurück, die Sinnlichkeit schlechthin zu entbinden, und will sie statt dessen zu ihrer geistigen Vollendung bringen. Diese Vollendung kann für Baumgarten, den Begründer der Ästhetik als selbständiger Wissenschaft, nicht im Genuß (Subjekt), sie kann nur in der Schönheit (Objekt) liegen. Als reine Anschauung, reine Erkenntnis. Seine »Gefühle nach Grundsätzen zu prüfen und zu berichtigen« und »nicht die ästhetischen Grundsätze nach seinen Gefühlen«, fordert Schiller ein halbes Jahrhundert später. Die von dem Dichter beschworene »spannungsvolle Polarität des Schönen in Gestalt der schmelzenden und der energischen Schönheit« wird zum Merkmal der »hohen« Literatur.

Es zeigt sich freilich, daß die schmelzende Komponente über die größere Lebenskraft verfügt. Ihre Gegner identifizieren sie mit dem Schwärmerischen, Empfindsamen und schließlich »Romanhaften«, um sie zu verteufeln. Das Verdikt, seit etwa 1785 bewußter Abgrenzung dienend, zielt zugleich auf jede Art von Literatur, die »Bedürfnisse« befriedigt, auf das, »was die Deutschen lasen, während ihre Klassiker schrieben«. Von der »Beschränktheit und Bedürftigkeit« seiner Leser empfange der Schriftsteller »niemals das Gesetz. Dem Ideal, das er in sich selbst trägt, geht er entgegen, unbekümmert, wer ihm etwa folgt und wer zurückbleibt« (Schiller). Es handle sich schließlich darum, »zwischen dem *Allerleidlichsten* und dem *Allerschwersten* zu wählen«. Von hier bis zur Erhebung der Erfolglosigkeit zum Indiz der Unsterblichkeit ist es nur ein Schritt.

Mißbilligung fand, allem voran, die antigesellschaftliche »Zweckform« des Romans, in der Lesen einen Lebensersatz zu erschließen und dadurch »schlaff« und »unzufrieden« zu machen vermag. Denn Lesen war, nachdem im Laufe des 18. Jahrhunderts in fast allen deutschen Staaten die Schulpflicht eingeführt worden war, eine relativ weitverbreitete Praxis. Je kräftiger sich die zweite, vom Podest der »höheren« Literatur herab als Unkunst, Dilettantismus und schließlich »Kitsch« apostrophierte Literatur entwickelte, desto schriller wurden die Invektiven. Selbst der Ruf nach Zensur wurde laut, die Forderung nach dem Verbot »einer der schlimmsten Entartungsformen des menschlichen Lebens«, der »letzten Maske des Banalen«, dem »Bösen im Wertsystem der Kunst«.

Trivialliteratur ist demnach gleichzusetzen mit Kitsch. Kitsch hat als konsumierbare Nachahmung von Kunst eine Funktion. Dies trennt ihn von der Kunst. Die Kategorien der Kunst auf das Phänomen Kitsch anzuwenden, ist falsch. Kitsch ist Resultat des im 18. Jahrhundert sich aktivierenden Demokratisierungsprozesses und der im 19. Jahrhundert perfektionierten industriellen Produktionsweisen. Den unterschiedlichen Erscheinungsformen der Verwirklichung von Mündigkeit entsprechend mußte auch der Kunstbegriff sich wandeln. Eine sekundäre Erscheinungsform von Kunst entstand, ketzerische Abspaltung im Namen von Dionysos und Narziß, Mitgliedern der gleichen Familie. Als demokratisierte Kunst im Zeitalter der Reproduzierbarkeit ist Kitsch »*Massenkunst*«, die der Bedürfnisbefriedigung dient, ihre Gebrauchsfunktion jedoch parodistisch durch Pseudoauthentizität zu verstellen sucht. Kitsch hat »Zitatcharakter« und ist zu scheiden vom Schund, dem bloßen Träger geballter primitiver Reize.

Ein sprachliches Kunstwerk bedarf zu seiner Verwirklichung des Lesers. Die Ausdehnung des Leserkreises auf ein Publikum, das den Produzenten für seine Produktion unmittelbar entlohnt, macht den Künstler und Geschmacksdispositionen des Publikums abhängig. Ein Widerspruchsmechanismus kommt zur Auswirkung, der dem Aufklärungskonzept von Anfang an innewohnt: *Entlassung in die Mündigkeit und Verwirklichung eines Erziehungsprogramms lassen sich kaum verbinden*. An die Stelle des elitären »guten« Geschmacks tritt ein Geschmack, der von »unten«, von bestimmten Bedürfnissen geformt ist. Ein Lesezwang besteht nicht, genausowenig wie eine Verordnung, die den Theaterbesuch zur Pflicht macht. So setzte Brecht über seine Theaterarbeit zwar das Wort »Vergnügen«, meinte aber im Zusammenhang mit seiner Lehrstück-Theorie, man könne den Besuch der Aufführungen gegebenenfalls »erzwingen«.

Bürgerliches Selbstbewußtsein gründete sich vornehmlich auf Leistungs- und Bildungsanspruch und konkretisierte sich in der Opposition zu »hohem« und »niederem« Pöbel. Da die Affekte des Bürgertums im Gegensatz zu jenen der Bürger in den klassischen Demokratien weder modelliert noch reguliert worden waren, mußten Hemmungen hier besonders spürbar werden. Die Fluchtträume von Heim, Familie und Natur boten ein Ventil, der Roman eine zweite Welt, die der Affektlösung als (Tag-)Traum keine Hindernisse entgegensetzte, ja, sogar neue Affekte bot. Literatur, in größeren Mengen produziert und von

wachsenden Leserkreisen als Ersatzwelt in der Lektüre repro-
duziert, gewinnt eine Bedeutung, wie sie zuvor nur die Erbauungsliteratur annähernd gehabt hat: Sie vermittelt Tröstung
und Evasion, bindet Gefühle, die in Deutschland nicht offiziell
gebunden sind. »Jedes Bedürfnis, dessen wirkliche Befriedigung versagt ist«, heißt es in Goethes *Wahlverwandtschaften*,
»nötigt zum Glauben.« Hier ausgleichend zu wirken, verbindet
Erbauungs- und Trivialliteratur: Beide sind Ausdruck einer
spezifisch historischen Form von »Illusion«. Als Symptom von
Mangel und zugleich Hilfsmittel zu dessen (scheinbarer) Behe-
bung.

Die Frage nach Produktion und Konsumation von Kitsch hat
also von historischen, soziologischen, psychologischen und philosophischen Aspekten auszugehen. Mit der Wende, die Abbé
Dubos, auf Locke fußend, im 18. Jahrhundert in die Ge-
schmacksdebatte brachte, ist ein Ansatzpunkt für die Analyse
gegeben. Die Befreiung und Demokratisierung des Geschmacks, die dadurch erfolgte, daß die »Wirkung« zum ent-
scheidenden Kriterium erhoben wurde, mußte in Deutschland
angesichts der politischen und sozialen Verhältnisse zu besonderen Konsequenzen führen. Der gesellschaftliche Widerspruch spiegelte sich im ästhetischen Bereich wider. Bereitschaft zur Anpassung, Propagierung einer »doppelten Moral«
und Pflege einer idealistischen Postulatswirklichkeit gehören
zusammen. Sie sind Sache der »Elite«. Was geschieht aber mit
jenem Bevölkerungsteil, dessen Geschmack von der Erbauungsliteratur vorgeprägt ist? Seinen Lesebedürfnissen trug in
zunehmendem Maße eine neue Literatur Rechnung, die Erlösung und Evasion *ohne Gott* bot. An die Stelle der Einswerdung
von Ich und Gott in der (Be-)Rührung durch die Gnade trat die
Einsfühlung in einer Ersatzwelt. Erhebung und Glück rückten
als »säkularisierte Transzendenz« in greifbare Nähe. Nicht
ohne Grund stellt die Kitschkritik – freilich ohne die wirklichen
Zusammenhänge klar zu erkennen – unermüdlich jene Merkmale heraus, die die Kitschliteratur mit jener von Mystik, Pietismus, »Schwärmertum«, mit »Abweichung« in umfassendem
Sinn verbindet.

Hatte schon Gottsched dem »Pöbel« schlechten Geschmack
und Eigensinn vorgeworfen, so erscheint der Roman bis ins
späte 19. Jahrhundert als Einladung zu Gesellschaftsflucht und
(passivem) Genuß. Er verführe zur Vernachlässigung gerade
jener Pflichten, deren Erfüllung den durch Geschichte und

Charakter zwischen Schwert und Amboß, die Knute der Herrscher und den Rohrstock der Erzieher geratenen Untertan zum besseren und folglich um so »freieren« Menschen machen sollten. Da das bürgerliche Selbstbewußtsein sich in Opposition zu machtausübendem Adel wie zu »eigensinnigem« und »habsüchtigen« Pöbel (Freiherr vom Stein) entfaltete, ergab sich mit der Französischen Revolution, die eine »Pöbelherrschaft« institutionalisierte, die Möglichkeit, die eigene Problematik auf jene des spannungsvollen Verhältnisses Deutschland-Frankreich zu projizieren. Aus dem Gegensatz von bürgerlicher Kultur und adliger Zivilisation, begraben unter *gemeinsamer* Gegnerschaft, wurde jener von deutscher Kultur und französischer Zivilisation. Schon Gottsched verstand unter dem deutschen »Biedermann« den »Patrioten«, Gegenteil des *»homme civilisé«*. Noch in Thomas Manns frühen *Betrachtungen eines Unpolitischen* ist Europa in zwei geistige Lager gespalten: Demokratie steht gegen Obrigkeitsstaat, das heißt: Zivilisation mit Glücksverlangen gegen Kultur mit Pflichterfüllung. Die Antithese von (deutscher) Kultur und (französischer) Zivilisation, Bürgertum und Adel/Pöbel, Pflicht und Neigung fand schließlich ihre Entsprechung nicht nur in jener von Manneszucht und Weiberherrschaft, Leistungsprinzip und Lustprinzip, Gottlosigkeit und Orthodoxie, sondern auch in der Dichotomie von hoher und niederer Literatur.

So überlagern sich in der Kitschgegnerschaft diverse Schichten von Ressentiments. Denunziation von Kitsch als Beförderer von Effemination (Dekadenz), die immer wieder erhobene Forderung, die Romanproduktion unter Zensur zu stellen, machen deutlich, daß es in der Frage nach dem Kitsch um mehr geht als um den Unterschied zwischen guten und schlechten Büchern. Es ist an der Zeit, ideologische Implikationen bloßzulegen und das Kitschproblem auf die anthropologische Grundebene zurückzuführen.

Ob das Fortschreiten des Demokratisierungsprozesses, die Förderung der Geschmacksbildung und Freiheitsverwirklichung im Sinne des größtmöglichen Glücks der größten Zahl das Kitschproblem zu lösen vermag, so es dergleichen in einer Zeit, da sich die Anzeichen für unbefangene Bejahung der Leiblichkeit des Menschen, für Entketzerung der Lust zu mehren scheinen, überhaupt noch gibt, ist eine ganz andere Frage. Eine umfassende Analyse könnte dazu beitragen, daß der »mündig« gewordene Mensch zumindest erkennt, inwiefern das Verlangen nach »gestundeter Zeit« und »möbliertem Raum« gerade eine Folgeerscheinung seines Heraustretens aus der »selbstverschuldeten Unmündigkeit« ist.

Eine Kitschtheorie, die von der traditionellen Dichotomie Geist – Sinnlichkeit, Rationalismus – Sensualismus, Idealismus – Materialismus ausgeht, den Kitsch nicht als (allzu-)menschliches Phänomen versteht, als Hilfsmittel zum »bewußten und unbewußten Umgehungsmanöver« (S. Kracauer), als Kulisse, das »Entsetzliche des Daseins«, wie Nietzsche es nennt, zuzudecken, sondern als Steckenbleiben im Sinnlichen, Stofflichen, Materiellen, muß heute versagen. Sie sucht Kitsch als bloße Ideologie zu entlarven und begibt sich dabei in eine Position, die selber der Ideologie gefährlich nahe ist. Zumal Einigkeit darüber zu bestehen scheint, daß sich an den Triebstrukturen des Menschen und dessen Bedürfnissen seit Jahrtausenden kaum etwas geändert hat.

Fazit: der »Kitsch« als die »Kunst« unserer Tage? Kitschbegriff und Kunstbegriff ad absurdum führend? Eine müßige Frage vielleicht, wenn man bedenkt, daß in Deutschland heute sowieso rund 50 Prozent der Bevölkerung keine Bücher kaufen.

Quellennachweise

CLAUREN, HEINRICH: Ohne Worte: Mimili (1816), Berlin o. J., S. 64 bis 69

FERRY, GABRIEL: Tiburcio und Rosarita: Der Waldläufer, Frankfurt/Main 1974 (Neuausgabe), S. 116/117, 144–148, 814–817

GANGHOFER, LUDWIG: Träumerei: Gewitter im Mai (1904), Gesammelte Schriften, Zweite Serie, Bd. 4, Leipzig o. J., S. 7–9

GUTZKOW, KARL: Nicht alltägliche Bitte um eine Gunst: Wally, die Zweiflerin, Stuttgart 1979 (U.B. 9904), S. 50–53

MARLITT, EUGENIE: Das Ende vom Lied: Reichsgräfin Gisela (1869), Leipzig o. J., S. 323–330

MARLITT, EUGENIE: Die Ausnahme: Die zweite Frau (1874), Leipzig o. J., S. 6–10, 137–139

MARLITT, EUGENIE: Endlich das Glück: ebenda

MAY, KARL: Wiedersehen: Das Waldröschen oder Die Verfolgung rund um die Erde, Hildesheim/New York o. J., S. 9–10, 90–93, 404–408. (Reprografischer Nachdruck der Ausgabe Dresden, o. J.)

MAY, KARL: Dann hörte sie die Saiten klingen: ebenda

MAY, KARL: Ein Held: ebenda

MAY, KARL: ... und Winnetou war tot: Winnetou (vor 1893), Bamberg 1961, Bd. 3, S. 433–436

MÖLLHAUSEN, BALDUIN: Das Wiedersehn: Die Mandarin-Waise, Frankfurt/Main 1974 (Neuausgabe), S. 168–177

STINDE, JULIUS: Warum?: Emma, das geheimnisvolle Hausmädchen [...], Berlin 1904, S. 1

WILDENBRUCH, ERNST VON: Verschmäht: Vice-Mama (1901), Gesammelte Werke, Berlin 1913, Bd. 6, S. 240–242

Allgemeine Bibliographie

BÄHRENS, J. C. F.: Ueber den Werth der Empfindsamkeit besonders in Rücksicht auf die Romane. Nebst einer Nachschrift ueber den sittlichen Werth der Empfindsamkeit von J. A. Eberhard, Halle 1786

BALET, L. U. GERHARD, E.: Die Verbürgerlichung der deutschen Kunst. Literatur und Musik im 18. Jahrhundert. Hrsg. u. eingel. von G. Mattenklott, Frankfurt a. M. 1973

BAUMANN, C.: Literatur und intellektueller Kitsch. Das Beispiel Stendhals. Zur Soziogenese der Moderne, Heidelberg 1964

BEAUJEAN, M.: Der Trivialroman in der zweiten Hälfte des 18. Jahrhunderts. Die Ursprünge des modernen Unterhaltungsromans, Bonn 1964

BENJAMIN, W.: Schriften. Hrsg. von Th. W. Adorno und G. Adorno unter Mitwirkung von F. Podszus, 2 Bde., Frankfurt a. M. 1955, Bd. 1

BEST, O. F.: Das verbotene Glück. Kitsch und Freiheit in der deutschen Literatur, München 1978

BEYLIN, P.: Der Kitsch als ästhetische und außerästhetische Erscheinung, in: Die nicht mehr schönen Künste. Grenzphänomene des Ästhetischen. Hrsg. von H.-R. Jauß. Poetik und Hermeneutik III, München 1968

BLANCKENBURG, F. V.: Versuch über den Roman. Faksimiledruck der Originalausgabe von 1774. Mit einem Nachwort von Eberhard Lämmert, Stuttgart 1965

BOLLNOW, O. F.: Das Wesen der Stimmungen. Dritte, durchgesehene und erweiterte Auflage, Frankfurt a. M. 1956

BORKENAU, F.: Der Übergang vom feudalen zum bürgerlichen Weltbild, Darmstadt 1971

BROCH, H.: »Einige Bemerkungen zum Problem des Kitsches. Ein Vortrag« sowie »Das Böse im Wertsystem der Kunst«, Kap. V. »Der Kitsch«, in: H. B.: Dichten und Erkennen. Essays. Gesammelte Werke, Bd. 1. Hrsg. und eingel. von H. Arendt, Zürich 1955

BRUFORD, W. H.: Kultur und Gesellschaft im klassischen Weimar. 1775 bis 1806, Göttingen 1966

DESCHNER, K.: Kitsch, Konvention und Kunst. Eine literarische Streitschrift, München 1957

DU BOS, ABBÉ: Réflexions Critiques sur la poésie et sur la peinture. Sixième édition, t. I, Paris 1755

EGENTER, R.: Kitsch und Christenleben, Ettal 1950

ELIAS, N.: Über den Prozeß der Zivilisation. Soziogenetische und psychogenetische Untersuchungen, 2 Bde., Basel 1939, Bd. 2

ENGELSING, R.: Analphabetentum und Lektüre. Zur Sozialgeschichte des Lesens in Deutschland zwischen feudaler und industrieller Gesellschaft, Stuttgart 1973

DERS. Der Bürger als Leser. Lesergeschichte in Deutschland 1500 bis 1800, Stuttgart 1974

EWALD, H.: Über das menschliche Herz, ein Beytrag zur Charakteristik der Menschheit, Erfurt 1784, Bd. 3

GEHLEN, A.: Der Mensch. Seine Natur und seine Stellung in der Welt, Bonn, [5]1955

GELLERT, C. F.: Fabeln und geistliche Dichtungen. Hrsg. v. Franz Munker, Berlin u. Stuttgart 1889 (Deutsche National-Literatur. Hrsg. von Kürschner, Bd. 43, Abt. 1)

GIESZ, L.: Phänomenologie des Kitsches. Zweite, vermehrte und verbesserte Auflage, München 1971

GLASER, H. U. STAHL, H.: Bürgerrecht Kultur, Berlin 1983

(GOLDFRIEDRICH:) Geschichte des deutschen Buchhandels. Im Auftrage des Börsenvereins der Deutschen Buchhändler hrsg. von der Historischen Kommission desselben, 4. Bde., Bd. 2 und 3, verfaßt von J. Goldfriedrich, Leipzig 1908 bzw. 1909

GÜNTHER, H. R. G.: Psychologie des deutschen Pietismus, in: DVjs. 4 (1926)

HABERMAS, J.: Strukturwandel der Öffentlichkeit. Untersuchungen zu einer Kategorie der bürgerlichen Gesellschaft, Neuwied/Berlin [5]1971

HALL, E. T.: The hidden dimension, New York 1969

HAUSER, A.: Sozialgeschichte der Kunst und Literatur, 2 Bde., München 1953, Bd. 1

HILLEBRAND, K.: Zeiten, Völker und Menschen, 7 Bde., Bd. 1: Frankreich und die Franzosen in der zweiten Hälfte des 18. Jahrhunderts. Eindrücke und Erfahrungen, Berlin 1874

HOCHE, J. G.: Vertraute Briefe über die jetzige abentheuerliche Lesesucht und über den Einfluß derselben auf die Verminderung des häuslichen und öffentlichen Glücks, Hannover 1794

HUIZINGA, J.: Herbst des Mittelalters. Studien über Lebens- und Geistesformen des 14. und 15. Jahrhunderts in Frankreich und den Niederlanden. Hrsg. von K. Köster, Stuttgart [8]1961

ISER, W.: Der implizite Leser. Kommunikationsformen des Romans von Bunyan bis Beckett, München 1972

JÄGER, G.: Empfindsamkeit und Roman. Wortgeschichte, Theorie und Kritik im 18. und frühen 19. Jahrhundert, Stuttgart/Berlin/Köln/Mainz 1969

197

JANZ, R.-P.: Autonomie und soziale Funktion der Kunst. Studien zur Ästhetik von Schiller und Novalis, Stuttgart 1973

JAUSS, H.-R.: Literaturgeschichte als Provokation, Frankfurt a. M. 1970

KAHLER, E. VON: Verantwortung des Geistes. Gesammelte Aufsätze, Frankfurt a. M. 1952

KAISER, G.: Pietismus und Patriotismus im literarischen Deutschland. Ein Beitrag zum Problem der Säkularisation, Frankfurt a. M. [2]1973

KAUFMANN, F.-X.: Sicherheit als soziologisches und sozialpolitisches Problem. Untersuchungen zu einer Wertidee hochdifferenzierter Gesellschaften, Stuttgart 1970

KIENZLE, M.: Der Erfolgsroman. Zur Kritik seiner poetischen Ökonomie bei Gustav Freytag und Eugenie Marlitt, Stuttgart 1975

KILLY, W.: Deutscher Kitsch. Ein Versuch mit Beispielen, Göttingen [2]1962

KRAUSS, W.: Perspektiven und Probleme. Zur französischen und deutschen Aufklärung und andere Aufsätze. Neuwied/Berlin 1965

KREUZER, H.: Trivialliteratur als Forschungsproblem. Zur Kritik des deutschen Trivialromans seit der Aufklärung, in: DVjs. 41 (1962)

LANGEN, A.: Der Wortschatz des deutschen Pietismus, Tübingen 1954

LANGENBUCHER, W. R.: Der aktuelle Unterhaltungsroman. Beiträge zu Geschichte und Theorie der massenhaft verbreiteten Literatur, Bonn [2]1974

LEPENIES, W.: Melancholie und Gesellschaft, Frankfurt a. M. 1969

LÖWENTHAL, L.: Literatur und Gesellschaft. Das Buch in der Massenkultur. Neuwied/Berlin 1964

MARTENS, W.: Die Botschaft der Tugend. Die Aufklärung im Spiegel der deutschen Moralischen Wochenschriften, Stuttgart 1968

MAUVILLON, E. DE: Lettres Françoises et Germaniques, London 1740

MEHRING, F.: Die Lessing-Legende. Neu und revidiert hrsg. von H. Mayer, Basel 1946

MICHELSEN, P.: Laurence Sterne und der deutsche Roman des 18. Jahrhunderts, Göttingen 1962

MORITZ, K. P.: Schriften zur Ästhetik und Poetik. Kritische Ausgabe. Hrsg. von H. J. Schrimpf, Tübingen 1962

PLACK, A.: Die Gesellschaft und das Böse. Eine Kritik der herrschenden Moral, München [7]1970

PORTMANN, P. F.: Der Christ und der Kitsch, Zürich 1949

RABENER, G. W.: G. W. Rabeners Sämmtliche Schriften […], 6 Bde., Leipzig 1777

SAUDER, G.: Empfindsamkeit. Bd. 1: Voraussetzungen und Elemente, Stuttgart 1974

SCHANZE, H.: Probleme der ›Trivialisierung‹, in: H. de la Motte-Haber, Das Triviale, Frankfurt a. M. 1972

SCHENDA, R.: Volk ohne Buch. Studien zur Sozialgeschichte der populären Lesestoffe 1770–1910, Frankfurt a. M. 1970

SCHNEIDER, G.: Der Libertin. Zur Geistes- und Sozialgeschichte des Bürgertums im 16. und 17. Jahrhundert, Stuttgart 1970

SCHÖFFLER, H.: Protestantismus und Literatur, Göttingen ²1958

SCHULTE-SASSE, J.: Die Kritik an der Trivialliteratur seit der Aufklärung. Studien zur Geschichte des modernen Kitschbegriffs, München 1971

SICHELSCHMIDT, G.: Liebe, Mord und Abenteuer. Eine Geschichte der modernen Unterhaltungsliteratur, Berlin 1969

SOMBART, W.: Der Bourgeois. Zur Geistesgeschichte des modernen Wirtschaftsmenschen, München/Leipzig 1913

STEINEN, W. VON DEN: Kitsch und Wahrheit in der Geschichte, in: Die Welt als Geschichte 12 (1952)

SULZER, J. G.: Allgemeine Theorie der Schönen Künste [...], T. 1.2., Leipzig 1773 ff.

DERS.: Vermischte Philosophische Schriften, Leipzig 1773

THOMASIUS, C.: Kurtzer Entwurf der politischen Klugheit [...] Aus dem Lateinischen des Herrn Thomasius übersetzt, Frankfurt und Leipzig 1713

UEDING, G.: Glanzvolles Elend. Versuch über Kitsch und Kolportage, Frankfurt a. M. 1973

VALENTIN, V.: Weltgeschichte, Köln/Berlin 1939

WEBER, A.: Kulturgeschichte als Kultursoziologie, München 1950

WEBER, M.: Die protestantische Ethik I bzw. II, Hamburg 1975 bzw. 1972

WEHRLE, H. UND EGGERS, H.: Deutscher Wortschatz, 2 Bde., Frankfurt a. M./Hamburg 1968

WIESER, M.: Der sentimentale Mensch, Gotha/Stuttgart 1924

WOLFF, C.: Vernünfftige Gedancken von der Menschen Thun und Lassen [...], Frankfurt und Leipzig ⁵1736

DIETER WELLERSHOFF

Mit seinen Romanen und Erzählungen entwickelt Dieter Wellershoff eine ›realistische Literatur‹, wie er sie Mitte der sechziger Jahre auch theoretisch begründet hat.

Präzise beschreibt er, was kein Begriff so authentisch zu fassen vermag: die subjektiven Erfahrungen des einzelnen in einer kranken Gesellschaft.

Wenn Klaus Jung, deklassierter Intellektueller und Protagonist des Romans ›Die Schönheit des Schimpansen‹, nach einem Jahr des Taumelns am Rande der Gesellschaft zum Mörder und Selbstmörder wird, ist das ein verzweifelter Akt der Selbstbehauptung – schonungsloses Erkennen und das letzte Insistieren auf die eigene Person.

Die Klarheit und Schärfe der Sprache durchdringen den Schein des Normalen, das Alltägliche erscheint bedrohlich, stellenweise absurd.

Ein schöner Tag
Roman. Bd. 2114

**Die Schönheit
des Schimpansen**
Roman Bd. 2089

Die Schattengrenze
Roman. Bd. 5067

**Ein Gedicht
von der Freiheit**
Erzählungen. Bd. 1892

Die Sirene
Novelle. Bd. 5080

Band 6489

FISCHER TASCHENBUCH VERLAG

Literaturwissenschaft

Althochdeutsche Literatur
Mit Proben aus dem Altnieder-
deutschen. Ausgewählte Texte
mit Übertragungen und
Anmerkungen. Band 6455

Antonin Artaud
Das Theater und sein Double
Band 6451

Thomas Beckermann (Hg.)
Hubert Fichte
Materialien zu Leben
und Werk. Band 6497

Jan Berg u.a.
Sozialgeschichte der deutschen
Literatur von 1918 bis
zur Gegenwart. Band 6475

Otto F. Best
Handbuch literarischer
Fachbegriffe
Definitionen und Beispiele
Überarbeitete und stark
erweiterte Ausgabe. Bd. 6478

Der weinende Leser
Kitsch als Tröstung,
Droge und teuflische
Verführung. Band 6496

Minnesang
Herausgegeben und übersetzt
von Helmut Brackert. Bd. 6485

Helmut Braun (Hg.)
Rose Ausländer
Materialien zu
Leben und Werk. Band 6498

Karl Corino (Hrsg.)
Autoren im Exil. Band 6458

Johannes Erben
Deutsche Grammatik
Ein Leitfaden. Band 6051

Hartmann von Aue
Erec
Mittelhochdeutscher Text
und Übertragung. Band 6017

Der arme Heinrich
Mittelhochdeutscher Text
und Übertragung. Band 6138

Frederik Hetmann
Traumgesicht und Zauberspur
Märchen-Wissen. Band 2850

Klassiker heute
Zwischen Klassik und Romantik
Herausgegeben von
Hans-Christian Kirsch
Band 3024

Klassiker heute
Die Zeit des Expressionismus
Herausgegeben von
Brigitte Dörlamm und
Hans-Christian Kirsch
Band 3026

Klassiker heute
Realismus und
Naturalismus
(Hrsg.) Brigitte Dörlamm/
Hans-Chr. Kirsch und
Ulrich Konitzer. Band 3027

Dieter Kühn
Luftkrieg als Abenteuer
Kampfschrift. Band 1998

Fischer Taschenbuch Verlag

Literaturwissenschaft

Edgar Lohner
Passion und Intellekt
Die Lyrik Gottfried Benns
Mit einem Anhang:
Briefe von F. W. Oelze an
Edgar Lohner. Band 6495

Ernst Loewy (Hrsg.)
Exil
Literarische und politische
Texte aus dem deutschen Exil
1933–1945
Band 1
**Mit dem Gesicht nach
Deutschland.** Bd. 6481
Band 2
**Erbärmlichkeit und Größe
des Exils.** Bd. 6482
Band 3
Perspektiven. Bd. 6483

Hans Mayer (Hrsg.)
Deutsche Literaturkritik
Band 1
Von Lessing bis Hegel. Bd. 2008
Band 2
Von Heine bis Mehring. Bd. 2009
Band 3
**Vom Kaiserreich bis zum Ende
der Weimarer Republik.** Bd. 2010
Band 4
**Vom Dritten Reich
bis zur Gegenwart.** Bd. 2011

Ludwig Marcuse
Die Welt der Tragödie
Band 6499

Das Nibelungenlied 1 und 2
Mittelhochdeutscher Text
und Übertragung
2 Bände: Bd. 6038/6039

Fritz J. Raddatz
Revolte und Melancholie
Essays zur Literaturtheorie
Band 6480

Fritz J. Raddatz
Eros und Tod
Literarische Portraits. Band 6487

Walter H. Sokel
Franz Kafka
Tragik und Ironie. Bd. 1790

Susan Sontag
**Kunst und Antikunst
24 literarische Analysen**
Band 6484

Bernhard Sowinski
Deutsche Stilistik. Band 6147

Joachim Unseld
Franz Kafka. Band 6493

**Walther von der Vogelweide
Gedichte**
Mittelhochdeutscher Text
und Übertragung. Bd. 6052

Dieter Wellershoff
Von der Moral erwischt
Band 6489

**Wernher der Gartenaere
Helmbrecht**
Mittelhochdeutscher Text
mit Übertragung. Bd. 6024

Fischer Taschenbuch Verlag

KLASSIKER HEUTE

Erste Begegnung mit klassischer deutschsprachiger Literatur

Manch einem ist das Lesen der Klassiker in der Schule verleidet und so gründlich ausgetrieben worden, daß er später nie wieder Lust verspürte, »dergleichen« zu lesen. Daß uns die Werke klassischer Autoren auch heute noch sehr viel zu sagen haben und uns sehr direkt angehen, daß die Probleme, mit denen Menschen fertig werden müssen, damals wie heute ähnlich sind, macht die Reihe »Klassiker heute« deutlich. Sie will einen Zugang zur klassischen deutschsprachigen Literatur eröffnen – oder auch »wiederbeleben«.

Brigitte Dörrlamm
Hans-Christian
Kirsch
Ulrich Konitzer
Klassiker heute
*Realismus und
Nationalismus*
Band 3027

Brigitte Dörrlamm
Hans-Christian
Kirsch
Ulrich Konitzer
Klassiker heute
*Die Zeit des
Expressionismus*
Band 3026

Hans-Christian
Kirsch
Klassiker heute
*Zwischen Klassik
und Romantik*
Bd. 3024

Fischer Taschenbuch Verlag

fi 265/1

Funk-Kolleg

Fischer Taschenbuch Verlag

Funk-Kolleg

**Pädagogische
Psychologie
Reader 1 und 2**
2 Bände: 6113/6114
Band 1: Entwicklung und
Sozialisation
Hrsg.: C. F. Graumann/
H. Heckhausen
Band 2: Lernen
und Instruktion
Hrsg.: M. Hofer/
F. E. Weinert

**Pädagogische
Psychologie**
2 Bände: 6115/6116
Hrsg.: F. E. Weinert/
C. F. Graumann/H. Heck-
hausen/M. Hofer u. a.

**Praktische Philosophie/
Ethik: Dialoge**
2 Bände: 6856/6857
Hrsg.: K.-O. Apel/D. Böh-
ler/Gerd Kadelbach

**Praktische Philosophie
Ethik
Reader 1 und 2**
2 Bände: 6854/6855
Hrsg.: K. O. Apel/D. Böhler/
A. Berlich/O. Höffe/
G. Kadelbach/G. Plumpe

Recht
3 Bände: 6865/
6866/6867
Hrsg.: M. Löwisch/
D. Grimm/G. Otte

Sprache
2 Bände: 6111/6112
Einführung in die
moderne Linguistik
Wissenschaftliche
Koordination: K. Baum-
gärtner/H. Steger

Umwelt und Gesundheit
Aspekte einer
sozialen Medizin
2 Bände: 6860/6861
Hrsg.: Hans Schäfer

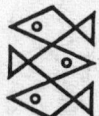

Fischer Taschenbuch Verlag

fi 12/2b

Hansjürgen Blinn

Informationshandbuch Deutsche Literaturwissenschaft

Band 7318

Das Informationshandbuch Deutsche Literaturwissenschaft informiert umfassend über die wichtigsten Bücher und Institutionen auf dem Gebiet der Literaturwissenschaft, Literaturdidaktik, Theaterwissenschaft und Medienkunde und führt zu weiteren Informationsquellen hin. Es nennt Spezialbestände und besondere Sammelgebiete der Bibliotheken und Archive im deutschsprachigen Raum. In Kurzkommentaren werden Literaturarchive, Spezialbibliotheken und Datenbanken vorgestellt. Lehr- und Forschungsinstitute, Arbeitsstellen und Institutionen der Literaturvermittlung werden mit ihren Adressen verzeichnet. Literatursoziologischen Fragestellungen kommt es durch die Nennung der wichtigsten Autoren- und Fachverbände, der überregional bekannten Literarischen Gesellschaften und der bedeutendsten Literaturpreise entgegen. – Die Einleitung vermittelt Grundkenntnisse im Bibliographieren, Recherchieren und in der Informationsermittlung. Buchtitel, deren Kenntnis schon für den Anfänger wichtig ist, sind durch besondere Kennzeichen hervorgehoben.

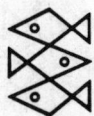

Fischer Taschenbuch Verlag